公安学文库 · 创新教材

总主编：何勤华　杜志淳　杨正鸣

1

出入境边防检查教程

主编　高慧开
副主编　杨彦文　武刚　李佳禾

法律出版社
LAW PRESS · CHINA

图书在版编目(CIP)数据

出入境边防检查教程 / 高慧开主编. -- 北京：法律出版社，2017.1(2025.9 重印)
(公安学文库 / 杨正鸣主编)
ISBN 978-7-5197-0521-3

Ⅰ. ①出… Ⅱ. ①高… Ⅲ. ①出入境管理-中国-教材 Ⅳ. ①D631.46

中国版本图书馆 CIP 数据核字(2017)第 015003 号

出入境边防检查教程
CHURUJING BIANFANG JIANCHA JIAOCHENG

高慧开 主编

策划编辑 沈小英
责任编辑 任 娜
装帧设计 李 瞻

出版发行 法律出版社
编辑统筹 法治与经济出版分社
责任校对 毛镜澄
责任印制 吕亚莉
经　　销 新华书店

开本 710 毫米×1000 毫米 1/16
印张 21　**字数** 308 千
版本 2017 年 1 月第 1 版
印次 2025 年 9 月第 5 次印刷
印刷 河北虎彩印刷有限公司

地址：北京市丰台区莲花池西里 7 号(100073)
网址：www.lawpress.com.cn
投稿邮箱：info@lawpress.com.cn
举报盗版邮箱：jbwq@lawpress.com.cn

销售电话：010-83938349
客服电话：010-83938350
咨询电话：010-63939796

书号：ISBN 978-7-5197-0521-3
定价：76.00 元

总　序

公共安全,是一个社会倚依的柱石。维护公共安全,是社会管理最为重要的目标之一,既需要相关国家机关的专门性工作,也需要民众积极参与。周恩来总理曾经指出"国家安危,公安系于一半"。切实发挥公共安全机关的职能作用,加强公安学的理论研究,丰富公安学的学术成果,打造法治公安,是推进依法治国战略、建设法治中国的重要一环。公安学是一门研究社会科学与自然科学之相关内容的交叉学科和综合学科。就相涉社会科学而言,主要是指研究调整有关国家安全与社会治安秩序的社会关系之行为规律;就自然科学而言,主要涉及各种侦查、检验等的技术手段。应该说,公安学近年来才成为一门独立的学科。2011 年为适应我国高等教育、公安工作快速发展和社会形势不断变化的需要,根据《国家中长期教育改革和发展规划纲要(2010～2020 年)》精神,国务院学位委员会、教育部增列公安学为一级学科(学科代码:0306),公安学的学科建设迎来了重大发展机遇。虽然,作为一级学科的公安学包含的二级学科内容并没有最终确定,但学界普遍认同它应当包括犯罪学、治安学、侦查学、边防管理、禁毒学等二级学科内容。当前,我国各政法院校和公安院校正如火如荼地展开公安学学科建设。中国人民公安大学、中国刑事警察学院已建立起较为完整且成体系的公安学一级学科,二级学科体系也基本建立起来。中国政法大学、华东政法大学、西南政法大学、西北政法大学以及中南财经政法大学等院校,也已在现有公安类专业的基础上,积极筹建公安学一级学科。各省所属的公安院校也都积极开展本科层面的公安学教育,同时开始培育公安学学科建设。这是公安类专业高等教育建立动态调整机制、优化学科结构的一项重要举措,为公安学各专业学士、硕士、博士的学位授予、招生和培养提供了良好的发展平台。

华东政法大学刑事司法学院是全国高等院校中公安类专业办学历史最悠久的单位之一,也是华东地区公安类专业办学层次和水平最高的单位。自1984年起,华政已开展犯罪学专业研究生的培养工作,是国内较早开展公安类研究生教育的政法院校。其后,在刑法学专业中,设置犯罪学、青少年犯罪方向,进一步推进公安学专业理论研究。1996年诉讼法专业中增设刑事侦查专业方向获得批准,2002年在诉讼法专业中设司法鉴定方向。随即,开始招收犯罪学专业博士研究生,2008年开始招收司法鉴定专业博士研究生。由此,华东政法大学刑事司法学院在公安学建设中发挥长期积累的学科优势,整合侦查学、治安学、边防管理等专业力量,并依托司法鉴定与计算机科学与技术(网络安全)等学科作为公安学的重要支撑,形成了较为丰富的理论与实践成果。

为了迎接公安学确立为一级学科后的发展,充分利用现有优势和资源,进一步夯实、建设、发展公安学学科,我们计划出版一套《公安学文库》,第一批书目有《侦查理论前沿问题研究》《侦查实务前沿问题研究》《经济犯罪侦查》《刑事专案侦查》《传统侦查制度现代转型》《证据调查学》《犯罪现场勘查技术研究》《侦查学案解》《特大城市地铁运行安全风险及防范》《网络犯罪侦查技术》等数十部专著、教材,力争使公安学成为我校学科建设的优势领域,成为在全国同类高校中具有鲜明的国际化、开放性特色并处于领先水平的公安学学科。

法律出版社沈小英分社长以及责任编辑为本文库的策划、出版付出了辛勤劳动。华东政法大学科研处和发展规划处为本文库的推出进行了指导,司法鉴定中心为本文库的出版提供了经费支持。在此,我们表示诚挚的谢意。当然,对作品中可能存在的缺陷,将全部由我们负责。敬请各位读者给予批评、指正,以便我们在再版时予以改正。

何勤华 杜志淳 杨正鸣

于华东政法大学

2016 年 5 月 16 日

前　言

本书共九章，分别为边防检查绪论、出入境边防检查法律制度、出入境证件、出入境旅客检查、出入境交通运输工具检查和管理、边防检查服务、出入境边防检查行政执法办案、出入境边防检查信息化应用、出入境边防检查应用人文地理等内容。

本书由华东政法大学与公安边防部队广州高等专科学校共同编写。编写人员如下：郭永革编写第一章；武刚编写第二章第一节、第二节；杨彦文编写第二章第三节；徐佳峰编写第三章；钟怡媚编写第四章；李佳禾编写第五章；邵玫编写第六章；陈艳红编写第七章；赖志茂编写第八章；李玮编写第九章。全书由主编高慧开与副主编杨彦文、武刚和李佳禾拟定提纲、组织编写及最后统稿。在编写的过程中得到公安边防部队各基层单位的鼎力支持，在此表示衷心的感谢！

由于时间仓促，编者水平有限，本书难免有疏漏和不妥之处，望各位领导、专家多提宝贵意见。

编　者

2016 年 7 月

Contents

目　录

第一章　绪　论

第一节　出入境边防检查工作

一、边防检查的含义

(一)口岸与出入境

1. 口岸

口岸,是指国家设定掌管对外经济贸易和国际交往进出活动的场所。具体地说,口岸指供人员、货物、物品和交通工具出入国(关、边)境的港口、机场、车站、通道等。

口岸是国家对外交往的重要场所,是跨国贸易发展的产物。随着国与国之间的经济贸易活动和人员交往活动范围的扩大、交通运输工具的变化和进出国境场所的变化,使口岸的内涵和外延也不断发生着变化。现代意义的口岸是由古代的港口、商埠、商道和边境关卡演化而来的。国家间通过设置关卡,进行人员往来和军事防御。当国家间的贸易初具规模之时,国家开始对跨境贸易进行管理,边境关卡逐渐发展演化成了口岸。口岸的产生,使国家边境管理由单纯的军事管理扩大为对出入境的人员、货物和交通工具的综合管理。

随着科学技术的发展,新的运输工具不断问世并在世界范围内得到了普遍使用。今天,国际贸易运送方式已经包括了铁路、公路、水运、航空和管道五种基本的运输方式,它们互相配合、取长补短,有机地结合为一个大系统,组成了国际交流的综合交通运输网络。口岸的设立也不再仅仅局限于河港和海港处,各国都开始逐渐建立了航空口岸、铁路口岸和公路口岸。特别是在一些内陆国家,非常重视口岸的建设,使航空口岸和陆路口岸成为其发展对外贸易的重要通道,使得国际贸易的货物、国际传递的邮件包裹、入出国境的人员及其行李物品可以从境外直达内地。口岸作为这一交通运输网络中的节点、枢纽和对外交往的门户和窗口,在发展国际贸易、促进国际友好往来、沟通地区间物资交流、方便人们旅行等方面发挥着重要作用。正是鉴于口岸发展的这一现实状况和趋势,此时口岸指的是"具有一定的设施和条件,进行交通工具停靠、旅客上下、货物装卸和办理运输手续的港口、车站、机场等场所",即"对外开放口岸是一个主权国家允许各国人员、货物、交通运输工具等入出本国国境的特定地点"。

(1)口岸的分类

根据我国对外开放口岸的具体情况和特点,对口岸有不同的分类方法。

一是按照开放程度,将口岸划分为一类口岸和二类口岸。一类口岸是指允许中国籍和外国籍人员、货物、物品和交通工具直接出入国(关、边)境的海(河)、陆、空客货口岸(国家另有规定的除外)。二类口岸是指仅允许中国籍人员、货物、物品和交通工具直接出入国(关、边)境的海(河)、陆、空客货口岸,以及仅允许毗邻国家双边人员、货物、物品和交通工具直接出入国(关、边)境的铁路车站、界河港口和跨境公路通道。

二是按照口岸的交通运输方式,将口岸划分为水运口岸、陆运口岸和空运口岸。水运口岸指准许从事国际航运业务的船舶停泊、装卸货物、运送旅客的沿海和内河港口,又可分为海港和河港。陆运口岸指在与本国领土接壤的邻国边境地区允许执行国际交通运输任务的陆路交通运输工具以及各国人员通过本国国境的车站、孔道。具体可分为国际铁路口岸和国际公路口岸。空运口岸指准许各国航空器降落、停留、起飞的地点,一般笼统称为国际机场。

三是按照口岸开放时间划分,将口岸分为全天候口岸和季节性口岸。全天候口岸指口岸的开放时间不受时间、气候限制,可以常年使用。季节性口岸指口岸的开放时间由季节、气候决定。一般根据相邻国家双边协议办理。

除上述口岸外,我国还有一些带有口岸性质,允许人员、货物和交通工具进出的“点”和“通道”。例如,由地方政府审批的台湾渔轮停泊点和对台小额贸易点;边境省(区)的一些供我国边境地区居民(以下简称边民)进出的通道及互市贸易点;地方政府商海关同意设立的货柜车检查和进出口货物监管点等。

(2)口岸检查检验检疫机关

①海关

中华人民共和国海关是国家的进出境监督管理机关,依照《海关法》等有关法律、法规,中国海关主要承担四项基本任务:监管进出境运输工具、货物、物品;征收关税和其他税、费;查缉走私;编制海关统计和办理其他海关业务。根据这些任务主要履行通关监管、税收征管、加工贸易和保税监管、海关统计、海关稽查、打击走私、口岸管理七项职责。

②出入境检验检疫机关

中华人民共和国国家质量监督检验检疫总局(正部级)是国务院主管全国质量、计量、出入境商品检验、出入境卫生检疫、出入境动植物检疫、进出口食品安全和认证认可、标准化等工作,并行使行政执法职能的直属机构。

依据《国境卫生检疫法》《进出口商品检验法》《进出境动植物检疫法》《食品卫生法》等,出入境检验检疫局对口岸出入境旅客、动植物及其产品、进出口商品、交通运输工具等实施检验检疫和监督管理。主要任务包括:通关管理、出入境卫生检疫管理、出入境动植物检疫管理、进出口商品检验管理、进出口食品安全管理。

③海事局

中华人民共和国海事局为交通部直属机构,实行垂直管理体制。根据法律、法规的授权,海事局负责行使国家水上安全监督和防止船舶污染、船舶及海上设施检验、航海保障管理和行政执法,并履行交通部安全生产等管理职能。主要职责为:水上安全和防止船舶污染管理;船舶、海上设施检验行业管理以及船舶适航和船舶技术管理;船员、引航员适任资格培训、考试、发证管理;通航秩序、通航环境管理等。

各省海事局(正厅级)作为本地区水上安全监督管理的执法机关,负责水上辖区安全监督、防止船舶污染、船舶和水上设施检验、航海保障等工作。

④出入境边防检查机关

所谓的出入境边防检查机关(以下简称边检机关),是指中华人民共和国在对外开放的港口、机场、车站和边境通道等口岸设立的出入境边防检查站(以下简称边检站)。边检机关是国家行政管理机关的组成部分,是国家公安机关的组成部分,更是实施出入境边防检查的职能部门。

2. 出入境

(1)国境与边境

研究出入境边防检查,首先必须了解国境、边境的含义及其相互关系。"境"字有多义性,本意是指疆界和地域。在出入境边防检查工作中,国境与边境既有联系又有区别。正确理解和把握国境与边境的内涵,对做好出入境边防检查工作有十分重要的意义。

国境是指一个国家行使主权的领土范围。国境具有重要的法律意义,通常标示我国领土的范围和国家属地管辖权的界限,国家权利只有在其国境内才能得到充分的行使。确定国境领土范围的界限是国界,即划分一国领土与他国领土、一国领土与公海或者与专属经济区,以及一国领空与外层空间的界线。

边境是指紧靠国(边)界线内侧的一定区域。边境有广义和狭义之分。广义上的边境是边疆的同义语,即靠近国界的领土。狭义上的边境是指国家为了维护国家边境的安全和秩序,在国界线或是边界线内侧一定纵深划定的并实行特殊管理制度的区域。

从世界范围看,大多数主权国家的国境与边境是重合的。而我国则较为特殊,其原因就是我国存在香港、澳门特别行政区和台湾地区。在"一国两制"方针指导下,根据《宪法》第 31 条的规定,我国分别设立了香港、澳门两个特别行政区,并制定了《香港特别行政区基本法》和《澳门特别行政区基本法》。根据两部基本法的规定,除基本法明确规定的以外,内地的法律包括出入境法律不在特别行政区实施。这样,包括台湾地区在内,在我国的领土主权范围内,形成了"一国四法域"的状况,即在一个中国内部,区分为祖国内地、香港特区、澳门特区和台湾地区四个相对独立的法律区域。从出入境管理的角度看,香港特区、澳门特区和台湾地区是我国领土的一部分,显然是我国国界线内侧区域。但是,为了保持香港特区、澳门特区的繁荣与稳定,内地与香港特区、澳门特区和台湾地区居民之间的往来仍然要实施出入境管理,但四个区域的居民之间往来不是出入国境,而是出入我国的边境。所以我国内地与香港、澳门特别行政区、台湾地区边界之间的区域就称为边境。

边境管理区,是指为了保护国家安全、维护边境地区的稳定,而在陆地边境地区划定的实行特殊管理的一定区域。实施边境管理的目的是维护边界线和便利当地居民生产生活。国家通常在边境地区建立边境制度,一方面由国家或地区制定国内法,另一方面由相邻国家或地区签订双边协定加以规定。具体包括边界标志的维护制度、界水利用、保护制度、边境土地使用制度、边境居民往来制度、边境事件处置制度等。

(2)出入境的概念

在出入境边防检查工作中,出入境人员和出入境交通运输工具都是出入境边防检查工作的对象,因此,出入境应当包括人员和交通运输工具。出入境是指从事出入境活动的自然人和出入境交通运输工具从本国进入其他国家或地区,或者从其他国家或地区返回本国的活动。根据不同的标准出入境可以进行不同的划分。按照出入境方向,可以分为出境和入境;按照出入境主体,可以分为本国公民、交通运输工具出入境和外国人(含无国籍人)、外国交通运输工具入出境;出入境人员根据出入境目的还可以分为永久出入境(移民)和暂时出入境(非移民)。出入境活动具有连续性,即出境行为和入境行为是连续进行的。对于离开的国家或地区来说是出境,而对于进入的国家或地区来说则是入境。

在国际社会中,出入境一词和出入国是同一个含义,出入边境就是出入国境。我国则有所不同,中国公民往来香港、澳门两个特别行政区和台湾地区三个地区与内地之间,虽属于国内间的旅行,但是仍受到一定限制,需要办理出入境手续。因此,"出入境"一词在我国现阶段就有狭义和广义两层含义。狭义的出入境是指出入国境,包括国内公民出入我国国境,以及华侨和外国人入出我国国境。广义的出入境除包含了狭义出入境的含义外,还包括中国公民往来香港特区、澳门特区、台湾地区。公民出入国境,可称为出入国,也可称为出入境;公民往来香港特区、澳门特区、台湾地区与内地之间,只能称为出入境,而不能称为出入国。这是"一国两制"在我国的具体体现,也是坚持一个中国的基本原则问题。

本书所指出入境无特指的均为广义的出入境,即为出入我国国(边)境。

(二)边防检查的概念

边防检查是国家通过设在对外开放口岸的出入境边检机关,依法对出入境人员、交通运输工具及其携带、载运的行李物品、货物等实施检查、监督的一种行政管理活动。

通过以上概念,我们可以看出:出入境边防检查的主体为出入境边检机关,只有出入境边检机关才能承担出入境边防检查工作。出入境边防检查的任务是依法对出入境人员、交通运输工具及其携带、载运的行李物品、货物等实施检查、监督。出入境边防检查的目的是维护国家主权,保卫国家安全,维护口岸出入境秩序,防范和打击非法出入境行为,方便合法往来。

二、边防检查的地位和作用

边防检查是维护国家对外开放口岸正常出入境秩序的一项重要工作,也是保卫国家安全的一个重要手段。我国边防检查工作由公安部主管,在维护国家主权、方便合法人员入出境、促进我国同世界各国交往中发挥着重要的作用。

(一)边防检查的地位

1. 边防检查是维护口岸出入境秩序,保卫国家安全的专门工作

边检机关直接担负着维护口岸出入境秩序,保障中外籍人员的合法权益和中外籍交通运输工具安全的重任。随着国内外形势的不断发展变化,边防检查工作也面临着许多新情况、新问题,必须不断努力建设一支业务熟练的出入境边防检查队伍,保证各项法律、法规全面地贯彻执行,有力地打击各种违法犯罪分子,维护口岸的正常出入境秩序。

2. 边防检查是出入境管理工作的重要环节

出入境管理工作包括中国公民出国审批、各种证件的签发;外国人入境、居留、旅行的审批和签证、证件的签发;外国人住宿管理;有关涉外事件的处理;口岸出入境边防检查、监护和管理等。在这些工作中,边防检查和出入境证件的审核签发是实施出入境管理的最基本的工作,是出入境管理工作中不可或缺的一个重要环节。

3. 边防检查是口岸行政管理工作的重要组成部分

国家对外开放口岸有很多行政管理部门,它们都代表国家对外行使检查、监督和管理的权力,都有着各自的职责和任务。边防检查工作贯穿于口岸管理的其他工作中,与其他管理部门的各项工作有着密切联系。

4. 边防检查工作服从和服务于国家建设

21 世纪前 20 年,是全面建设小康社会战略机遇期,我国改革开放和社会

主义现代化建设进入了新的阶段,边防检查工作必须深入贯彻落实科学发展观,服从和服务于国家改革开放的大局,为国家把好大门,并为经济社会又快又好发展,建设和谐社会创造条件。

(二)边防检查的作用

边防检查工作最基本、最主要的作用体现在以下三个方面:

1. 维护国家主权

出入境边防检查工作不受外交特权与豁免的制约,不受外国的干涉,上至国家元首,下至平民百姓都要接受检查,必须遵守我国出入境管理法律、法规,如果拒绝接受检查,则禁止其出入我国国(边)境。这就是国家主权的体现,是任何一个独立国家所固有的权利,也是世界上所公认的国际法准则。

2. 打击各种非法出入境人员

口岸是开展友好往来的通道,也是国内外非法出入境人员混入混出的必经之路。出入境人员具有不同的身份,从事不同的职业,来自不同的国家,有着不同的出入境理由和目的,边防检查工作就是要通过各种检查手段,不断提高管控能力,辨别处理各式各样的非法出入境人员,防止国家利益遭受损失和危害。

3. 方便合法入出,促进友好往来

边防检查工作是文明国家面向世界的窗口,既是内政,又是外交,不仅要体现主权原则,还事关声誉和形象,它直接向国外展现我国的社会制度、人民的精神风貌和检查人员的文明素养,体现我国的外交、侨务、港澳台以及对外开放政策。检查人员要以良好的服务和崭新的精神风貌增进与各国的友谊和友好往来,促进经济文化的共同发展,做好"中华民族的文明使者"。

三、边防检查的任务

(一)边防检查的总任务

根据我国有关法律、法规的规定,边防检查工作的总任务是:维护国家主权和尊严,保证国家和对外开放口岸安全,维护口岸出入境秩序,便利出入境人员和交通运输工具的通行,为国家的改革开放和社会主义建设服务。

(二)边防检查的具体任务

根据边检机关的性质和职能,党和国家要求边检机关必须进行的工作内容和应达到的目标,就是边防检查工作的具体任务,主要有以下10项:

1. 对出入境人员实施检查

(1)检查出入境人员的出入境证件

检查出入境人员的护照、证件,并为其办理出入境手续。对未持护照、证件,或所持护照、证件已失效,以及拒绝交验护照、证件的,除另有规定者外,应当禁止其出入境。对所交验的护照、证件不符合我国出入境边防检查制度的人员亦应禁止其出入境或令其按要求补办相关手续。

(2)为出入境手续不符的旅客补办手续

旅客出入境手续不符,如确有理由或情节轻微,边检机关可根据有关规定为其补办手续,检查放行。这既是为出入境旅客提供方便,又是维护国家主权的一种体现。

(3)发现非法出入境人员

出入境证件是人员出入国(边)境必不可少的身份证件和通行证明,而且持用不同种类的证件还会得到不同的待遇和特权,于是一切在国际范围内从事非法活动或因种种原因无法通过正当途径获得护照、证件的人员,便千方百计地伪造护照、证件,以达到出入境的目的。对出入境人员的证件进行真伪辨别是发现非法出入境人员的重要手段。

2. 对出入境交通运输工具实施检查

(1)检查出入境船舶、飞机、火车、汽车和其他机动、非机动车辆

所谓对出入境交通运输工具的检查,是指交通运输工具在抵达中国口岸时的入境检查、驶离中国口岸时的出境检查和因工作需要对交通运输工具实施的重点检查(船体、机体、车体各个部位的检查)。

(2)检查交通运输工具服务员工

核实服务员工的申报人数、检查服务员工的护照、证件,是交通运输工具检查的重要内容之一。

交通运输工具的服务员工和旅客相比,具有完全不同的出入境状态。旅客是借助交通运输工具达到出入境的目的,与交通运输工具没有直接的联系。服务员工则是因为交通运输工具的出入境而随之完成出入境行为,有往来次数频繁、人员比较稳定的特点,其出入境手续的办理也与旅客有很大区别。

(3)完成其他任务

在实施交通运输工具检查的过程中,还要完成边防检查的其他工作任

务。例如,对船舶、飞机所带自卫枪支弹药的加封、启封,港口检查站对货轮所载零散旅客的护照、证件检查,为有需要的船员签发登陆证件,以及对嫌疑船员行李物品的检查等。这些工作都作为交通运输工具检查的部分,在实施交通运输工具边防检查时完成。

交通运输工具的检查是保卫国家和口岸安全的必要措施,也是维护国家尊严和国家主权的重要体现,有时也被作为外交对等的一种体现形式予以使用。

3. 对出入境交通运输工具实施监护和管理

(1)对出入境交通运输工具实施不同形式的监护

出入境的交通运输工具,负责载运往来我国的旅客和我国进出口的货物,为了上下旅客、装卸货物或进行其他活动(如旅游船的参观、游览活动),均需在我国的有关对外开放口岸做短暂停留。因此,我边检机关要根据需要,对停留在对外开放口岸的各类交通运输工具实施必要的监护,既要监督出入境的交通运输工具遵守我国的规章制度,防范少数人危害我国安全的违法破坏活动,又要对停留场所和我方登交通运输工具人员实施管理,保护出入境的交通运输工具在中国境内停留期间的安全。

(2)对上下交通运输工具的人员实施管理

出入境交通运输工具在口岸停留期间,交通运输工具的服务员工需上下交通运输工具购买生活用品,从事正常的娱乐、社会和业务活动,我口岸各有关部门也需上下交通运输工具为交通运输工具办理各种业务,提供各种服务。因此,对上下交通运输工具人员实施管理,防止无关人员混上混下,就成了边防检查工作一个不可缺少的环节。

4. 对出入境人员的行李物品、人身、枪支弹药实施检查和管理

(1)对出入境人员的行李物品实施检查

对出入境人员的行李物品,从保证安全和“三反”(反走私、反贩毒、反偷渡)的目的出发,按照区别对待的原则实施重点检查,也是边防检查工作的一项任务。边检机关对行李物品进行有重点、有选择的检查,目的是从中发现违法证据和其他可疑物品。

(2)对出入境人员的人身实施检查

《出境入境管理法》第66条规定:“根据维护国家安全和出境入境管理秩序的需要,必要时,出入境边检机关可以对出境入境的人员进行人身检查。

人身检查应当由两名与受检查人同性别的边防检查人员进行。”

人身检查的目的是从被检查对象身上发现违法证据和可疑物品。人身检查的实施，既要受外交特权与豁免权的限制，又要受人身自由权的限制。

(3)对枪支、弹药实施管理

出入境人员因需要携带枪支、弹药，经边检机关审核后，可随身携带；外国的交通运输工具自备的防御武器，入境时经边检机关审核后封存，待出境时启封。

5. 开展情报调研

边防检查情报调研同其他工作一样，是整个边防检查工作的重要组成部分，也是保证检查工作顺利完成不可缺少的手段。它为检查、监护提供依据，为查找各种偷渡分子提供有利的线索，在防止阴谋破坏、搜集情报、打击走私贩毒等工作中，有着重要作用。随着改革开放的不断发展，边防检查工作在新的形势下更应充分发挥此项秘密工作的优势。

(1)边防情报

边防情报，是指边防部门依据国家的法律和国家赋予的权力，使用各种手段搜集边境内外与边防工作有关的信息，经加工处理，有计划、有目的地将其提供给有关部门使用的情况信息和知识信息。与其他情报工作相比，边防情报工作有一定局限性。边防情报工作一般都在对外开放口岸这一特定的区域内开展，即使境外情报工作，也要根据边防检查需要规定相应的区域，即采取“边对边”的原则，而不是国家全局性和战略性的情报工作。改革开放以来，我国各边检机关积极开展工作，建立了秘密力量，积累了有价值的资料，这对边防检查工作起到了积极作用。

(2)调查研究

边防情报工作中的调查研究，是指边防情报调研部门对开放口岸区域境内外的敌社情进行的量与质的考察与分析。不失时机地进行情报调研工作，是每一个边防情报调研人员必须学会的基本功和必须进行的基础工作。调查研究的内容主要是开放口岸区域境内外敌社情。调查研究的对象主要是经常出入我国国(边)境、有条件与境外人员接触、了解境外情况的各种人员。调查研究一般采取普遍调查与重点调查相结合、公开调查与秘密调查相结合的方法，通过反复的、多次的、多侧面的调查和逐步深入的去伪存真的研究、分析、推理、综合、判断，了解开放口岸区域境内外的敌社情的真相，并依据这些资料,制定科学对策,有力地打击违法活动,掌握工作的主动权。

(3)群众工作

群众工作是情报调研工作必不可少的一项工作。群众路线是一切工作的根本路线,出入境边防检查工作任何时候都应建立在群众路线的基础上。离开了群众的支持、帮助和监督,出入境边防检查工作就成了无源之水、无本之木。特别是在出入境边防检查工作进行深入改革的今天,更要继承和发扬密切联系群众的优良传统,做好群众工作。情报调研工作要遵照专门工作同群众路线相结合的原则,深入到开放口岸区域的居民、口岸工作人员中去,广泛地开展调查研究,从中获取重要情况。

情报调研工作有极强的政策性、涉外性、专业性、保密性、知识性和技术性,边防检查情报工作人员在情报活动中要和各种各样的人物打交道,经常接触社会的阴暗面,长期处于隐蔽斗争的第一线,手中掌握着党和人民赋予的一定权力。这些特殊情况,要求情报调研人员接受专门的训练,有很高的政策水平、业务能力和工作技巧。

6. 审查被阻止出境和境外遣返人员

审查被阻止出境的人员和从境外遣返、退回人员,是边检机关的一项经常性任务。对被阻止出境和从境外遣返人员进行审查,调查其非法出入境的渠道、出入境证件的来源、伪造证章的手段、偷越国(边)境的组织者、同伙等,收集非法出入境的证据,以便对偷越国(边)境的组织者实施严厉打击。此外,审查非法出入境人员,也是获取情报的重要渠道,有利于了解境内外的敌社情,从而更好地为边防检查工作服务。

7. 处理涉外事务

(1)会谈会晤

会谈会晤是陆地口岸边检机关的一项重要涉外工作,是我国边检机关与邻国边防部门协商处理边境事务的工作方式。目前,在我国边防工作中,军队和公安部门都担负有会谈会晤任务。在公安部门中,边检机关主要负责就边境涉外事务和边防检查等方面的业务问题与邻国或毗邻地区边防检查(移民)部门进行交涉,并处理有关涉外问题,取得一致意见或达成谅解,进一步做好边防检查工作。会谈会晤工作是边检机关的窗口工作,是处理边境事务、增进与邻国友好往来的桥梁,是边防检查工作的一个重要组成部分,是处理口岸边防检查涉外事务不可缺少的重要手段。

(2)对外友好活动和外事活动

边防检查部门为加强同毗邻国家或地区的边防检查(移民)部门的友好关系,可以利用国际节日、双方各自的重大节日或其他一些机会,开展必要的对外友好活动,如互相祝贺节日、邀请参加庆祝活动、礼节性的拜访等。这些活动,有时可以和会谈会晤结合进行,有时也可单独进行。

(3)对外宣传

一个国家、一个民族不是孤立的,有对外交往,就有对外宣传。边防检查人员要充分利用对外宣传的良好阵地,宣传我国独立自主和平外交政策;宣传和平共处五项原则;宣传我国社会主义建设和改革开放的成就。

8. 实施口岸查控

查控是边防检查工作中一项重要的工作,它通过对出入我国国(边)境人员所持护照、证件的公开检查,配合内地公安机关、国家安全机关发现和控制敌对组织、间谍及上级通知的其他不法分子,从而保卫国家主权和安全,维护国家政治经济等各方面利益。

近几年来,随着改革开放的发展,出入我国国(边)境的人员不断增加,查控工作更加繁重,一是在控人员增加,二是查控范围有所扩大,由原来的敌对组织、间谍扩大到刑事犯罪分子、经济犯罪分子、恐怖分子、民族分裂分子和其他禁止出入境的人员。边防检查工作本身就处在入境的第一关和出境的最后一关的重要位置,因此,从边检机关所处的位置上看,搞好口岸查控工作是义不容辞的责任。

9. 检查统计

边防检查统计,是指边检机关及其专业人员依据有关规定进行的一项行政管理活动,即运用各种科学方法,对边防检查及与之相关的工作进行的统计调查、汇总和分析。通过统计,可以使我们从数量与质量的辩证关系中认识边防检查工作的状况与规律,以便对边防检查工作实行有效的管理。

边防检查统计,要求准确和及时,具有服务、监督、预测和总结的作用,一般采取统计报表的形式。按其报送周期的长短不同,可分为日报、旬报、月报、季报、半年报、年报等;按其管辖权限来区分,大体可分为国家调查统计和边防检查业务统计。对出入我国国(边)境人员、交通运输工具、来华旅游人员等的统计工作,是任何部门无法取代的。因此,自1979年开始,将边防检查统计纳入了国家统计的范畴。

10. 其他任务

边检机关除完成上述任务外，还要完成主管机关赋予的其他任务，如对部分边防检查项目进行收费等。

四、边防检查的方针

新时期边防检查工作的方针是“以服务为中心，坚持顺畅通关，坚持严密管控”。“一个中心，两个坚持”，体现了贯彻落实科学发展观、构建社会主义和谐社会的根本要求，反映了新阶段边防检查工作的客观规律和内在要求，顺应了当今世界边检国际化发展的趋势。

（一）“一个中心，两个坚持”，是科学发展观在边防检查工作中的具体运用和体现

科学发展观是我国经济社会发展的重要指导方针，是发展中国特色社会主义必须坚持和贯彻的重大战略思想。“一个中心，两个坚持”，体现了以人为本的理念，体现了执法为民的要求，体现了边防检查职业性质，是科学发展观在边防检查工作中的具体运用和体现，具有鲜明的先进性、时代性和创新性。

（二）“一个中心，两个坚持”，是服务、效率、管控的有机统一

辩证唯物主义认为，任何事物内部都是相互对立又相互联系的矛盾统一体，强调一个方面，忽视另一个方面，就会犯主观、片面的错误。“一个中心，两个坚持”的指导方针，既强调要毫不动摇地以服务为中心，又强调要牢牢把握顺畅通关和严密管控两个基本要求，深刻揭示了边防检查工作内部矛盾运动发展的客观规律，是辩证唯物主义世界观、方法论的科学运用和体现。

（三）“一个中心，两个坚持”，是服务理念、专业素质、职业精神的综合体现

公安部孟宏伟副部长从贯彻“一个中心，两个坚持”的新阶段边防检查工作指导方针出发，在准确把握世界边防检查国际化发展趋势和我国边防检查工作现状的基础上，认真吸收、借鉴香港特区边防检查的先进经验，提出了提高边防检查服务水平的“三大支柱”：服务理念、专业素质、职业精神，并指出“提高服务水平，必须紧紧抓住服务理念、专业素质和职业精神这三个要点”。“三大支柱”深刻揭示了“一个中心，两个坚持”的科学内涵，是贯彻新阶段边防检查工作指导方针必须紧紧把握的切入点和着力点。

第二节　出入境边防检查机关

一、边防检查机关的管理体系

(一)边检机关管理体系的沿革

新中国成立以来,边检机关的管理体系发生了几次较大变动。

1950 年年初边检机关隶属于“中国人民公安部队”,公安建制;

1950 年 6 月改名为“中国人民解放军公安部队”,军队建制,受公安部、军委双重领导;

1955 年 7 月改名为“中国人民解放军公安军”;

1957 年 8 月撤销公安军番号及领导机构,改为总参警备部,省区公安部队改由省军区领导;

1958 年 8 月部分边防部队划归公安机关,改名为“人民武装警察”,担任沿海边防任务的部队划归军队建制;

1963 年 1 月人民武装警察部队改为“中国人民公安部队”,建制不变;

1966 年“文化大革命”后撤销中国人民公安部队及其领导机构,省以下所辖公安部队改编为独立师、团等,分别归省军区建制领导;

1973 年 9 月除新疆、西藏,边防检查由人民解放军移交给公安机关,边检干警全部退出现役;

1974 年 12 月边检站人民武装警察实行义务兵役制,仍由公安机关建制领导;

1982 年 6 月全国实行兵役制的内卫、边防、消防武警统一组建成中国人民武装警察部队,仍属公安管理体制;

1985 年 8 月全国边防部队从武警总部划归公安部边防局管理;

1998 年北京、天津、上海、广州、深圳、珠海、汕头、厦门、海口九个总站先后成立,退出现役,归公安部出入境管理局管理,其他仍保持原有体制,归公安部边防局管理,两种体制共存。

(二)边检机关管理体系结构

根据我国《宪法》和有关法律法规的规定,边检机关的管理体系是由国家公安部出入境管理局、边防管理局,地方边防检查总站和省、自治区、直辖市公安边防总队,专门的出入境边检机关(边检站)组成的一个整体。

1. 国家公安边防机关

公安部出入境管理局和边防管理局是公安部的下属机构,而公安部是隶属国务院的一个部门,所以说它是国家最高公安行政机关的组成部分,它在边检机关管理体系中处于非常重要的地位,是全国边防系统的首脑机关,在公安部的领导下掌管全国出入境管理、边防检查、边境管理、海防管理等工作。

2. 地方公安边防机关

九个城市成立边防检查总站,直接隶属于公安部出入境管理局,负责九个城市的边防检查工作。各省、自治区、直辖市公安边防总队,受公安部边防管理局统一指挥领导,负责领导本省、自治区、直辖市内的边防检查工作。

3. 专门的边检机关

专门的边检机关即边检站是我国边防检查管理体系的重要组成部分。国家对外开放的陆、海、空口岸都设有边检站,它在边防检查总站或边防总队的直接领导下,负责完成法律、法规所赋予的出入境边防检查任务。

(三) 边检机关的领导管理体制

边检机关的领导管理体制,就是指公安机关对公安边防机关、上级机关对下级机关的领导管理关系。

根据中共中央组织部、中共中央政法委员会、公安部党委《关于改进公安武警边防部队领导管理体制的通知》,公安武警边防部队实行统一领导管理与统一指挥相结合的体制。依照规定,现役与职改两种体制的边检机关的领导管理关系可表述为"统一领导、统一指挥、条块结合、以条为主"。

二、边防检查机关的职权

所谓边检机关的职权是指边检机关在一定职责范围内执行边防检查职务时依法行使的权力。这种权力是国家法律赋予的,用以保障完成国家和法律规定的各项工作。

依据国家有关出入境管理和边防检查的法律、法规,边检机关具有边防检查、交通运输工具监护、行政管理和行政处罚四个方面的职权。

(一) 边防检查权

为维护国家主权、安全和社会秩序,边检机关享有广泛的边防检查权。这是边检机关最基本也是最重要的职权。主要有:

1. 人员检查权

人员检查权是指对出入境旅客、出入境交通运输工具的服务员工、与毗邻国家(地区)接壤地区的临时出入境人员(双方公务人员、边境居民)、上下交通运输工具人员的检查。

2. 证件检查权

在边防检查工作中,人员检查主要通过证件检查来实现。证件检查主要包括对各类人员的出入境证件、交通运输工具的出入境单表证、上下交通运输工具人员的证件、口岸管理证件以及为完成人员检查所需的其他身份证件、工作证件等实施的检查。

3. 人身检查权

人身检查权的行使必须是在必要时,且必须遵守有关规定,严格按照法定程序办理。

4. 交通运输工具检查权

交通运输工具检查权既包括对进出口岸的各种车辆、船舶、航空器等交通运输工具进行检查,通常指正常出入境的交通运输工具,也包括由于不可预见的紧急情况或者不可抗拒的原因而驶入非开放口岸的交通运输工具。

5. 行李物品检查权

当边检机关认为需要时,有权对出入境旅客携带的行李物品进行检查。

6. 货物检查权

边检机关在认为必要时,有权对交通运输工具载运的货物进行检查。

(二)交通运输工具监护权

监护权是指边检机关对出入境交通运输工具在中国境内运行、在对外开放口岸停留及在边防检查期间实施监督管理的职权。按照法律规定,边检机关对出入境交通运输工具有实施监护的权力,对那些由于不可预见的紧急情况或不可抗拒的原因驶入非对外开放口岸的交通运输工具,也要进行监护。

(三)行政管理权

为维护口岸正常秩序和保证检查工作的顺利完成,边检机关享有行使行政管理的权力,主要包括以下几类:

1. 阻止出境、入境权

对于国家有关法律、法规确定的不准出境或不准入境的各类人员,边检机关有权在通行口岸阻止其出境、入境。

2. 扣留或收缴出入境证件、物品权

对于非法出入境人员所持的证件,或出入境人员、交通运输工具携带、载运的违禁物品,边检机关有权扣留、收缴。

3. 限制人员活动范围权

对于拟予阻止出、入境的违法嫌疑人,为将情况调查清楚或将其移送有关机关处理,边检机关有权对其活动范围进行暂时限制。

4. 推迟或阻止交通运输工具出境、入境权

当出入境的交通运输工具有违反我国出入境法律、法规的行为时,为纠正其违法行为并对其做出处罚,必要时,边检机关有权推迟或阻止其出入境。

5. 拒绝船员登陆权

对于抵达中国海港口岸的外国及港、澳、台船员以及其随行家属,如不符合我国登陆规定或登陆后有违法行为,边检机关有权拒绝其登陆。

6. 上下交通运输工具人员管理权

边检机关对上下交通运输工具人员的管理包括水、陆、空各类口岸,以水运口岸为主。主要内容包括签发证件,对上下人员进行检查、管理,对违反规定的人员进行处理。

7. 出入境枪支、弹药管理权

边检机关对出入境枪支弹药进行管理,主要内容包括为出境、入境、过境旅客携带或者托运的枪支弹药办理携带、托运手续,或进行口岸封存,为出境、入境交通运输工具携带的枪支弹药办理加封、启封手续。

8. 口岸警戒权

为了维护出入境秩序,边检机关对口岸限定区域有施行警戒的职权。

(四)行政处罚权

边检机关对违反国家出入境管理法律法规的行为具有行政处罚权。

(1)对违反边防检查法规的行为进行处罚。《出境入境边防检查条例》是边防检查工作的基本法规,是边防检查工作的直接依据,对于违反该条例有关规定的人员和交通运输工具,依照其规定的适用条款处罚。

(2)对违反国家出入境管理法律和其他出入境管理法现的行为进行处罚。

(3)对违反治安管理行政法规行为进行处罚。

(4)对违反口岸管理制度的行为进行处罚。对违反口岸管理制度行为的

处罚《出境入境边防检查条例》有的做了规定,有的未做规定。对《出境入境边防检查条例》未做规定的情况,边检机关可依据地方政府有关法规的适用条款进行处罚。

总之,边检机关的职权是顺利完成边防检查各项任务的保证,必须严格依照法律规定,由合法的边防检查主体依照法定程序来行使。

三、边防检查人员的素质

边防检查人员的素质是指边防检查人员为适应边防检查工作而必须具备的若干特殊品质。它主要包括政治思想素质、职业道德素质、科学文化素质、外事素质和工作能力素质等。

(一)政治思想素质

政治思想素质是边防检查人员必须具备的首要条件。对于边防检查人员来说,政治思想素质不仅决定着他自身的发展方向,而且决定着他所从事的边防检查工作的安全。边防检查人员的素质,是德、智、体的统一,只讲能力或知识结构,而不注意强调政治思想素质即“德”的要求,是不全面的。有一种很形象的说法:没有“智”的检查员是“次品”,没有“体”的检查员是“废品”,而没有“德”的检查员则是“危险品”。边防检查人员政治思想素质主要体现在以下几个方面:

1. 有坚定正确的政治方向

边防检查人员要保持政治上的坚定性,就要时刻站在无产阶级和党性原则的立场上,忠于党,忠于人民。坚定正确的政治方向还表现在深刻认识实现党的政治任务和奋斗目标是一个艰难曲折的过程,在困难和挫折面前,始终保持坚强的意志和足够的信心,并不屈不挠地发奋工作。

2. 掌握马克思主义基本原理

马克思主义是我们党的根本指导思想,党的路线、方针、政策是马克思主义理论与我国的具体实际相结合的产物。因此,要准确、深刻地理解党的路线、方针、政策,就必须懂得马克思主义的基本原理。在边防检查工作中经常出现一些新情况、新问题,要正确认识、分析和处理这些新情况、新问题,就必须具有马克思主义的立场、观点和方法。

3. 具有敏锐的政治辨别能力

作为从事边防检查工作的涉外工作人员,无论从事检查、监护还是调研工作,从本质上都是一种带有政治性、涉外性的工作,这就决定了检查人员应具有敏锐的政治辨别能力。这种能力主要体现在日常工作中,善于在形形色色的出入境人员中识别出各种不法分子;善于及时总结各种工作经验;善于发现各种处于萌芽状态而又带有普遍性的问题;善于及时发现和处理出入境人员关注的热点问题。

(二)职业道德素质

边检机关是公安机关的重要组成部分,是人民民主专政的重要工具。周恩来曾这样说:"国家安危,公安系于一半。"边检机关工作在国家对外开放口岸,是国家的门面,是宣传落实党和国家对外方针政策的桥梁,其形象如何,直接关系到党和国家在外国人中的威望。边检机关站在维护国家主权、保卫国家安全的战线上,担负着对所有出入我国国(边)境的人员和交通运输工具实施检查和管理的神圣任务,因而职业是极其光荣和受人尊敬的。要做一个称职的边防检查人员,除了掌握现代化的职业知识、技能,懂得检查方法、手段之外,还必须具有高尚的职业道德。

边防检查人员职业道德就是指检查人员在边防检查工作中遵循的适合自身职业特点的道德原则和规范。边防检查人员以维护国家主权、保卫国家安全为主要职业。根据公安部 1994 年 1 月 8 日公布的《公安机关人民警察职业道德规范》,结合边防检查工作的特点,边防检查人员的职业道德要求主要是:忠于祖国,坚定信念;防腐拒贿,不沾不染;忠于职守,勇于献身;遵守制度,严守法律;文明执勤,礼貌待人。

职业道德是边防检查人员做好工作的规范要求,职业精神则是做好工作的精神支柱。

(三)专业素质

1. 专业知识

边防检查是一项带有很强专业性的工作,有专门的法律依据和内部规定,有自己的理论体系,处理问题的方法有相对独立性,所以检查人员必须熟悉自己的工作所涉及的专业知识,掌握其内在规律,具体应做到:

(1)熟悉有关边防检查工作的法律法规和内部规定,能够正确理解,正确运用;

(2)熟悉各国的护照、证件、签证的种类、式样、特征和暗记,不断提高识别伪假证件的能力;

(3)熟悉出入境交通运输工具的类型、结构和易于藏匿人员、罪证、赃物的重要部位；

(4)熟悉经常出入境交通运输工具的服务员工,掌握他们的姓名、证件及人员变更情况；

(5)熟悉走私、贩毒、偷越国(边)境活动的规律、特点和手段,努力做到及时发现、及时查处；

(6)熟悉敌情、社情和敌特活动的规律、特点,做到发现得了,控制得住；

(7)熟悉各种检查器材、通信器材、查控器材、取证器材和综合性器材,做到懂性能、会使用；

(8)熟悉人身检查、行李物品检查的程序、方法,掌握各种违禁物品的品种、性能,做到能识别,会处理。

2. 外语知识

外语是边防检查工作必不可少的工具,因为边防检查带有很强的涉外性,经常和外国人打交道,所以掌握外语知识是边防检查工作的职业要求。随着我国边防检查人员外语水平的普遍提高,外语已经成为合格检查人员必备的知识结构。

边防检查工作使用最广泛的是英语,其次是俄语、日语、韩语,但由于我国不同地区的毗邻国家不同,工作对象差异很大,对语种的要求也有所不同。边防检查外语既有外交用语的特点,又有民间用语的特点,并且以听、说能力为主。这就要求各地边检站,根据本地的检查对象的情况,确定一种主要外语语种,兼顾其他需要语种,以训练检查人员的听、说能力为主,不断提高外语水平,使其在实际工作中运用自如。

3. 科学文化知识

检查人员应该成为检查工作的专门人才,这种人才应该博学、多识,得心应手地进行边防检查工作。作为一个新时期的检查人员至少要了解和掌握以下几个方面的知识：

(1)历史知识。检查人员处理执勤中发生、发现的各种问题离不开历史知识,对处理结果要做出文字记载,也离不开历史知识。因此,边防检查人员应具有较广博的历史知识,具备起草各种文字材料和承办公文的能力。历史的经验教训,在实际工作中需要借鉴,检查人员要学点历史,特别是世界近代史和中国近、现代史。

(2)自然科学知识。除数学、物理、化学、生物、地理等方面的知识外,还应懂得系统论、信息论、控制论等一些基本知识,这样才能开阔眼界和思路,有利于进行有效的边防检查工作。

检查员不但要对自己所从事的专业知识有所了解,而且应对邻近领域的知识有个相应的了解。广泛涉猎各种知识,可以开阔视野,提高知识素质和工作能力,有人说,检查人员应当成为博学多识的"杂家"。

4. 外事素质

从事边防检查工作的人员,代表国家行使口岸边防检查管理的职权,工作中带有很强的涉外性,随时都会遇到各种涉外问题。边防检查人员在执勤过程中应严格遵守以下外事纪律:

(1)忠于祖国,坚决维护国家主权、领土完整和国家尊严;不做任何不利于祖国的事,不说任何不利于祖国的话。

(2)认真执行国家外交工作的方针、政策,认真执行上级批示。

(3)严格遵守请示报告制度,及时、准确报告情况,不得谎报或隐情不报。

(4)严守党和国家机密,不得携带秘密文件、内部证件、资料出境参加会谈会晤。

(5)在对外活动中,要提高警惕,防止对方套取我机密情况;不要授人以柄,不得擅自单独行动。

(6)不准背着组织同对方搞私人关系,不准私自送礼、收礼。

(7)不强劝酒,不酗酒,饮酒要适量。

(8)谦虚谨慎,不卑不亢,讲究文明礼貌,注意服饰、仪容。

5. 工作能力素质

人的能力素质是知识和智力的综合体现。知识是实践经验的总结,是前人的劳动成果,而智力是指运用知识的本领,是通过自己的判断力,想象力创造出来的。知识和智力是相互作用、相互转化的。智力的发展以知识为基础,知识又靠智力来丰富。边防检查人员应具备以下几方面的工作能力素质:

(1)独立工作的能力

边防检查的很多工作勤务分散,远离领导,处理问题又有很强的时限性,因此检查人员必须具备独立工作的能力。边防检查人员应能够在执勤过程中,审时度势,照顾全局,把原则性和策略性有机地结合起来,独立分析情况,独自处理问题,较好地完成难度较大的任务。

(2)发现问题和分析问题的能力

一名优秀的检查员,应具有清醒的头脑、锐利的眼光,善于从表面现象去探求问题的本质,看到事物的内在联系,不被表面现象所迷惑。能从蛛丝马迹中发现问题,能从茫茫人海中发现可疑分子,能从正常中捕捉微小的反常现象,掌握工作的主动权。对于发现的问题,要能独立思考,运用已有的知识进行深入、全面的分析,找出主要矛盾,迅速加以处理。

(3)应变能力

在边防检查工作中,很多问题的发生都是突发性的,在处理问题时,就需要检查员处变不惊,能够冷静、沉着、灵活、果断地采取恰当的措施,使问题得到妥善处理。

(4)沟通交流能力

边防检查工作中,经常与中外旅客、员工和不同身份的人员打交道,这就要求我们边防检查人员要善于察言观色,善于倾听交流,了解其内心活动,把握其思想脉搏,必要时还要用真挚的感情、贴切的语言、热情的关怀,晓之以理,动之以情,以真诚的服务赢得工作对象的理解和支持。

检查人员还要善于调查研究,掌握敌社情,掌握偷越国(边)境犯罪人员的心理状态,针对其特点,通过执勤现场的调查研究,从中发现偷越国(边)境人员。

边防检查工作对检查人员的能力要求是多方面的。在改革开放新的历史条件下,边防检查工作同样在进行深刻变革,边防检查队伍必须始终加强服务理念和职业精神建设,边防检查人员要善于吸取和运用新技术、新思想、新知识,不断更新自己的知识结构和能力结构,不断向知识的高层次和能力的综合化方向发展,才能胜任未来边防检查工作的重任,更好地以专业化服务满足出入境对象的新期待、新要求。

第三节　新中国边防检查工作的发展轨迹

一、边防检查的形成

(一)边防检查机构的建立

新中国成立初期,国际国内的斗争极其复杂,为了加强对进出国境人员及交通运输工具的管理,发展同世界各国的友好往来,扩大我国的对外影响,同时也防止国内外敌对人员互相勾结,迅速建立新中国自己的边防检查制度迫在眉睫,组建边防检查机构刻不容缓。

1949 年我国首先在天津、青岛、烟台、厦门、深圳和丹东等口岸组建了隶属于公安局的基层边防检查机构(当时称组或所),负责对出入国境的火车、船舶及其人员实施边防检查。同年 11 月中央人民政府决定,在公安部设立边防局,统一领导我国边防检查机构。1950 年 6 月云南省边防局率先成立,此后广东、广西边防局,苏南、苏北海防局,浙江、山东省公安厅海防处先后成立,10 月东北公安部边防科成立。至此,沿海沿边 13 个省区组建了边防局,下辖 11 个边防检查基层单位,随着形势的发展,出入境人员和交通运输工具不断增加,国家又批准开放了一批空港和海港口岸,增设了边防检查基层单位。到 1952 年年底全国边防检查基层单位总数达 55 个,使中国的边防检查机构具有了一个相当的规模。

(二)边防检查初具规模

从 1949 年 10 月中华人民共和国成立到 1956 年,是新的边防检查事业的奠基时期,也是独立自主后的新中国边防检查,在维护国家主权,保卫国家安全,方便友好往来,促进社会主义改革等方面发挥重要作用的时期。

根据中国共产党七届二中全会决议和中国人民政府《中国人民政治协商会议共同纲领》的有关政策,政务院于 1950 年和 1951 年先后颁发了《进出口船舶、船员、旅客、行李检查暂行通则》《进出口列车、车员、旅客、行李检查暂行通则》《进出口飞机、机员、旅客、行李检查暂行通则》《华侨出入国境暂行办法》等规定,并于 1952 年 7 月在总结两年来边防检查工作的基础上制定下发了第一个指导边防检查工作的法律文件——《出入国境治安检查暂行条例》。一系列法律、法规的颁布,明确了我国边防检查的性质、任务、地位和作用,并为边防检查工作提供了法律依据,使新中国的边防检查工作有了更加明确的发展方向。

1953 年 1 月公安部队司令部召开全国边检站工作会议,宣布我国边防检查制度已经基本建成。公安部队司令部《关于全国边检站工作会议向中央军委的报告》指出:“我国对外开放的国境口岸(包括海港、孔道、飞机场),共有 81 处。两年来,已在上述口岸先后建立 55 个边检站,制定了《出入国境治安检查暂行条例》,与朝、越、蒙等兄弟国家商定了国境口岸工作中相互配合的办法。由于检查站和国境检查制度的建立,已经改变了过去特务、间谍、投机商人、走私犯及其他违法分子在我国口岸通行无阻,任意破坏的情况。掌握了国家门户的控制权,维护着口岸的秩序与安全。”

1953 年 4 月毛主席、周总理批准了上述会议报告,肯定了会议报告中提出的看法和措施。至此,新中国的边防检查制度虽然还需进一步完善,但终以崭新的面貌正式出现在国家管理的体系之中。

随着边检站工作会议的召开,又陆续下发了《关于边检站没收、扣留物资处理办法的指示》《关于对出、入、过境民航飞机检查手续的指示》《对出入国境民航飞机检查与监护的程序与方法的指示》《关于中外领袖率领代表团出入国境检查问题的指示》等一系列文件,对护照证件、行李物品、交通运输工具的检查程序、检查方法、上下交通运输工具人员的管理,以及检查中所遇问题的处置,都详细做出了规定。这些规定经过实践、修改、补充,不断完善,规范了全国边检站的工作,也符合国际上的常规做法。

二、边防检查事业的发展

(一)开始建设社会主义时期的边防检查

自 1957 年至 1966 年,是我国开始建设社会主义的 10 年,也是边防检查制度逐步完善的 10 年。

1956 年以后,我国进入了有计划的、全面的、大规模的建设社会主义的新时期。在国际交往中,倡导了“互相尊重主权和领土完整、互不侵犯、互不干涉内政、平等互利、和平共处”的五项原则,我国的国际地位和国际威望大大提高,同世界很多国家的经济文化交流日益频繁,来华经商、洽谈贸易、旅游、探亲的中外籍人员大大增多。为了适应社会主义建设的新形势,增进同各国人民的友好往来,对已经在中国居留的一切守法外国侨民,准许继续在中国居留,依法受到保护;对外国人放宽入境限制;对中国公民出入境采取“应较前适当放宽,又要进行必要的控制”的原则,边防检查工作做到了既能防止特务、走私分子的罪恶活动,又能便利旅客的正常往来,完成了把守国门的使命。

1964 年 4 月公安部召开第二次全国边防检查工作会议,总结了新中国成立后十几年的边防检查工作,肯定了成绩。会议认为,过去十几年的边防检查工作,认真贯彻执行了党的方针、政策,维护了出入国境制度;开展了对敌斗争，防范和打击了敌人在口岸的各种阴谋破坏活动，堵截了外逃分子，保障了安全，方便了旅客；在工作和斗争中，摸索和积累了一些经验，相应地加强了各项建设，锻炼和提高了边防检查队伍。

同时找出了工作中存在的问题，主要表现在：政治思想工作还比较薄弱；边防检查的规章制度还不够健全；部分检查人员政策水平不高，业务不熟；有些检查站的执勤方法机械、呆板。针对工作中存在的缺点，会议着重讨论了边防检查条例、边防检查工作中若干涉外问题的规定、边检站的政治思想工作、加强对敌斗争以及边检站的建设等问题，明确了边防检查工作的方向和任务。

1965 年 4 月 30 日国务院发布了《边防检查条例》。条例体现了党和政府有关的方针政策，体现了维护主权、保卫国家安全的原则精神，它是出入境边防检查政策的具体化。《边防检查条例》的颁布，是出入境边防检查法制建设的一个重大成就。

（二）“文化大革命”时期的边防检查

“文化大革命”（1966 年 6 月至 1976 年 10 月）期间，搞政治边防，政治统率整个边防检查工作，“左”的形式主义的一套做法贯穿在整个边防检查工作中，给正常进出境带来了不便。例如，海港联检、船员要集合点名；处理违规违章时，搞无限上纲，简单化、绝对化。在 1966 年至 1976 年全国出入境总人数仅为 300 万。在长达 10 年的时间里，边防检查工作没有召开过重大的会议，没有形成过系统的指导性文件，但大多数同志在十分困难的情况下，基本完成了各项检查任务，维护了国家的主权和尊严。在国内一片混乱的年代里，没有动摇对中国共产党和社会主义祖国的信念，为维护口岸秩序和保卫国家安全做出了贡献。

（三）十一届三中全会后的边防检查

1976 年 10 月粉碎“四人帮”的胜利，结束了“十年动乱”，特别是 1978 年 12 月中国共产党十一届三中全会以后，中国进入了建设现代化强国的新时期。边防检查工作也因此得到了进一步发展。

1. 适应对外开放、调整检查政策

根据党的十一届三中全会精神，1979 年 7 月 6 日国务院批准了公安部《关于边防检查工作中若干问题的暂行规定》，把边防检查工作重点，从以阶级斗争为主转移到依法办事，为社会主义建设和对外开放服务。此规定比较详细、全面地对边防检查工作中出现的新情况、新问题作了明确的规定,对当时一段时间的边防检查工作起了重要的指导作用。

2. 健全检查法制,放宽检查政策

随着改革开放的发展,《关于边防检查工作中若干问题的暂行规定》已不适应形势的需要,迫切需要新的法律依据,1985 年 11 月 22 日全国人民代表大会通过颁布了《公民出境入境管理法》和《外国人入境出境管理法》(自 1986 年 2 月 1 日起施行)。"两法"的制定和颁布对于维护国家主权和利益,加强边防检查,适应对外开放,促进社会主义现代化建设,具有十分重要的意义。

自 1979 年开始,我国边防检查工作实现了多方面的改革,进一步放宽边防检查政策,如中国公民不管因私因公,出入我国国境都不用再办我国的签证,只凭护照即可;一定范围的外国人,情况紧急时可直抵口岸申领入境签证;缩小对船舶监护的范围,改普遍监护为重点监护等。这一系列措施,减轻了边防检查的负担,方便了出入境人员的往来,减少了出入境人员在口岸的滞留时间,为促进四化建设发挥了积极作用。

1995 年 7 月国务院又颁布了《出入境边防检查条例》,把我国的边防检查工作推向了一个新的高度。它弥补了"两法"的不足,对边防检查各个环节做出了全面、详细的规定,更加适应了国家改革开放形势发展,使我国的出入境管理法律体系更加完善。

(四)新时期的边防检查

1. 规范检查勤务

2005 年颁布了《出入境边防检查勤务规范》,对边防检查各项工作做出了详细的规定,进一步规范了边防检查勤务工作。勤务规范的施行,加强了勤务管理和内部监督,对于提高边检机关的执勤执法水平起了重要作用。

2. 提高服务水平

2007 年全国边防检查工作会议作出了"提高边防检查服务水平"的重大决策,边防检查工作进入了一个新的历史时期。新时期的边防检查工作以提高边防检查服务水平为中心,坚持通关效率,坚持严密管控为指导方针,以"更快、更亲、更严"为工作追求,要求边检机关正确处理好服务、管控与效率三者的关系,把边防检查执法队伍建设成为国内最优秀的行政执法队伍,使边防检查服务水平达到国内一流的服务水平,在世界上进入先进行列,使边检站成为文明国家的窗口,检查员成为中华民族的文明使者。为此,先后出台了《边防检查服务规范》《边防检查执勤八不准》《边防检查服务水平评价体系》等一系列规范性文件,加强对边防检查员进行培训,进一步规范了边防检查现场标识设置和服务设施,边防检查工作迈上了一个新台阶。

第二章　出入境边防检查法律制度

第一节　出入境边防检查法律依据与适用

一、出入境管理法律规范概述

（一）出入境管理法律规范的概念

出入境管理法律规范是调整国家行政机关和中国公民、外国公民之间，在出入中国国（边）境及有关活动中一定的社会关系的法律规范的总称。它是出入境管理规范体系的根本、核心，在出入境管理法治化进程中，处于出入境管理规范体系的首位。

出入境管理法律规范有广义和狭义之分。广义的出入境管理法律规范包括两种形式的法律规范，一是指国家之间签订的有关出入境的国际条约；二是指国家立法机关制定的出入境管理法律、国家行政机关根据宪法和出入境管理法律制定的出入境管理行政法规和规章，以及规范性文件和法律解释等。狭义的出入境管理法律规范，是指国家制定的有关出入境管理的专门法律和法规，是调整中、外公民在出入中国国（边）境一定社会关系的最基本的法律规范。

出入境管理法律规范所调整的内容是指：

第一，出入境管理法律规范所保障和制约的是国家主权的动用。就国家在出入境管理领域中的出入境管辖权来说，有属地管辖权和属人管辖权。出入境管理法律规范为国家对出入其国(边)境的人员及其领土内的外国人行使主权提供了法律依据,同时也有一些相关的制约性的规定。

第二,出入境管理法律规范所调整的范围,有从事出入境管理活动的主体和被管理的客体两方面。出入境管理活动中被管理的客体指的是出入我国国(边)境的中国公民及外国人。出入境管理活动的主体,对普通外国人的管理及对中国公民因私出入境的管理来说,主要是公安机关。

第三,出入境管理法律规范所调整的内容是相关行政法律关系所涉及的权利和义务,守法与违法问题。出入境管理法律规范,规范了从事出入境管理活动的主体与被管理的客体在涉及出入境管理问题上,各自应享有的权利、应履行的义务,以及哪些行为是合法的,哪些行为是违法的以及违法行为的法律责任。

(二)出入境管理法律规范的特点

出入境管理法律规范与其他法律有许多相同之处,但是作为一个相对独立的法律体系,决定了与其他法律不同的自身的特点。

1. 国内法与国际法的同一性

出入境管理法律规范,既包括国际法,又包括国内法,是调整本国公民和外国公民在出入境领域中权利、义务的法律规范。国际法律关系的主体主要是国家,国际法的制定者是国家,国家通过协议来制定国际法原则、规则,建立规章、制度。出入境活动具有涉外性,常常涉及国际法原则、规章、制度,因此我国制定出入境管理法律规范需要与我国参加或缔交的国际条约接轨,参照有关国际法的原则规定,通过国内法把国际法原则、规则具体化,使其适合我国的国情,使国际法原则规定得以实施,并使国内法与国际法协同,使本国法律的实施产生符合管理实际的法律效力。

2. 主体资格的特殊性

一般来说,在国际交往的法律关系中,往往是国家才具有主体资格。然而在出入境活动中,由于公民本人通过有关的出入境法律规范同国外的机构、企业、单位等建立了某种约定关系,并因此承担了相应的涉外法律责任和义务,从而在一定的范围内具有国际出入境管理法律规范的特殊的主体资格。

3. 出入境管理法律规范的形式多样性

出入境管理法律规范不是以法典的形式存在,而是以各种形式存在的单行法律规范的总称。这是由我国出入境管理范围的广泛性所决定的。我国的出入境管理法律规范是一个体系庞大、形式多样的法则群体。出入境管理法律规范不是哪个固定的国家机关发布的,既包括国家立法机关颁布的法律,又包括国务院和它的下属行政机关制定的法规、规章和规范性文件,还包括各地方人民政府指定的地方性行政法规、规定、办法等。出入境管理法律规范的名称也多种多样,如法律、条例、解释、通知、通告等。

(三)出入境管理法律规范的效力

法律规范的效力,是指法律规范的适用范围。它包括时间、空间和对人的效力,即法律在什么领域、什么时间、对什么人有效。出入境管理法律规范的效力也包括这三个方面的含义。

1. 时间效力

时间效力是指出入境管理法律规范在什么时候开始生效和失效以及出入境管理法律规范对它颁发实施以前的时间和行为有无溯及力的问题。

(1)生效时间。关于法律的生效,出入境管理法律规范有以下几种情况:第一,法律规范中明确有生效日期的,其效力时间从规定的日期有效,如《出境入境管理法》。第二,法律规范中没有特别规定生效日期的,从公布之日起有效,如2003年的《大陆居民往来台湾通行证、签注审批签发管理工作规范》。第三,法律规范是在内部使用而不需要公布的,效力一般从收到法规之日开始有效,如《公安部印发〈关于出入境管理处罚和强制性管理措施执行程序的规定〉的通知》。

(2)失效时间。出入境管理法律规范效力终止(失效)时间大体分为以下几种情况:第一,与新颁发的法律规范的内容相抵触的,自然失效。第二,新的法律规范代替了同样内容的法规,同时在新的法律规范中明文宣布原法规终止。第三,新法律规范虽然没有明确规定旧法规的终止时间,但随着新的法律规范开始生效,旧法规的效力自然终止。

2. 空间效力

空间效力是指出入境管理法律规范生效的地域范围。出入境管理法律规范适用于我国主权管辖的范围所及全部领域,即领土,包括陆地、水域及其底土和上空,同样适用我国驻外使、领馆和在公海上航行的我国船舶、飞行器。由于这里所讲的出入境管理法律规范指的是国内法,所以只适用于我国领域内。

(1)在全国范围内有效,特殊规定的除外。凡全国人大及其常务委员会、国务院及国务院所属部委单独或联合制定的出入境管理法律规范,除特别规定之外(如双边协议),在我国主权管辖的领域内适用。

(2)在地方范围有效。由地方政府权力机关、行政机关制定的出入境管理法律规范的效力空间,只在发布机关管辖的区域范围内生效。

3. 对人的效力

出入境管理法律规范对人的效力是指法律规范对什么人适用,对哪些人有效。一般而言,凡是出入中国国(边)境的中国公民以及入出中国国(边)境和在中国居留旅行的外国人,都适用出入境管理法律规范。但不同的法律规范对特定的人有效。

(1)对普通外国人有效的,如《外国人入境出境管理条例》。

(2)对出入境的中国公民有效的,如《护照法》。

(3)对港、澳特区居民有效的,如《中国公民因私事往来香港地区或者澳门地区的暂行管理办法》。

(4)对台湾地区居民有效的,如《中国公民往来台湾地区管理办法》。

(5)其他情形。

(四)出入境边防检查法律规范的地位和作用

出入境边检机关代表国家行使权力,属于中央专属事权,必须严格依照法律规范行使职权。就广义而言,除队伍建设、内部管理及各类保障性工作外,出入境边检机关的职能性行为基本属于行政执法的范畴。与之相对应,相对狭义的概念指边防检查执法办案,是边检机关及其工作人员依照法定职权、程序和有关法律、行政法规及规范性文件的规定,对行政相对方出入境活动中的违法违规及手续不符问题进行处置,对查获的偷越国(边)境人员和被境外遣返人员调查取证、实施处罚或依法处理的行政执法活动。

出入境边防检查是国家出入境管理中的一项重要任务,它贯穿于出入境管理工作始终,与出入境管理活动中的各项职权分工都有着紧密的联系,居于重要的地位,可以说发挥着以点带面的作用。因此,对出入境边防检查行政执法具有指导意义和约束力的法律规范涵盖了出入境管理法律规范的大部分,出入境边防检查法律规范也成为我国出入境管理法律体系中的重要组成部分。

二、出入境边防检查法律依据

根据依法行政的原则,出入境边防检查法律依据就是出入境边防检查执法过程中的各方主体都应该服从和遵守的法律、法规及相关规范性文件等。经过长时期的出入境管理、边防检查法制建设发展,我国已基本形成了出入境边防检查法律制度体系。

根据效力等级及其制定主体,出入境边防检查法律规范构成包括以下几类。

(一)宪法

宪法为出入境边防检查提供了立法的根本依据,也提供了直接依据。宪法所规定的国家主权原则、法治原则,以及关于保障人权和外国人合法权益等规定,构成了出入境边防检查的基本原则。

(二)出入境边防检查法律

出入境边防检查法律,是指经全国人大及其常委会制定的,对出入境边防检查具有约束力的法律文件的总称。在我国行政法律体系中,包括对所有行政行为具有普遍约束力的法律、专门规范出入境边防检查的法律和涉及出入境边防检查事务的其他法律。其中,对出入境边防检查具有约束力的一般法律包括《行政处罚法》《行政许可法》等;专门或主要规范出入境管理和出入境边防检查的法律主要有《国籍法》《护照法》《出境入境管理法》;涉及出入境边防检查事务的其他法律有《外交特权与豁免条例》《领事特权与豁免条例》等。

(三)出入境边防检查行政法规

出入境边防检查行政法规,是指国务院依据宪法和法律制定,并以国务院令的形式公布或者批准发布,对出入境边防检查具有约束力的规范性文件的总称。国务院作为国家最高行政机关,领导和统筹包括出入境边防检查在内的一切行政事务。出入境边防检查行政法规包括对所有行政事务具有普遍约束力的一般行政法规、专门规范出入境边防检查的行政法规及涉及出入境边防检查事务的其他行政法规。其中,《行政复议法实施条例》等属一般行政法规,对出入境边防检查具有普遍约束力;《外国人入境出境管理条例》《出入境边防检查条例》《中国公民因私事往来香港地区或者澳门地区的暂行管理办法》《中国公民往来台湾地区管理办法》《外国人在中国永久居留审批管理办法》等属于专门或主要规范出入境边防检查的行政法规;《中国公民出国旅游管理办法》等属于涉及出入境边防检查事务的其他行政法规。

(四)地方性出入境边防检查法规

地方性法规,是指省级或较大市的人大及其常务委员会依据宪法和法律设定的权限、程序,并以法定方式和形式公布的规范性文件。依据《出境入境管理法》规定,同毗邻国家接壤的省、自治区的人民代表大会及其常务委员会可以根据中国与有关国家签订的边界管理协定,对两国边境接壤地区的居民往来作出规定。

(五)出入境边防检查规章

出入境边防检查规章包括部门规章和地方政府规章。

出入境边防检查部门规章,是指国务院组成部门和具有行政管理职能的直属机构为执行法律或者国务院的行政法规、决定、命令,依法在本部门的权限范围内制定,并由部门首长签署命令予以公布,对出入境边防检查事务具有法律约束力的规范性文件总称。出入境边防检查部门规章具有较强的可操作性,在出入境边防检查法律规范体系中的数量很多。例如,《普通护照和出入境通行证件签发管理办法》《国际航班载运人员信息预报实施办法》《大陆居民赴台湾地区旅游管理办法》等。

地方性规章,是指省级或较大市的人民政府按照法定的权限,并以行政首长命令形式公布的规范性文件。依据《出境入境管理法》规定,同毗邻国家接壤的省、自治区的人民政府可以根据中国与有关国家签订的边界管理规定,对两国边境接壤地区的居民往来作出规定。

(六)出入境边防检查法律解释

出入境边防检查法律解释,是指国家相关主体在法定权限内对出入境边防检查法律、法规、规章等法律规范的具体适用作出的、具有普遍约束力的解释。例如,《〈中华人民共和国国籍法〉在香港特别行政区实施的几个问题的解释》和《〈中华人民共和国国籍法〉在澳门特别行政区实施的几个问题的解释》都涉及出入境边防检查行政执法活动。

另外,国际条约也是出入境边防检查需要遵循的重要规范。作为出入境边防检查法律规范渊源的国际条约形式有条约、公约、协定、议定书、宣言或声明、宪章、盟约或规约、换文、谅解备忘录或备案函等。例如,《维也纳外交关系公约》《中华人民共和国和美利坚合众国领事条约》《海员国籍证书公约》《中华人民共和国政府和蒙古人民共和国政府关于双方公民相互往来的协定》《中华人民共和国政府和蒙古人民共和国政府关于边境口岸及其管理制度的协定》《中华人民共和国政府和保加利亚共和国政府关于互免签证和方便两国公民往来的协定》和2003年《中华人民共和国政府和印度共和国政府关于简化签证手续谅解备忘录》等。但是,与国内法可以直接适用不同,出入境边防检查领域内的大部分国际条约需要转换为国内法后方可适用。

三、出入境边防检查法律规范的适用

出入境边防检查依据的法律规范包括了法律、法规、规章等多种形式的规范性文件,但直接规范出入境边防检查行政执法活动的主要是"三部法律、四部行政法规"。三部法律是指《国籍法》《护照法》《出境入境管理法》,四部行政法规是指《外国人入出境管理条例》《出入境边防检查条例》《中国公民因私事往来香港地区或者澳门地区的暂行管理办法》《中国公民往来台湾地区管理办法》。当前,"三部法律、四部行政法规"的出入境边防检查法律规范体系已初步形成,对推动出入境边防检查执法规范化建设发挥了重要作用。下面,就三部法律的主要内容及其适用重点做一介绍。

(一)国籍法

各国入出境管理的基本对象是公民和外国人,他们在入出境管理中的法律地位存在本质区别,所适用的法律规范存在较大差异。因此,判断并认定管理对象是否属于外国人,是外国人入出境管理法律规范得以正确适用的前提和基础。为认定管理对象的身份,国际社会普遍确立了国籍法律规范、护照证件法律规范和签证法律规范。其中,国籍法律规范为认定管理对象的身份提供了根本依据,护照法律规范为判断国际流动人员的国籍身份提供了直接依据,签证法律规范为主权国家赋予外国人相应的入境、停留居留身份提供了直接依据。

1. 国籍与国籍法

国籍是指一个自然人属于某一国家公民或国民的法律资格,是这个自然人与某一国家的固定的法律联系,它也是国家实行外交保护权利的法律依据。

一旦自然人具有某国国籍,根据该国的法律,他就可以以该国公民或国民的资格享受规定的权利和承担义务,维护本国利益并受本国管辖;当他在国外时,不论在何地、何种情况下,在接受所在国管辖的同时,他有忠于本国和承担一定义务的责任，仍与本国保持固定的法律联系，受到本国的法律管辖和外交保护。这种由于具有某国国籍所产生的与该国的法律联系，除非发生某种法律事实或者按照法定程序而丧失了该国国籍，否则不因时间、地点或其他条件的变化而变化。

在国籍法上，国籍是确定某人从属于某国的身份和法律地位的主要标志，除应得到国籍所属国的外交保护外，国籍所属国一般不应拒绝引渡本国公民或国民。国籍法从狭义上说属于国内法的一部分，是指一个国家用以规范本国国籍的取得、丧失和恢复及解决国籍冲突的法律，广义上的国籍法又具有一定的国际性，还包括一些相关的国际公约和双边条约。

世界上每一个国家都从自己的主权和利益出发，依照本国法律决定何人是其公民或国民。国籍法的立法宗旨，是在一个特定的领土范围内确定特定的人口，即国家确定本国公民，没有本国公民的存在，该国政府也就无以行使它的管辖权，国家也就不复存在。因此，国籍法是主权国家的重要法律之一。

2. 中国国籍制度

我国《国籍法》于1980年9月13日正式公布施行。《国籍法》共18条，主要包括中国国籍的取得、丧失和恢复的条件、程序及主管机关等内容。

(1)《国籍法》的基本原则

一是爱国主义和国际主义相结合原则。《国籍法》中规定了，凡是中国公民都必须遵守中国的宪法和法律，坚持四项基本原则，热爱社会主义祖国，维护国家的统一和团结，忠实于国家利益，维护国家的尊严和荣誉；反对排外主义，平等对待中国境内居住的外国人，不压迫，不歧视；尊重中国境内外国侨民和无国籍人的意志，不把中国国籍强加于他们等，体现了立法的爱国主义和国际主义的原则。

二是一人一国籍原则。又叫"不承认双重国籍"。不承认双重国籍是我国一贯的方针和政策。《国籍法》第3条规定："中华人民共和国不承认中国公民具有双重国籍。"为了防止和避免双重国籍的产生，我国《国籍法》也作出了若干具体的规定，如第9条规定："定居外国的中国公民，自愿加入或取得外国国籍的，即自动丧失中国国籍。"第5条规定："……父母双方或一方为中国公民并定居在外国，本人出生时即具有外国国籍的，不具有中国国籍。"我国与他国可能会因为关于原始国籍取得立法不同而产生双重国籍现象，这个规定主要就是为了避免此种情况的出现。第8条规定：外国人申请加入中国国籍被批准后,不得再保留外国国籍。第 11 条规定:“申请退出中国国籍获得批准的,即丧失中国国籍。”同时第 13 条又规定,曾有过中国国籍的外国人,申请恢复中国国籍的申请被批准后,不得再保留外国国籍。这三条规定主要是防止和避免在申请入籍、退籍和复籍过程中产生双重国籍。

三是以双系血统主义为主、出生地主义为辅的原始国籍原则。即在确定一个人出生时是否具有中国国籍,主要考虑其父母的国籍归属,同时又要考虑这个人出生在何地。血统主义原则,是指出生儿童的国籍由他的父亲或母亲的国籍来决定。按照此原则,出生儿童取得原始国籍的根据是其父母亲双方或任意一方的国籍。血统主义原则分为父系血统主义原则、母系血统主义原则和双系血统主义原则。我国《国籍法》第 4 条和第 5 条规定,正常情况下,父母双方只要有一方为中国公民,无论本人出生在中国,还是外国,都具有中国国籍。这两条关于原始国籍取得的规定,主要强调的是父母的国籍。出生地主义原则,即不问父母的国籍如何,单纯依据儿童的出生地点确定他们的国籍。《国籍法》第 6 条规定,父母无国籍或国籍不明的,定居在中国,本人出生在中国,具有中国国籍。这条规定是依出生地原则赋予中国国籍的具体体现。

四是平等国籍原则。平等国籍原则是指每个人依法平等地取得、丧失或恢复中国国籍,不受民族、种族、宗教信仰、性别、是否婚生等方面的限制。《国籍法》第 2 条规定:“中华人民共和国是统一的多民族的国家,各民族的人都具有中国国籍。”男女在适用国籍法时的法律地位是平等的,没有因性别的不同而有所差别。男女平等是国籍立法所要遵循的基本原则,其主要表现在两个方面:一方面在赋予原始国籍上,我国采用的男女平等的双系血统主义,而非歧视妇女的父系血统主义;另一方面在婚姻与国籍的关系问题上,我国采用的是女子国籍独立的原则,从而保证了女性的独立人格和与男性同等的国籍权利。

五是自愿为主、依法限制为辅的国籍原则。即除法律限制的特殊人员或情形,中国国籍的加入、退出和恢复都应由当事人自愿提出,不允许强迫,但应依法履行必要的审批手续。《国籍法》第 7 条规定,中国境内的外国人或无国籍人根据自己的意愿依法提出加入中国国籍的申请。第 10 条规定,中国公民可以依法提出退籍申请。《国籍法》还规定了申请加入、退出和恢复中国国籍的条件。《国籍法》在确立尊重本人意愿原则的基础上,进行了两方面的必要限制:其一是限制中国公民退籍的范围和情形。第12条规定:“国家工作人员和现役军人,不得退出中国国籍。”第10条规定,中国公民申请退籍应具备法定条件。其二是中国国籍的加入、退出和恢复都应依法履行审批手续。我国《国籍法》第14条规定:“中国国籍的取得、丧失和恢复,除第九条规定的以外,必须办理申请手续。”第16条规定:“加入、退出和恢复中国国籍的申请,由中华人民共和国公安部审批。经批准的,公安部发给证书。”

六是减少无国籍原则。这是我国在处理国籍问题时奉行的一条基本原则,如《国籍法》第6条规定:“父母无国籍或国籍不明,定居在中国,本人出生在中国,具有中国国籍。”第7条规定,外国人符合一定的条件经申请批准后,可以加入中国国籍,而且我国《国籍法》也没有剥夺国籍的规定。

(2)《国籍法》的基本内容

①中国国籍的取得

根据《国籍法》的规定,取得中国国籍的途径可分为两种:

一是因出生而自然取得。我国绝大多数人主要是因出生而取得中国国籍的。父母双方或一方为中国公民,无论本人出生在中国还是外国,根据我国的血统主义原则,本人出生即取得中国国籍,但是,如果父母双方或一方定居国外,本人出生时即有外国国籍的,则不具有中国国籍。父母无国籍或国籍不明,定居在中国,本人出生在中国,即取得中国国籍,如果父母中只有一方无国籍或国籍不明,而另一方为外国人时,则不符合此规定。

二是因入籍而依法取得。外国人和无国籍人可以按照法定程序取得中国国籍,任何人不因婚姻、收养等关系而自然取得中国国籍。申请人必须具备一定条件,如申请人是中国人的近亲属,定居在中国等,并且本人愿意,才可以依法取得中国国籍。

②中国国籍的丧失

根据《国籍法》的规定,中国国籍的丧失可分为两种:

一是主动丧失。是指基于个人的意愿进行申请或选择而失去原有的国籍,主要包括自愿申请退籍和自愿选择别国国籍两种方式。我国《国籍法》确立了自愿申请退籍方式,但没有规定退籍权,只规定要求退籍的人,具有法律规定的条件,可以提出申请;而具备法定条件的申请,是否获准,由主管机关决定。《国籍法》第10条规定,中国公民具有下列条件之一的,可以经申请批准退出中国国籍:外国人的近亲属;定居在外国的;有其他正当理由,如继承遗产、领取外国的养老金、恢复外国国籍等。

二是被动丧失。是指基于当事人的自愿申请或选择以外的法定原因或事实直接导致个人非自愿地失去某一原有国籍,又称非自愿丧失国籍。我国《国籍法》第9条规定:定居外国的中国公民,自愿加入或取得外国国籍的,即自动丧失中国国籍。自动丧失中国国籍必须具备两个条件:定居在外国,主要指华侨;自愿加入或取得了外国国籍。对于自动丧失中国国籍无须经过任何法律程序,不须办理退出中国国籍的手续。

③中国国籍的恢复

所谓国籍恢复就是丧失了某国国籍的人重新取得该国国籍。我国《国籍法》第13条规定:"曾有过中国国籍的外国人,具有正当理由,可以申请恢复中国国籍……"从规定中可以看出,恢复中国国籍必须满足两个条件:一是曾经有过中国国籍的外国人,如加入外国籍的华人;二是有正当理由。正当理由主要是指外籍华人申请回国定居。只有满足上述条件,恢复中国国籍的申请才会得到我国主管机关的批准,被批准复籍的外国人,不得再保留外国国籍。

④中国国籍的审批程序

中国国籍的取得、丧失和恢复都要严格依照法定的程序进行。

一是国籍的申请。《国籍法》第14条规定:"中国国籍的取得、丧失和恢复,除第九条规定的以外,必须办理申请手续。未满十八周岁的人,可由其父母或其他法定代理人代为办理申请。"这里的申请手续主要是指填写申请书、提交相关证明材料及证件、交付照片和手续费等。

二是国籍申请的受理。《国籍法》规定,受理国籍申请的机关,在国内为当地市、县公安局,在国外为中国驻各国的外交代表机关和领事机关。国内受理机关对申请人提供的证件、证明进行审查、核实后,将审核意见上报公安厅,公安厅经过复审后与受理机关达成一致意见,呈报公安部,而国外受理机关则在审核后,将审核意见直接报给公安部。

三是国籍申请的审批。《国籍法》第16条规定:"加入、退出和恢复中国国籍的申请,由中华人民共和国公安部审批。经批准的,公安部发给证书。"但是,为了简化国籍申请的审批手续,1992年公安部以《关于受理、审批国籍申请的程序和注意事项》的规定,将外籍华人在境外提出的恢复中国国籍申请的审批权授予了中国驻外使领馆,在广东省、海南省定居的外籍华人恢复中国国籍申请的审批权授予了广东省、海南省公安厅。如果批准国籍申请，公安部及其授权机关根据申请事由分别签发加盖“中华人民共和国公安部”印章的入籍证书、复籍证书或退籍证书。

3. 国籍与出入境

国籍的国民属性，决定在国际交往中不同国籍的人所具有的法律地位也不尽相同。往往同一个行为，由于行为人具有不同国籍，就存在违法和合法的差异。在出入境活动中，不同国籍的人员享有的待遇也是有所区别的。

(1)入境方面

一是本国公民和外国人待遇的区别。一般来讲，一个公民在国外定居或旅游，如果要返回其本国，往往不需要任何申请。《世界人权宣言》第 13 条规定，人人有权归其本国。如我国法律规定，中国公民入境时，无须办理签证；而对于外国人，必须经中国政府主管机关许可，办理我国有效的入境签证(或按相关的协议执行)，方可入境。

二是不同国别外国人之间待遇的区别。各国根据自己的国情和与他国之间的关系，给予不同国籍的外国人入境方面的待遇是不完全一样的。

(2)过境方面

对于不同国籍的过境申请者，有的国家实行区别对待的政策制定相应的规定。例如，泰国政府规定，对其所谓的“过境优待国”的公民在泰国境内停留不超过 15 日，不必办理过境签证；而对于其他国家的公民则规定，凡是在泰国停留超过 6 小时的，都必须办理过境签证。

(3)居留方面

根据两国的关系状况，对在本国境内居留的不同国籍的外国人，享受不同的待遇，这也是多数国家按照对等原则实行的一种政策。例如，在法国居留的一般国家的外国人，只能申领居留许可证和普通居留许可证，该证有效期短，在就业方面还受到工作地点和职业类别选择的限制。而欧盟成员国的侨民，则可以申领有效期为 10 年的长期居留许可证，并可以不受任何工作地点和职业类别的限制。

(二)护照法

我国《护照法》于 2007 年 1 月 1 日起正式施行，是继《公民出境入境管理法》《外国人入境出境管理法》(已于 2013 年废止)和《出入境边防检查条例》之后，真正一部以单行法的形式指导出入境管理工作的法律依据，以法律的形式规范了办理护照证件的受理和审批程序。《护照法》共有 26 条，规定了护照种类、签发机关、申办程序、签发时限、不予签发对象、罚则等内容，将护照签发管理工作的方方面面纳入了法制化轨道，形成了完整、科学的护照签发管理体系。

1.《护照法》的地位和作用

《护照法》的颁行意味着我国出入境领域“证件法”与“行为法”相互分立的立法模式的确立。按照 1985 年《公民出境入境管理法》的模式，公民因私出国需要得到主管机关的批准，批准出国的颁发护照等出入境证件。护照等出入境证件是作为批准公民出国的证明文件而颁发的，公民出国是从如何得到批准开始的。在“证件法”与“行为法”分立的立法模式下，公民出国无须得到批准，公民申请护照不再意味着出国，而颁发护照也不再意味着批准公民出国。《护照法》作为证件法仅对如何申请、颁发护照及对护照这种身份证件如何进行管理等护照制度的基本事项进行规范，至于公民申领护照后如何出国则不是《护照法》调整的范围，该部分内容由《出境入境管理法》等“行为法”来进行调整。

2.《护照法》的立法原则

(1)维护国家主权、安全原则

维护国家主权、安全和社会秩序原则是《护照法》的首要原则，这是由护照签发和管理的涉外性所决定的。

《护照法》第 1 条规定：“为了规范中华人民共和国护照的申请、签发和管理，保障中华人民共和国公民出入中华人民共和国国境的权益，促进对外交往，制定本法。”在这一规定中明确体现了维护国家主权原则。《护照法》的第 13 条规定了七种法定禁止出境的情形，采用了“列举 + 兜底”条款综合规定的立法技术，将所有有可能危害到国家安全或对国家利益造成重要损失的情形全部包含在禁止出境的范畴内，充分体现了维护国家安全的原则。

(2)公正、公开原则

在《护照法》中明确规定了中国公民申领护照的条件、程序、权利、义务以及违法所应承担的法律责任等。使办证公民在申领前对护照的办理和申请条件、程序均有明确的预期，充分体现了公开原则，确保民众对职能部门的监督，也保证了民众合法权益的最大限度维护。

《护照法》第 6 条第 2 款规定：“……对不符合规定不予签发的，应当书面说明理由,并告知申请人享有依法申请行政复议或者提起行政诉讼的权利。”第20条规定:“护照签发机关工作人员在办理护照过程中有下列行为之一的,依法给予行政处分;构成犯罪的,依法追究刑事责任……”在这些规定中我们可以看到,对于救济申请人权利的途径在护照法中已经尽可能地作出了详细的规定,对于工作人员的行为法律也作出了严格的规定,确保了公正原则的实现。

(3)维护出入境人员合法权益原则

在《护照法》的第20条中明确了护照办理工作人员有保护申请人隐私的义务,一旦违反应承担相应的法律责任。在《护照法》的其他规定中也体现了公民人身自由权利。

3.《护照法》的主要内容

(1)明确了护照的定义

《护照法》第2条第1款对护照作出了明确规定:中华人民共和国护照是中华人民共和国公民出入国境和在国外证明国籍和身份的证件。它的内涵主要有三个:一是护照的签发对象是中国公民。这样规定化解了实际工作中遇到有申请人无出国需求或不能出国,只为持护照而想持有护照的法律难题。二是护照是在出入国境和在国外居留旅行期间使用,是通行证件和旅行证件。但这并不是说护照只能在国外使用,在国内如果被接受也可以使用。三是护照是国籍和身份的证明文件。通过护照可以识别持照人的国籍和身份情况起到“介绍信”的功能。另外,护照不是在国内的身份证明,所以无须也不可能人人持有。

(2)明确了护照的分类

依照之前的“护照签发规范”的规定,我国的护照种类为三类,即外交护照、公务护照和普通护照。《护照法》保持三类护照种类不变,规定:“护照分为普通护照、外交护照和公务护照。”并规定下列人员可以持用外交护照:外交官员、领事官员及其随行配偶、未成年子女和外交信使。同时规定:“外交护照、公务护照的签发范围、签发办法有效期以及公务护照的具体类别,由外交部规定。”

(3)明确了护照的法定签发机关

首次明确了普通护照签发机关。《护照法》规定:“普通护照由中华人民共和国公安部出入境管理机构或者公安部委托的县级以上地方人民政府公安机关出入境管理机构以及中华人民共和国驻外使馆、领馆和外交部委托的其他驻外机构签发。”可以看出，签发护照的职权在国外由中华人民共和国驻外使领馆和外交部委托的其他驻外机构行使，在国内由中央政府的主管部门行使，无论是签发外交、公务护照还是签发普通护照，也无论是在国内还是在国外，该项职权均属于中央政府是国家事权的范畴，地方政府部门可以签发护照是源于中央政府的委托授权，其本身并不是该项职权的主体。同时，按照较为一致的理解或者说已达成的共识，受托的机关或机构要以委托的机关或机构的名义从事委托事项。

（4）以法律的形式明确规定了不准异地办证

《护照法》第5条规定，公民因前往外国定居、探亲、学习、就业、旅行、从事商务活动等非公务原因出国的，由本人向户籍所在地的县级以上地方人民政府公安机关出入境管理机构申请普通护照。该条以法律的形式规定了县级公安机关出入境管理机构办理护照的权力。同时也以法律的形式明确规定了不准异地办证。

（5）明确了护照办理时限

《护照法》实施前，依据《中国公民出境入境管理法实施细则》（已废止）规定的办理护照时限是30日，地处偏僻、交通不便的为60日。《护照法》大大缩短了法定办理时限，规定一般情况办证时限为15日，偏远地区或者交通不便的地区为30日。同时也规定了可加急办理护照，体现了对公民出境权益的保障。

（6）明确了护照的有效期

《护照法》规定不满16周岁人员护照有效期5年，16周岁以上人员护照有效期10年。同时根据《国际民航组织公约》附件九的规定，取消了护照延期的规定，与国际惯例做法接轨。

（7）明确规定了护照式样监制内容

护照的签发属于中央事权，护照式样由国务院主管部门统一设计、印制，任何机构、个人，未经授权，不得进行护照印制。《护照法》规定，普通护照由公安部规定式样并监制。这是护照签发中央事权属性在《护照法》中的具体体现。在法律上给护照管理机关赋予这方面的职能。

（三）出境入境管理法

《出境入境管理法》于2013年7月1日起开始施行。本法的出台，全面、系统地提升和完善了边检机关的管理职责和执法依据，第一次在法律层面系统构建了出入境边防检查制度体系，对出入境边检工作的影响重大而深远。该法贯穿着管理与服务并重的理念，通过完善外国人入境签证签发、停留居留、永久居留、不准出境等制度，加大外国人出入境违法行为处罚力度；注重保护中国公民出入境合法权益，调整了对中国公民出境控制过严，对外国人入境控制较弱的价值导向，为解决外国人“三非”问题明确了法律依据。

1. 强调管理服务并重

出境入境管理事关我国国家安全、经济社会发展和改革开放大局。《出境入境管理法》在立法过程中，立法机关主要把握以下几个基本原则：

一是在立法目的上强调既要维护国家的主权、安全和社会秩序，又要促进对外交往和对外开放。制定《出境入境管理法》，既要发挥出境入境管理在保障国家安全中的职能作用，又要服务对外开放，为经济社会发展提供支持；既要加强出入境管理，也要防止给正常的对外交往带来不便。

二是在制度设计上突出管理与服务并重。对出入境管理工作，立法强调管理与服务并重原则。既要严格规范出入境管理的各项制度，也要加强服务意识，为中国公民和外国人合法的出入境活动，以及外国人在中国境内合法的停留居留活动提供便利。为此，《出境入境管理法》在总则中明确规定，履行出境入境管理职责的部门和机构应当切实采取措施，不断提升服务和管理水平，公正执法，便民高效，维护安全、便捷的出境入境秩序。

三是在管理体制上强调各部门沟通配合、信息共享。出入境管理涉及的部门较多。出境入境管理法明确规定，公安部、外交部在出境入境事务管理中，应当加强沟通配合，并与国务院有关部门密切合作，按照各自职责分工，依法行使职权，承担责任。国家建立统一的出境入境管理信息平台，实现有关管理部门信息共享。

2. 完善入境签证制度

《出境入境管理法》对中国公民出境入境、外国人入境出境、外国人停留居留、交通运输工具出境入境边防检查、调查和遣返措施，以及法律责任等作了规定，进一步完善了入境签证制度。明确签证分为外交签证、礼遇签证、公务签证和普通签证，并在普通签证中增加了“人才引进”类别，以吸引海外优秀人才；明确普通签证的类别和签发办法由国务院规定；规范签证的登记项目和申请办理手续，明确出具邀请函件的单位或个人应当对邀请内容真实性负责,同时完善了口岸签证、签证延期、不予签发签证等制度。

3. 完善永久居留制度

《出境入境管理法》进一步规范了外国人停留居留制度。明确了外国人停留和居留的划分标准,规定外国人办理居留证件应当留存指纹,完善了外国人住宿登记、证件查验等制度,明确外国人未经批准不得进入限制进入的区域,规定外国人不得从事与停留居留事由不相符的活动,并应当在规定的停留居留期限届满前离境。同时,完善了永久居留制度,规定对中国经济社会发展作出突出贡献或者符合其他在中国境内永久居留条件的外国人,经本人申请和公安部批准,取得永久居留资格。

4. 严格解决"三非"问题的管理制度

外国人非法入境、非法居留、非法就业是我国经济社会发展到一定阶段的产物。为解决"三非"问题,《出境入境管理法》主要规定了以下措施:

一是严格签证签发制度,从源头上预防"三非"问题的产生。规范单位或者个人邀请外国人来华行为,规定出具邀请函的单位或者个人应当对邀请内容的真实性负责。同时明确不予签发签证的情形,对在申请签证过程中弄虚作假或者不能保障在中国境内期间所需费用等的,不予签发签证。

二是加强外国人停留居留管理。规范来华外国人停留居留证件办理、查验和住宿登记等制度,规定公民、法人或者其他组织发现外国人有"三非"情形的,应当及时向公安机关报告。

三是规范外国人在华工作管理。规定外国人在中国境内工作,应按照规定取得工作许可和工作类居留证件,并明确非法就业的界定,外国人未按照规定取得工作许可和工作类居留证件在中国境内工作、超出工作许可的限定范围在中国境内工作、外国留学生违反规定超出规定的岗位范围或者时限在中国境内工作的,属于非法就业。

四是规定了调查、遣返"三非"人员的措施和法律责任。对有"三非"嫌疑的外国人,县级以上地方人民政府公安机关或者出入境边检机关可以依法当场盘问、继续盘问、拘留审查等;对有"三非"情形的外国人,可以依法给予罚款或者拘留的处罚,并可以处限期出境;对在规定的期限内没有离境的,可以遣送出境,且自被遣送出境之日起1~5年内不准入境。

5. 专门规定人才签证

《出境入境管理法》在总结实践经验基础上,针对当前出入境管理工作的新情况、新问题作了有针对性的规定,在很多制度方面都有了进步和发展。在普通签证中增设了“人才引进”类别。规定专门的人才签证,有利于更好地吸引海外优秀人才来华服务工作,创造良好的引智引资环境。

第二节　出入境证件签发与管理制度

一、护照的签发与管理制度

护照主要用以证明其持证人的国籍和身份,是一种身份证明文件,其特定的法律属性决定了其特定的适用范围和管理方式。护照管理存在狭义和广义之分。狭义的护照管理是指护照管理机关依法对持照人使用的护照办理延期、换发、补发、加注手续和采取收缴、吊销措施的行政行为。广义的护照管理则包括护照的研制、护照的颁发和狭义的护照管理。从各国有关护照的立法和护照管理实践看,大部分国家采用的是广义的护照管理概念。本章中的护照管理制度重点介绍中国护照管理机关、护照的研制、护照的颁发和使用管理等方面的内容。

(一)护照签发和管理的法律依据

我国护照签发和管理的法律依据主要是《护照法》。由于香港特区和澳门特区的特殊情况,根据《香港特别行政区基本法》和《澳门特别行政区基本法》的规定,中央政府分别授权香港特别行政区和澳门特别行政区政府签发与管理“香港特别行政区护照”和“澳门特别行政区护照”。

(二)护照的管理机关和签发范围

明确护照管理机关职权和规范护照管理权,是各国护照法律的基本内容,也是护照管理的首要问题。我国《护照法》第4条规定:“普通护照由公安部出入境管理机构或者公安部委托的县级以上地方人民政府公安机关出入境管理机构以及中华人民共和国驻外使馆、领馆和外交部委托的其他驻外机构签发。外交护照由外交部签发。公务护照由外交部、中华人民共和国驻外使馆、领馆或者外交部委托的其他驻外机构以及外交部委托的省、自治区、直辖市和设区的市人民政府外事部门签发。”

1. 签发机关

根据签发地的不同,护照的具体签发机关和签发的护照证件可以分为:

(1)在内地,外交部、外交部委托的省、自治区、直辖市和设区的市人民政府外事部门及公安部出入境管理机构和公安部委托的县级以上地方人民政府公安机关出入境管理机构签发除香港特区护照和澳门特区护照以外的各类护照。其中,外交部签发外交护照、公务护照、公务普通护照;外交部委托的省、自治区、直辖市和设区的市人民政府外事部门签发公务护照、公务普通护照;公安部出入境管理机构和公安部委托的县级以上地方人民政府公安机关出入境管理机构签发普通护照。

(2)在港澳地区,香港入境事务处签发香港特别行政区护照,澳门身份证明局签发澳门特别行政区护照;外交部驻香港、澳门特别行政区特派员公署(以下简称外交部驻港、澳公署)签发公务护照、公务普通护照和普通护照。

(3)在国外,中华人民共和国驻外使馆、领馆及外交部委托的其他驻外机构签发公务护照、公务普通护照和普通护照,并受理特区护照的申请。

2. 签发范围

(1)外交护照

我国的外交护照签发对象主要是党、政、军副部级以上高级官员,全国人大、全国政协和各民主党派的主要领导人,外交官员、领事官员及其随行配偶、未成年子女和外交信使。其他需持用外交护照出国执行公务的人员,由其工作单位按规定向外交部门提出申请,由外交部门根据需要签发。

(2)公务护照

目前我国的公务护照分为两种:一种是“公务护照”;另一种是“公务普通护照”。《护照法》第9条第2款规定:“外交护照、公务护照的签发范围、签发办法、有效期以及公务护照的具体类别,由外交部规定。”

①公务护照。首次申请公务护照,由外交部以及外交部委托的省、自治区、直辖市和设区的市人民政府外事部门签发;申请换发和补发公务护照,除上述部门外,还可由外交部驻港澳公署、中华人民共和国驻外使领馆或者外交部委托的其他驻外机构签发。签发对象主要是县、处级(含副县级、副处级)以上国家公务员,在中华人民共和国驻外使领馆或者联合国、联合国专门机构以及其他政府间国际组织工作的中国政府派出的职员及其随行配偶、未成年子女,中央大型企业领导班子成员以及部分高校校级领导。其他需持公务护照出国执行公务的人员,由其工作单位按规定向外交部门提出申请,由外交部门根据需要签发。

②公务普通护照。公务普通护照与公务护照的签发机关相同,由外交部

规定式样并监制。签发对象主要是副处级以下的公务员和参照公务员标准管理的国有企事业单位的因公出国人员。

(3)普通护照

我国普通护照的签发对象主要是前往外国定居、探亲、学习、就业、旅行、从事商务活动等非公务原因出国的公民。

(4)特别行政区护照

①香港特别行政区护照,发给在香港特别行政区享有居留权并持有香港特别行政区永久性居民身份证的中国公民。特区护照上注明持有人有返回香港特别行政区的权利。

②澳门特别行政区护照,发给持有澳门特别行政区永久性居民身份证及澳门特别行政区居民身份证的永久性居民中的中国公民。护照上载明持有人有返回澳门特别行政区的权利。

(三)护照的研制

护照的研制,是指护照管理机关依法设计和变更护照的式样及技术标准,代表国家统一提供空白护照的行为。主要包括:设计和变更护照式样及内容,制定护照的防伪技术标准和生产工艺标准,选择并依法监制等。由于护照是国家或政府专属的主权性财产,任何一个国家的护照都不可以随便研制,而只能由国家法律规定或授权的主管机关依据法律规定进行研制。我国《护照法》第21条规定:"普通护照由公安部规定式样并监制;外交护照、公务护照由外交部规定式样并监制。"

(四)护照的颁发

护照的颁发,是指护照管理机关依法定条件和程序,通过对护照申请的审查,决定是否向申请人签发护照以及签发何种护照的具体行为。这是护照管理的第一个环节,也是管理的重点。颁发一般由申请、受理、审批与签发四个步骤构成。根据《护照法》的规定,公安机关出入境管理机构自收到公民护照申请材料之日起15日内签发普通护照(具体时限各地规定略有不同),在偏远地区或者交通不便的地区或者因特殊情况不能按期签发护照的,经护照签发机关负责人批准,签发时间可以延长到30日。公民因合理紧急事由请求加急办理的,公安机关出入境管理机构及时办理。

1.护照的申请

综观各国法律规定,普遍要求依申请而颁发护照,并对护照申请的提交方式、护照申请的提交地点、申请护照的法定条件等方面进行了规范。

(1)护照申请的提交方式

对于护照申请的提交方式,法律一般规定了两种:亲自向护照受理机关直接递交护照申请或通过依法委托他人代为申请等方式间接递交护照申请。申请人亲自递交申请是各国法律普遍确认的基本方式,这样规范的目的在于方便护照申请受理机关核实现实的申请人与申请资料中的申请人是否一致。我国《护照法》第5条规定:“公民因前往外国定居、探亲、学习、就业、旅行、从事商务活动等非公务原因出国的,由本人向户籍所在地的县级以上地方人民政府公安机关出入境管理机构申请普通护照。”

(2)护照申请的提交地点

对护照申请提交地点的规范,主要目的在于使护照管理机关对申请的审核和所发护照的管理具有针对性,降低管理的成本,提高工作效率。对此,各国法律普遍把申请人向居住地的护照申请受理机关递交申请作为一般原则,而把向居住地之外的护照申请受理机关递交申请作为补充。根据《护照法》第5条的规定,普通护照申请的提交地点为本人户籍所在地的县级以上地方人民政府公安机关。

(3)申请护照的条件

尽管各国普遍确认公民的出入境自由是一种基本权利,许多国家基于公民的出入境自由赋予了公民享有获得护照的权利,但任何人并不因此理所当然地得到护照,而必须依法向有关管理机关递交护照申请并证明自己符合法定的资格条件。综观各国护照法的规定,一般护照的申请条件以证明本国公民身份为基础,兼顾国家安全、公共利益和前往国家情况等方面综合确立。按照申请条件的适用范围和在审批中的作用,可分为法定资格条件、酌定条件和法定限制条件三类。

①法定资格条件。法律规定申请人应该具有并有责任证明和护照管理机关必须核实的基本条件。我国《护照法》第6条第1款规定:“公民申请普通护照,应当提交本人的居民身份证、户口簿、近期免冠照片以及申请事由的相关材料。国家工作人员因本法第五条规定的原因出境申请普通护照的,还应当按照国家有关规定提交相关证明文件。”

②酌定条件。法律赋予护照审批机关根据护照申请个案审查的需要自由决定具体申请人是否应该承担的其他证明责任。如申请护照者要求前往

的国家或地区是否与发证国建有外交关系，近阶段关系如何，是否发生战争等。

③法定限制条件。根据《公民权利和政治权利国际公约》在确认公民享有出入境自由的同时，也确认主权国家为了“保护国家安全、公共秩序、公共卫生、道德、他人的权利和自由”，可以以法律规定的方式限制出入境自由。护照作为公民实现出入境自由的必要条件之一，是各主权国家的重要财产和维护国家安全、公共利益以及他人权利的重要工具。因此，主权国家在确认公民享有获得、持用护照等相关权利的同时，也保留了对这些权利予以合法限制的权利。例如，《护照法》第13条规定，国务院有关主管部门认为申请人出境后将对国家安全造成危害或者对国家利益造成重大损失的，护照签发机关不予签发护照。

2. 护照的受理

各国护照管理机关内部一般都遵循受理、审批环节分离的分工规则，申请受理机关主要负责对护照申请进行初步的审查，为护照申请的审批做好充分准备。受理机关审查的内容主要包括：面见申请人本人；查验申请人提交的申请材料是否齐全、申请表格的填写是否规范、身份证明材料是否真实有效、申请人之前是否持有有效护照等。

根据《普通护照受理、审批、签发管理工作规范》（以下简称《普通护照签发规范》）规定：“申请人常住户口所在地的县、市公安机关出入境管理部门负责受理公民因私出国申请。直辖市、地级市（均含市属区公安局）公安机关出入境管理机构可以在授权范围内直接受理本户籍管辖区及其所辖县、市内常住居民因私出国申请。”根据公安部2013年7月1日起推出的便民利民措施，符合条件的内地居民可以在部分城市的暂（居）住地就近提交普通护照、往来台湾通行证及签注申请。

申请受理机关对护照申请进行初步审查后，应根据审查的情况作出相应的审查结论。申请受理机关的审查结论分为受理申请、要求申请人补充相关申请材料和不予受理申请等。对于决定受理的申请，申请受理机关应在已经核实的证明材料上加盖核验戳记，准确录入申请人信息数据，并在法定期限内向审批机关提交书面的受理意见。根据我国《普通护照签发规范》的规定：“凡申请人依法履行申请手续，并且手续齐全、符合要求的，负责受理的民警应当即向申请人签发因私出境证件申请回执，确认受理出国申请。”

3. 护照的审批

护照申请审批机关接到受理机关呈送的护照申请及相关受理意见后,对申请进行全面深入的审核。审核的主要内容包括:检查护照申请受理机关是否依法履行了受理的职责,并对申请材料中的疑点进行复核;通过国家有关护照签发的信息数据库网络系统,核实申请人是否具有不予签发护照的法定情形等。护照申请审批机关根据审核情况,分别作出退回受理机关补正、拒绝签发护照和批准签发护照的审批决定。

4. 护照的签发

护照申请审批机关批准向申请人签发护照,意味着国家确认并有责任为申请人行使出入境权利提供保障和保护。护照的签发虽然是护照颁发的一个重要环节,但多数国家的护照法中却鲜有护照签发的明确规定,有的只作原则性规定。这是由于护照签发是技术性和操作性较强的、以护照管理机关内部为主要规范对象的具体管理活动。我国《普通护照签发规范》规定:"省、自治区、直辖市公安厅、局出入境管理局、处集中制作、签发本省、自治区、直辖市公民因私出国护照。"

(五)护照的使用管理

护照使用管理,即狭义的护照管理,包括以下内容:

1. 护照的延期

护照的延期,是指护照管理机关依法延长持用者使用的护照的有效期限。护照一经主管机关签发,其时间效力就已确定,护照持有人只能在确定的有效期限内使用。如持照人需要在确定的有效期届满后继续使用,只有依法向护照主管机关申请并获得批准后才能继续使用;否则,持有人将构成违法而受到处罚。对于护照能否予以延期,各国规定不一。我国《护照法》只规定了护照的有效期,普通护照不能延期。

2. 护照的换发、补发

护照的换发,是指原先签发的护照虽然有效,但因故不能或不宜继续使用,护照颁发机关依法审核持照人提交的护照换发申请,并决定签发新的护照。护照的补发,是指原先签发的有效护照遗失或损毁,护照颁发机关依法审核持照人提交的护照补发申请,并决定签发新的护照。各国护照法对护照换发、补发的情形都作了原则性规定,我国《护照法》第 11 条规定了护照持有人可以按照规定申请换发或者补发护照的情形:护照有效期即将届满的;护照签证页即将使用完毕的;护照损毁不能使用的;护照遗失被盗的;有正当理由需要换发或者补发的其他情形。

《护照法》第 11 条第 2 款、第 3 款规定:“护照持有人申请换发或者补发普通护照的,在国内,由本人向户籍所在地的县级以上地方人民政府公安机关出入境管理机构提出;在国外,由本人向中华人民共和国驻外使馆、领馆和外交部委托的其他驻外机构提出。定居国外的中国公民回国后申请换发或补发普通护照的,由本人向暂住地的县级以上地方人民政府公安机关出入境管理机构提出。外交护照、公务护照的换发或者补发,按照外交部的有关规定办理。”

3. 护照的加注

护照的加注,是指护照颁发后,因情况变化而引起护照上记载的项目与实际情况不符或需要改变,护照颁发机关依法在持照人有效护照中签注准许变更的信息。对于护照加注,各国法律规范的宽严程度不同。有的国家基于护照的安全性考虑,明令禁止护照加注。我国《护照法》第 10 条规定:“护照持有人所持护照的登记事项发生变更时,应当持相关证明材料,向护照签发机关申请护照变更加注。”

4. 护照的宣布作废

护照的宣布作废,是指护照签发机关依法直接宣告已签发的护照失去效力的行政措施。我国《护照法》第 15 条规定:“人民法院、人民检察院、公安机关、国家安全机关、行政监察机关因办理案件需要,可以依法扣押案件当事人的护照。案件当事人拒不交出护照的,前款规定的国家机关可以提请护照签发机关宣布案件当事人的护照作废。”

5. 护照的收缴

护照的收缴,是指护照颁发机关签发护照后发现护照持有人具有不应获得护照的法定情形或护照不宜继续持用的法定情形,而责令持照人交回护照的管理措施。护照作为具有特定法律效力的证件,一经主管机关依法签发,意味着国家确认持照人出入境的权利并依法予以保护,持照人有权持用本人的护照;没有法律的授权或其他特别规定,任何部门、团体、个人均无权干涉持照人对所持护照的合法持有和使用。对于护照的收缴,各国护照法重点规范了护照收缴适用的法定情形和收缴方式。

我国《护照法》第 18 条规定:“为他人提供伪造、变造的护照,或者出售护照的,依法追究刑事责任……非法护照及其印制设备由公安机关收缴。”第19条规定:“持用伪造或者变造的护照或者冒用他人护照出入国(边)境的,由公安机关依照出境入境管理的法律规定予以处罚;非法护照由公安机关收缴。”

(六)其他出入境证件的签发和管理

出入境证件除了护照以外,许多国家还给本国特定公民和少数外国人签发一些其他的用于国际旅行的证件。另外,具有国际法主体资格的国际组织也会给其工作人员签发类似证件。与护照相比,这些证件具有以下三个特点:

1. 颁发主体多样化

这类证件的颁发主体除国家外还包括具有国际法主体资格的国际组织。所谓国际法主体是指有能力享有国际法权利和承担国际法上的义务、有能力进行国际关系活动的实体。国际法主体的类型包括国家、正在争取解决的民族或民族解放运动组织和国际组织。其中,由于国家之间政治、经济等方面的关系日趋紧密,国际组织在国际关系中的作用越来越明显,国际组织的数量也在不断增加。为了便于交往,国际组织为其工作人员颁发的代表其身份的证件也被用于出入各国国境,并被各国所承认。如联合国各专门机构颁发给本机构职员的联合国通行证。但是各国对于不具有国际法主体资格的所谓国际组织颁发的国际旅行证件并不被承认,如总部设在华盛顿的“世界服务机关”颁发的“世界护照”就不被各国所普遍承认。

2. 颁发对象不具有普遍性

这类证件是国家颁发的护照以外的国际旅行证件,是对护照的一种补充,并要求申请人符合特定的条件。例如,对从事国际航行船舶工作人员各国均采取签发海员证(有的国家称为海员护照或海员身份证)的方式以表明其特殊的职业身份。另外,一些国家规定,对在国外发生护照遗失、被盗或损毁不能使用等情形但急需返回国内的本国公民签发紧急旅行证件或临时旅行证件,证明其身份、国籍以保证其返回本国。例如,尼日利亚驻外使领馆颁发给在尼境外遗失护照的本国公民的紧急旅行证明;日本驻外使领馆颁发给在境外未持日本护照或不便发日本护照的本国公民的渡航书。还有一些国家为因特殊原因无法取得其国籍国护照的外国人(含难民、无国籍人员)签发国际旅行证件,以保证他们的国际旅行活动并能返回证件签发国,如日本签发的再入国许可书。此外,还有一国政府依照法律规定颁发给居住在本国境内外国人的外国人旅行证。

3. 不完全是国籍的证明

具有国际法主体资格的国际组织为其工作人员颁发的证件只是一种身份证件，并不是持有人的国籍证明，持证人可以同时持有本国签发的护照。此外，各国为在本国的某些特定的外国人（含难民、无国籍人员）签发相应的国际旅行证件只起到保证其正常出入境活动的作用，并不体现发证国对持证人国籍的确定，如日本发给难民的难民旅行证明书。

我国根据出入境管理的需要，也为特定人员签发了其他出入境证件。例如，发给中国公民出入境使用的中华人民共和国旅行证、中华人民共和国出入境通行证、中华人民共和国海员证及回国证明；签发给在中国的外国人用于出入境的中华人民共和国外国人出入境证；签发给我国边民用于往来两国边境地区的边境地区居民出入境证件等，具体的签发使用将在本书第三章中作详细介绍。

二、签证的签发与管理制度

签证制度，是指一个国家通过立法规定的有关签证的申请、签发、使用、管理等方面的法律体系，是出入境管理制度的重要组成部分，也是国家对外国人实施管理的必要手段；是在国际法的调节下，世界各国彼此间互相承认、共同遵守的有关签证事务的法律体系。

签证的功能主要是主权国家依法控制外国人进入或者通过本国领土，对于直接通过本国领土的外国人通常按照国际惯例免除签证要求。

（一）签证签发和管理的法律依据

我国签证签发和管理的法律依据主要是《出境入境管理法》及与其配套的规范，如《外国人签证证件签发工作规范》《外国人口岸签证签发工作规范》《外国人签证、居留许可打印制作规范》（2013 年版）及关于执行《出境入境管理法》涉及外国人签证、证件有关问题的通知等，还包括我国与世界各国、地区签订的互免签证的条约、公约，可以说已初步形成了具有我国特色的签证签发及管理的法律体系。

（二）签证的管理机关和签发范围

《出境入境管理法》确立了“以境外签证为外国人入境资格的常规证明形式、法定例外情形为补充”的外国人签证规则。依据《出境入境管理法》及相关规定，根据签发地的不同，我国签证由以下机关负责签发：

(1)驻外签证机关，是指中国驻外使馆、领馆或者外交部委托的其他驻外机构。外交部委托负责在境外签发外国人入境签证的其他驻外机构包括中国政府在非建交国家设立的商务代表处以及外交部驻香港特别行政区公署和外交部驻澳门特别行政区公署等。

(2)口岸签证机关，原则上来华的外国人应在境外申请办理中国签证(有协议的除外)，但在特定情况下，《出境入境管理法》还确立了中国口岸签证机关，这是对境外签发签证必要的补充。

(3)境内签证机关，主要包括外交部、外交部授权的地方外事部门、公安部出入境管理局委托地级市(含直辖市所辖区县)以上公安机关出入境管理机构以及经省级公安机关出入境管理机构请示公安部出入境管理局批准的县级公安机关出入境管理机构。上述部门主要办理外国人签证的延期、加签、变更和宣布作废等。

(三)签证的颁发

1. 签证的申请

受理外国人的签证申请，是各国签证管理的第一环节。一般来说，外国人应在前往国境外申请办理签证，特殊情形或前往国有特别规定的也可在前往国境内或抵达该国口岸时办理。

(1)申请途径

申请中国签证的外国人可以通过以下三种途径向我国驻外签证机关、口岸签证机关或境内签证机关提出申请：

①在本国或第三国向前往国驻该国的使馆、领馆或其他驻外机构申请；

②通过其他人向前往国国内的签证主管机关申请；

③前往国如果设立口岸签证机构，符合前往国办理口岸签证规定的外国人可直接到达该国指定的口岸申请。

(2)申请手续

申请中国签证的外国人需提交自递交之日起有效期不少于6个月、有空白签证页的有效护照或者其他国际旅行证件，填写中华人民共和国签证申请表或外国人签证、居留许可申请表，提交健康证明书、与申请事由相应的申请材料、签证官员要求的与签证申请有关的其他证明材料及照片。

2. 签证的限制

根据主权原则,任何国家都有权拒绝发给外国人入境签证,而且不负有向被拒签外国人解释的义务。实践中各国通常以排他方式来确定签证的限制因素,签证的限制因素一般包括条件限制、范围限制和程序限制三个方面。

(1)条件限制

条件限制又称资格限制,是指申请人因不具备或不完全具备发给签证的法定条件而不能或难以取得入境签证。例如,申请人属于前往国移民法律规定的不准入境的对象;曾经被前往国驱逐出境的人员;担保人资格不符合前往国规定等。

(2)范围限制

范围限制是指对外国人申请的签证种类的范围加以限制,或者说是只发给申请人某些特定类别的签证,超出这一范围的签证申请,将不予批准。

(3)程序限制

程序限制是指申请人若不履行或不完全履行签证申请的程序就要被拒签。世界各国对签证申请的程序都有大同小异的法律规定,如必须向主管机关提交申请,必须如实填写签证申请表,必须有担保人作经济担保等。倘若申请人未履行填表手续或拒绝回答移民官员的询问,都会导致前往国拒绝签发签证。

我国《出境入境管理法》第 21 条不但明确规定了“不予签发签证”的情形,而且清晰规定了拒签是具有国家主权特性的国家管辖行为。

3. 签证的受理

中国驻外签证机关原则上受理外国人在境外提出的所有签证申请,但重点国家公民提出的签证申请,只能由中国驻该国的签证机关受理,中国驻第三国的签证机关不能受理重点国家公民的签证申请。对部分签证种类,中国驻外签证机关只能受理驻在国公民或机构的申请,不受理第三国公民提出的申请。例如,来华从事经贸活动人员申请多次入境签证,只能在其国籍国或居住、工作所在国申请。

口岸签证机关只受理符合相关法律规定,出于人道原因需要紧急入境或为满足国内紧急需要应邀入境的外国人的普通签证的申请,以及符合口岸签证机关受理团体旅游签证范围的团体旅游签证的申请。

境内签证机关依法只受理普通签证的延期、变更、换发及补发等申请。

4. 签证的审批

签证机关受理签证申请后，根据申请入境事由、申请人身份、拟签发的签证种类等管理权限，依法严格履行签证审批手续。各国现行的移民法一般都明确地规定，签证申请者须品行良好、无违法犯罪记录、身体健康、无严重传染病史等，有些国家还要求申请人应有足够的经济来源以维持其在入境国的生活。总之，合格的签证申请人必须符合前往国法律规定的条件，入境后不会对该国的社会及公共利益造成危害，不会成为该国的负担。

5. 签证的签发

《出境入境管理法》吸收了之前外国人入出境管理相关法律规范对签证基本类型的规定，授权国务院规定普通签证的具体类别及其签发办法，授权外交部规定外交签证、礼遇签证、公务签证的签发范围和签发办法。签证机关依据具体的签证签发办法，签发相应种类的签证。

我国签证的签发，原则上按照护照种类，发给相应的签证。即对持用外交护照的申请人发给外交签证，对持用公务护照的申请人发给公务签证，对持用普通护照的申请人发给普通签证。但是，对有些特殊情况，也可根据持照人的身份和来华事由，发给其不同于护照种类的签证。

根据《出境入境管理法》的有关规定，外交签证、礼遇签证和公务签证分别签发给因外交事由来华的外交代表人员、给予礼遇人员以及因公事来华的公务人员。普通签证签发给因工作、学习、探亲、旅游、商务活动、人才引进等非外交、公务事由入境的外国人。

（四）免办签证制度

免办签证制度，是指一个主权国家准许符合一定条件的外国人不必办理签证即可进入、通过或离开该国，同时允许免办签证者在该国境内停留一段时间的做法。

1. 互免签证制度

互免签证制度是指国家之间根据平等互惠原则，经过友好协商，签订双边或多边协议，以相互免除一定范围内的人员入出本国签证手续的制度。互免签证制度是签证制度的一种特殊形式，即国家间以条约形式事先约定某类外国人取得了凭护照或其他国际旅行证件入境本国的权利，而不是通常采取的对申请人个案审批的方式。《申根协定》是最典型的多边互免签证协议。截至 2015 年 6 月我国已与 100 个国家签订了互免签证协议。

2. 单方免签证制度

单方免签证制度是指一国政府根据本国的实际情况及国家利益、对外交往的需要，在出入境管理活动中单方规定某些范围内的外国人不用办理签证即可进入、通过、离开本国的制度。单方免签证和互免签证的结果虽然都是不用办理某种签证，但二者的性质有所不同。单方免签证是主权国家自己的决定，只允许他国公民享受此种优惠，不要求他国也对本国公民同等对待。

此外，许多国家对外国人过境实行免办签证制度，但要求外国人须持有国际联程机票，并不得超过规定时间、规定的活动范围；还有一些国家因本国举办大型国际性活动等原因，短期内对特定外国人给予免办签证待遇。例如，我国政府单方面给予日本、韩国、新加坡公民来华旅游15天免办签证的待遇。

三、区域性证件的签发与管理制度

从《出境入境管理法》的规定中，可以看出，我国公民的出入境行为不仅包括由中国内地前往其他国家、地区或由其他国家、地区进入中国内地，还包括由中国内地前往香港特别行政区、澳门特别行政区，由中国大陆前往台湾地区以及由香港特别行政区、澳门特别行政区进入中国内地，由台湾地区进入中国大陆的出入境行为。我们把我国内地与港澳地区、大陆与台湾地区之间的出入境往来的管理称为区域间的往来管理，而用于往来港澳地区（包括内地居民往来港澳和港澳居民来往内地）以及往来台湾地区（包括大陆居民往来台湾与台湾居民往来大陆）的特定的证件称为区域性证件（含签注）。

1991 年国务院颁布了《中国公民往来台湾地区管理办法》，确定了大陆居民往来台湾及台湾居民来往大陆的管理规则，明确了两岸居民往来的区域性证件及签注的申请、审批与签发办法。1997 年 7 月和 1999 年 12 月中国分别对香港和澳门恢复行使主权，为了维护港澳地区的平稳发展，内地与港澳地区间的出入境管理体制依然存在，依然通过区域性证件及有关签注的审批、签发来管理内地与港澳居民的往来。

（一）区域性证件的特点

1. 仅用于国内地区间的旅行

准确地讲，我国的区域性证件不能视为护照类的国际旅行证件。首先，我国的区域性证件虽然是旅行用的身份证明，但这种旅行不是国际的，而是在中国境内的旅行。因此,区域性证件无法在国际旅行时使用。其次,区域性证件不是持证人的国籍证明,而更多体现的是持证人在中国境内户籍所属地区的证明。最后,区域性证件均由内地主管机关审批签发。

2. 证件与签注必须同时使用(港澳居民来往内地通行证、台湾居民来往大陆通行证除外)

区域性证件只是持证人身份和所属地区的证明,并不表明持有该证件就可以进入前往地区(港澳居民来往内地通行证、台湾居民来往大陆通行证除外),还需办理相应的签注。从某种意义上来说,签注与签证起着同样的作用,签注是持有有效区域性证件的我国居民往来内地、港澳、台湾地区之间的证明性文件,需与区域性证件同时使用。但与签证不同的是,签注并不是前往地区签发给需前往该地区人员的,无论是往来港澳地区还是往来台湾地区,所有的签注均由内地主管机关单方面审批与签发。因此,从区域性证件及相关签注的管理上不难看出,我国内地、港澳、台湾地区间的往来属于国内旅行,只是因为其特殊的制度而有别于我们一般的国内旅行,虽然在管理的形式上与中国公民出入国有相似之处,但却有本质上的区别。

3. 不同种类的证件及签注管理使用存在差异

对于内地、港澳及台湾地区居民的相互往来,目前我国在管理上宽严有所不同。内地居民与港澳居民之间的往来要比大陆居民与台湾地区居民之间的往来宽松许多,而港澳居民来往内地又要比内地居民往来港澳宽松许多。内地居民往来港澳除了要持有区域性证件外,还要同时持有相关的签注,而内地居民前往港澳定居更有严格的配额限制。港澳居民来往内地则只需持有有效的区域性证件,无须签注即可从所有开放口岸入出境,这是我国政府从港澳地区的实际情况出发所决定的。而鉴于台湾地区的特殊性,对大陆居民与台湾地区居民的往来管理相对严格一些。但为促进两岸关系的不断改善,中央政府一直在不断地提供便利,简化手续,以求尽早实现海峡两岸居民的正常往来。当前,台湾地区居民来往大陆已取消了签注,并签发电子证件。

(二)往来内地与港澳之间的证件

1. 内地居民往来港澳证件

(1)因公往来香港、澳门特别行政区通行证(以下简称因公往来港澳通行证)

该通行证是中国国务院港澳事务办公室或各主要省市外事办公室签给

内地因公人员赴香港或澳门工作之用。内地公民因公往来港澳地区需持有此通行证并取得港澳办或外事办签发有关赴港澳的签注。

①证件的种类及签发对象

因公往来港澳通行证分为红皮和蓝皮两种。红皮通行证原则上签发给副省部级和副军级(含)以上领导干部、享受同等待遇的专家学者与专业技术人员、各民主党派与工商联的副省部级人员及按副部级配备的高等院校领导。蓝皮通行证签发给其他因公赴港澳人员。

②签注的种类

根据出访任务的性质,因公赴港澳签注有7种类型,分别是访问签注、工作签注、驻港澳签注、就读签注、培训签注、延期签注和补发签注。国务院港澳事务办公室负责签发除延期、补发签注以外的各种签注;各授权地方外办负责签发一次、二次或6个月多次有效访问签注;外交部驻香港特派员公署负责签发延期、补发签注。

除港澳办和外交部驻港、澳公署外,各授权外办无权在其他办证机关签发的通行证上再签发新的签注。特殊情况下需为相关人员异地重新办理赴港澳证件时,须由原发证机关向港澳办办证处书面提出申请,经核准后再书面授权有关办证机关为相关人员办理新证件及赴港澳签注(仅限于3个月一次访问签注)。相关人员自港澳返回内地后须立即将所持通行证交有关办证机关注销。

(2)前往港澳通行证(俗称单程证)

内地居民前往香港或澳门特别行政区定居,应向户口所在地的市、县公安机关出入境通行证管理部门提出申请,凭公安出入境管理部门签发的前往港澳通行证前往。

前往港澳通行证发给经批准前往港澳定居的内地居民,主要包括:夫妻一方定居香港、澳门,分居多年的;定居香港、澳门的父母年老体弱,必须由内地子女前往照料的;内地无依无靠的老人和儿童需投靠在香港、澳门的直系亲属和近亲属的;定居香港、澳门直系亲属的产业无人继承,必须由内地子女去定居才能继承的;其他特殊情况必须去香港、澳门定居的人员。

(3)往来港澳通行证(俗称双程证)

内地居民因私往来香港或澳门特别行政区旅游、探亲、从事商务、培训、就业等非公务活动,应向户口所在地的市、县公安机关出入境管理部门提出申请,凭公安机关出入境管理部门签发的往来港澳通行证及有效签注前往。

2. 港澳居民来往内地证件

港澳居民来往内地证件是具有中华人民共和国国籍的香港及澳门居民入出中国内地所用的证件。公安部委托香港中国旅行社受理香港居民申领通行证的申请,授权广东省公安厅负责审批签发证件。

港澳居民来往内地通行证的签发对象为:在香港、澳门出生,具有中国血统的香港、澳门永久性居民;内地居民,经批准赴港澳定居,成为香港、澳门居民者;在中国其他地区出生的香港、澳门永久性居民中的中国公民;在外国出生的香港、澳门永久性居民中的中国公民;香港、澳门永久性居民中的外国籍或者无国籍人士,经批准恢复或者加入中国国籍者,不管其是否持有外国护照和旅行证件,只要未向国籍管理机关申报为外国人,均可申领。

(三)往来大陆与台湾地区之间的证件

我国颁发的往来大陆与台湾地区之间的区域性出入境证件有两种,分别是大陆居民往来台湾通行证和台湾居民来往大陆通行证。

1. 大陆居民往来台湾通行证

大陆居民往来台湾通行证是发给大陆居民前往台湾地区的旅行通行证件。

(1)证件签发对象

该证件签发给因私事前往台湾地区探亲、定居、访友、旅游、接受和处理财产、处理婚丧及其他私人事务的大陆居民,以及申请前往台湾地区进行本企业经贸交流活动,或应邀前往台湾地区进行经济、文化、科技、体育、学术等活动或者参加会议、进行两岸事务性商谈、采访,以及执行海峡两岸直航航运任务等的大陆居民。

通行证原则上由申请人常住户口所在地的市、县公安机关出入境管理部门受理,直辖市、地(市)级公安机关出入境管理部门审批,省级公安机关出入境管理部门集中制作、签发。对已持有有效《大陆居民往来台湾通行证》申请前往台湾地区签注的,由直辖市、地(市)级公安机关出入境管理部门签发签注。

(2)前往台湾地区签注

赴台签注种类根据申请事由用英文字母进行分类,使用次数分为一次前往台湾地区和多次前往台湾地区两种。

签注类别分为:D:赴台定居人员;T:赴台探亲人员;L:赴台旅游人员;Q:访友、接受和处理财产、处理婚丧事宜、诉讼等私人事务;J:赴台居留人员;Y:持国务院台湾事务办公室同意赴台湾地区批件赴台进行经济、文化、科技、体育、学术、合作研究等交流活动或者参加会议、进行两岸事务性商谈、采访;C:执行两岸直航航运任务的人员;F:持国务院台办经济局"关于应邀往来台湾立项批复"赴台进行经贸、交流活动的人员。

2. 台湾居民来往大陆通行证

台湾居民来往大陆通行证是中华人民共和国政府签发给台湾地区居民来往大陆观光、商务、探亲的身份证明和旅行通行证件。根据台湾地区居民来往大陆的实际,国务院于 2015 年 6 月公布了《国务院关于修改〈中国公民往来台湾地区管理办法〉的决定》(国务院令第 661 号),对台胞来往大陆进行了部分政策调整:扩大了 5 年期台胞证受理范围,规定公安部出入境管理局委托的县级以上公安机关出入境管理机构均可受理 5 年期台胞证申请;下放了台胞证审批签发权限,经公安部出入境管理局批准的县级公安机关出入境管理机构可直接审批签发台胞证。这些举措将进一步便利台胞来往大陆,对促进两岸人员交流交往,增强两岸一家亲的意识发挥重要积极作用。

第三节　出入境人员与交通运输工具管理制度

一、外国人入出境管理制度

(一)外国人入境

1. 外国人入境的概念

外国人入境,是指外国人抵达非国籍国或常住国对外开放或指定的口岸,经该国口岸边检机关(或移民机关)依法审核并获准进入该国领土的法律行为。外国人入境不是一种简单的地理空间的跨越,而是一种法律行为,是能产生相关权利和义务及法律责任等法律后果的行为。

我国《出境入境管理法》第 89 条第 2 款将入境定义为:"由其他国家或者地区进入中国内地,由香港特别行政区、澳门特别行政区进入中国内地,由台湾地区进入中国大陆。"因此《出境入境管理法》调整的外国人入境包括外国人从其他国家或者地区进入中国内地,由香港特别行政区、澳门特别行政区进入中国内地和由台湾地区进入中国大陆。

2. 外国人入境的法律规则

外国人入境涉及国家主权。国家有权自主决定,而外国人无权要求中国必须准许其入境、过境;外国人入境、过境须依法履行手续,在得到批准后,才能合法地进入、通过中国国境。据此,相关法律法规确立了外国人入境的法律规则,主要包括以下四个方面。

(1)外国人须从中国对外开放口岸入境

《出境入境管理法》第 6 条第 2 款规定,外国人应当从对外开放的口岸入境;特殊情况下,可以从国务院或者国务院授权的部门批准的地点入境。《出境入境边防检查条例》第 5 条第 1 款规定:“出境、入境的人员和交通运输工具,必须经对外开放的口岸或者主管机关特许的地点通行,接受边防检查、监护和管理。”

(2)外国人须接受出入境边检机关的查验

根据公安部印发的《出入境边防检查勤务规范》确立的外国人入境查验制度有以下主要内容:一是外国人抵达入境口岸应依法履行入境申请手续,包括:主动提交本人的有效护照或其他国际旅行证件和中国的签证或者其他入境许可证明;填写入境登记卡;接受出入境边检站依法实施的查验。二是国家设立边检站专门履行外国人入境查验职能。三是边检站依法对外国人实施入境查验。

《出境入境管理法》第 6 条和第 24 条,沿用了之前法律法规的规定及其确立的外国人入境查验规则,主要将履行查验职能的行政主体名称从“出境入境边检站”调整为“出入境边检机关”。

(3)依法不准某些外国人入境

不准外国人入境,是主权国家维护国家主权、安全和社会秩序的重要管理措施。

根据《出境入境管理法》第 25 条规定,外国人有下列情形之一的,不准入境:一是未持有效出境入境证件或者拒绝、逃避接受边防检查的;二是被处驱逐出境或者被决定遣送出境,未满不准入境规定年限的;三是患有严重精神障碍、传染性肺结核病或者有可能对公共卫生造成重大危害的其他传染病的;四是可能危害中国国家安全和利益、破坏社会公共秩序或者从事其他违法犯罪活动的;五是在申请签证过程中弄虚作假或者不能保障在中国境内期间所需费用的;六是入境后可能从事与签证种类不符的活动的;七是法律、行政法规规定不准入境的其他情形。

《出境入境管理法》第25条第2款还规定："对不准入境的，出入境边检机关可以不说明理由。"这意味着对出入境边检机关不准入境决定不服的外国人，不能适用《行政许可法》确立的陈述权和申辩权，不能适用《行政复议法》确立的行政复议法律规则和《行政诉讼法》确立的行政诉讼规则。

不准入境的决定机关不仅限于出入境边检机关，还有人民法院、人民检察院、公安机关、国家安全机关等其他相关部门。《出境入境管理法》第65条专门规定："对依法决定不准出境或者不准入境的人员，决定机关应当按照规定及时通知出入境边检机关；不准出境、入境情形消失的，决定机关应当及时撤销不准出境、入境决定，并通知出入境边检机关。"

(4)出入境边检机关查验后依法作出相应决定

出入境边检机关依法对外国人实施入境检查后，应针对不同的检查结论依法作出相应的行政决定：对符合法定入境条件的外国人，给予入境放行；对护照证件手续不符的外国人，出入境边检机关依照有关法规政策处置；对依法不准入境的外国人，按照不准入境工作机制采取相应措施；对涉嫌违反出入境管理法的外国人依法展开调查；对违反出入境管理法的外国人依法实施行政处罚或移送有关机关处理。

3. 外国边民入境的法律规则

边民入境就是指相邻国家边民之间，按照双方签订的协议或对方国家的规定，从对方国家边境地区开放的口岸或指定的口岸合法进入本国边境地区。由于历史和地理原因，邻国双方人员往来密切，所以根据实际情况，对边境居民的管理也具有一定的特殊性，对于边民的入境活动一般均按与对方共同签订的协议来受理。

《出境入境管理法》第90条规定："经国务院批准，同毗邻国家接壤的省、自治区可以根据中国与有关国家签订的边界管理协定制定地方性法规、地方政府规章，对两国边境接壤地区的居民往来作出规定。"针对边民的入出境往来，我国政府一贯的态度是尊重、照顾毗邻国家边民之间的传统习惯，便利边民的正当往来，结合边境地区的实际进行管理。针对边民入境的特殊性，一般有以下几方面的规定：

(1)持边境通行证和边境居民身份证进入我国的规定，只适用于对方国家的边民，不适用于居住在该边境地区的第三国人和该国的非边境居民。

(2)外国边民入境时,必须从我国指定的口岸或通道入境。

(3)外国边民入境后只能在我国边境地区或限定的地区活动,不能超过限定的区域进入我国内地。如果要进入内地,必须向当地公安机关出入境管理部门提出申请,经批准后方可进入,否则视为非法入境。

(4)外国边民入境的活动限于短期的探亲、访友、求医买药、互市、通婚、朝圣、小额贸易、入境做工以及参加传统的民族节日等。

另外,外国边境居民入境后,应当在边境地区的县(市)范围内活动,停留期限一般不超过1个月。外国边境居民入境后,在我国境内住宿的,必须履行住宿登记手续。

(二)外国人过境

1.外国人过境的概念

外国人过境,是指外国人依法跨越非国籍国或常住国的国境前往第三国的行为。这是一种特殊的外国人入境的情形。根据外国人在过境国境内停留情况的差异,外国人过境分为直接过境和间接过境。

外国人直接过境是外国人在法定时限内从过境国的同一个口岸入出。虽然直接过境外国人实施了进入过境国领土的事实行为,过境国基于属地优越权对其享有管辖权,但国际社会为促进国际交往,大多对直接过境外国人采取简化手续的措施。

外国人间接过境是外国人在法定时限内从过境国的不同口岸入境和出境。间接过境的外国人有入境过境国的法律事实行为,而且需要在过境国境内停留,与常规意义上的外国人入境没有本质区别。各国通常都要求间接过境者事先获得有效签证并办理边防检查手续。

2.外国人过境的法律规则

世界各国对过境的审批一般比入境审批要宽松。只要理由正当,持有前往国的入境签证,一般都可获得批准。对于那些在国际航班、国际列车上工作的机组人员、乘务人员,由于他们要经常通过过境国,大多都通过签订专门协定,给予过境方便。申请过境签证的手续与申请入境签证手续基本相同,但申请人申请过境签证必须持有前往第三国的入境签证。一般的过境申请,只要不是不准入境人员,一般都给予批准。在一定条件下还可免办过境签证,通常规定过境的外国人只要持有国际联程机票、不出机场、停留不超过一定时间的可以免办签证。

我国《出境入境管理法》第22条第3项规定,“持联程客票搭乘国际航行的航空器、船舶、列车从中国过境前往第三国或者地区,在中国境内停留不超过二十四小时且不离开口岸,或者在国务院批准的特定区域内停留不超过规定时限的可以免办签证”。目前,经国务院批准,我国北京、上海、广州、成都、重庆、武汉、厦门等10余个机场口岸已对持第三国(地区)签证和机票的部分外国人实行72小时过境免签政策。

(三)外国人出境

1.外国人出境的概念

外国人出境,是指停留或居留在一国境内的外国人,经该国口岸边检机关(或移民机关)依法审核并获准离开该国领土的法律行为。

我国《出境入境法》第89条第1款规定:“出境是指由中国内地前往其他国家或者地区,由中国内地前往香港特别行政区、澳门特别行政区,由中国大陆前往台湾地区。”这里的出境包括中国公民的出境和外国人的出境。因此,《出境入境管理法》调整的外国人出境包括外国人由中国内地前往其他国家或者地区,由中国内地前往香港、澳门特别行政区和由中国大陆前往台湾地区。

2.外国人出境的法律规则

对于外国人出境,国际社会普遍认为是外国人的权利。例如,《世界人权宣言》中规定,“人人有权离开任何国家”;《公民权利和政治权利国际公约》中规定,“人人有权自由离开任何国家”。

但是,国家基于属地优越权依然对外国人的离境享有管辖权。因此,大部分国家都参照入境规则,要求外国人持有效护照、在停留或拘留证件有效期届满之前抵达出境口岸,并接受口岸边检机关的查验核准后方可离境。对于大多数国家来说,外国人出境时无须提出申请,根据国际法,对于一个合法入境的外国人,只要履行了法定的离境条件,任何国家不得禁止其合法离境。

中国对于外国人出境遵循国际规则。同时,主张对外国人出境拥有属地管辖权以及依法限制出境的权力,并建立了与外国人入境规则相呼应的管理规则。主要包括以下几方面内容:

(1)外国人应当向出入境边检机关交验本人的护照或者其他国际旅行证件等出入境证件。

《出境入境管理法》第27条规定:“外国人出境,应当向出入境边检机关交验本人的护照或者其他国际旅行证件等出境入境证件,履行规定的手续,经查验准许,方可出境。”

(2)外国人应当在停留或居留有效期届满之前抵达出境口岸。

《出境入境管理法》第 37 条规定:“外国人在中国境内停留居留,不得从事与停留居留事由不相符的活动,并应当在规定的停留居留期限届满前离境。”如果外国人未按期离境,则构成非法居留,将因此承担相应的法律责任。

(3)外国人出境应向出境口岸的出入境边检机关履行出境申请手续。

《出境入境管理法》第 27 条规定,外国人出境,应当履行规定的手续,此规定以法律的形式确立了外国人出境应履行出境申请手续的规则,但对出境申请手续的内容却没有规定。这主要是考虑到随着出入境证件电子化、自助通关等新技术在出入境边防检查中的应用,出入境边防检查手续的内容和方式将随之调整。

(4)外国人出境须经出入境边检机关查验准许。

《出境入境管理法》第 27 条以法律形式确立了出入境边检机关对申请出境的外国人实施查验审批的职权。查验内容包括外国人提交的护照等出入境证件的有效性、在中国境内停留居留的合法性和是否具有法定不准出境情形。出入境边检机关综合查验结论,依法作出相应的行政决定。如果外国人有违反出入境管理法的行为,出入境边检机关将依法追究其法律责任;如果外国人具有法定不准出境的情形,出入境边检机关将依法不准其出境。只有经出入境边检机关准许,外国人才能出境。

3. 不准外国人出境的法律规则

不准外国人出境,是指主权国家或地区依法对境内负有特定法律义务的外国人出境采取暂时性限制措施的行政法律行为。

《出境入境管理法》第 28 条规定了不准外国人出境的四种情形:一是被判处刑罚尚未执行完毕或者属于刑事案件被告人、犯罪嫌疑人的,但是按照中国与外国签订的有关协议,移管被判刑人的除外;二是有未了结的民事案件,人民法院决定不准出境的;三是拖欠劳动者的劳动报酬,经国务院有关部门或者省、自治区、直辖市人民政府决定不准出境的;四是法律、行政法规规定不准出境的其他情形。

根据《出境入境管理法》第 65 条规定,我国相关部门依法行使不准出境决定权,应将不准出境决定及时通知出入境边检机关,由出入境边检机关依法独立对外执行不准外国人出境决定。

对不准外国人出境,《出境入境管理法》没有像不准入境那样规定“出入境边检机关可以不说明理由”,也没有作其他特别规定。依据《出境入境管理法》第3条第2款“在中国境内的外国人的合法权益受法律保护”的规定,被阻止出境的外国人有权依据我国相关法律的规定寻求法律救济。

(四)外国人居留管理

1. 外国人居留的概念

外国人居留,通常是指合法进入一国国(边)境的外国人,依照该国法律规定的期限,在境内居住或停留。居留是入境活动的延续。一般而言,一国允许外国人入境,也就意味着赋予该外国人某种居留资格。

根据居留状态依法持续时间的长短,外国人居留分为短期居留、长期居留和永久居留。通常,外国人居留有效期不超过6个月的,属于短期居留,又叫停留或逗留;外国人居留有效期超过6个月的,属于长期居留;外国人在入境国境内的居留状态持续时间无限制的,属于永久居留。而外国人非法居留,与外国人居留相对立,是所有违法居留状态的统称。

2. 外国人停留居留管理

(1)外国人停留管理

①明确了外国人停留资格的期限。《出境入境管理法》第29条第1款规定:“外国人所持签证注明的停留期限不超过一百八十日的,持证人凭签证并按照签证注明的停留期限在中国境内停留。”《出境入境管理法》第34条第2款规定:“外国人停留证件的有效期最长为一百八十日。”可以看出,该法统一明确了外国人停留资格的最长期限为180天,并以180天为明确界限,划分停留资格与居留资格,增强了外国人居留管理的针对性和科学性。

②明确了外国人停留资格的证明形式。《出境入境管理法》第23条第1款将未持签证需临时入境的停留资格证明形式统一明确为“临时入境手续”。还明确规定了,临时入境的期限不得超过15日。第29条第1款将外国人停留资格设定为中国签证的效力内容,明确要求持证人凭签证并按照签证注明的停留期限在中国境内停留。《出境入境管理法》第34条第1款规定:“免办签证入境的外国人需要超过免签期限在中国境内停留的,外国船员及其随行家属在中国境内停留需要离开港口所在城市,或者具有需要办理外国人停留证件其他情形的,应当按照规定办理外国人停留证件。”该条规定进一步明确

了免签证入境外国人在免签期限内停留的证明形式，而且增设了“外国人停留证件”的证明形式。

③明确规范了签证的停留资格延期。《出境入境管理法》第29条第2款规定：“需要延长签证停留期限的，应当在签证注明的停留期限届满七日前向停留地县级以上地方人民政府公安机关出入境管理机构申请，按照要求提交申请事由的相关材料。经审查，延期理由合理、充分的，准予延长停留期限；不予延长停留期限的，应当按期离境。”这条规定不但以法律方式确立了外国人停留资格延期规则，而且对外国人停留资格延期的申办程序、申办手续、审批的实体标准和审批决定的法律后果等作了原则性规定。第3款对准许延长的停留期限作出明确限制：“延长签证停留期限，累计不得超过签证原注明的停留期限。”这维护了以180日为界限划分外国人停留与居留资格的标准，堵住了利用反复停留延期以实现长期居留的漏洞。

④拒绝外国人停留资格及其证明形式申请的决定为最终决定。《出境入境管理法》第36条规定：“公安机关出入境管理机构作出的不予办理普通签证延期、换发、补发，不予办理外国人停留居留证件、不予延长居留期限的决定为最终决定。”这就将外国人停留资格及其证明形式的管理界定为纯粹的国家主权行为而非外国人的权利，外国人对其停留资格及证明形式的申请被拒绝，不适用法律的救济。

(2)外国人长期居留管理

外国人长期居留管理是我国出入境事务主管机关对外国人居留资格及其证明形式的管理，包括外国人居留资格的许可、变更、中止和终止等，并通过外国人居留证件的颁发、变更、换发、查验与交验和缴销等实现具体管理。

①外国人居留资格的证明形式

对外国人居留资格的证明形式，《出境入境管理法》统一规定为“外国人居留证件”。对享有外交、领事特权和豁免者的居留证明形式，《出境入境管理法》第91条规定：“外国驻中国的外交代表机构、领事机构成员以及享有特权和豁免的其他外国人，其入境出境及停留居留管理，其他法律另有规定的，依照其规定。”根据《外交特权与豁免条例》和《领事特权与豁免条例》的相关规定，依法享有外交或领事特权和豁免的外国人，享有在中国境内行动和旅行的自由，只需在中国境内享有中国法律赋予的外交或领事特权和豁免的身份证明。

②外国人居留证件的颁发

外国人居留证件的颁发,是指外国人居留证件管理主体依法受理和审查外国人居留资格申请,决定是否赋予或赋予何种居留资格并签发相应证明的国家管辖。

依据《出境入境管理法》第 30 条第 1 款“外国人所持签证注明入境后需要办理居留证件的,应当自入境之日起三十日内,向拟居留地县级以上地方人民政府公安机关出入境管理机构申请办理外国人居留证件”的规定,受理和审核外国人居留申请的是县级以上地方人民政府公安机关出入境管理机构,但是必须获得公安部的委托。依据《出境入境管理法》第 4 条第 3 款“公安部、外交部可以在各自职责范围内委托县级以上地方人民政府公安机关出入境管理机构、县级以上地方人民政府外事部门受理外国人入境、停留居留申请”的规定,外国人居留证件的审批权原则上属于公安部、外交部。具体行使时,县级以上地方人民政府公安机关出入境管理机构、县级以上地方人民政府外事部门可以依据公安部、外交部的委托代为行使。

同时,规定外国人办理居留证件必须履行申请手续。《出境入境管理法》第30 条第2 款规定:“申请办理外国人居留证件,应当提交本人的护照或者其他国际旅行证件,以及申请事由的相关材料,并留存指纹等人体生物识别信息。公安机关出入境管理机构应当自收到申请材料之日起十五日内进行审查并作出审查决定,根据居留事由签发相应类别和期限的外国人居留证件。”

《出境入境管理法》第 30 条第 3 款规定:“外国人工作类居留证件的有效期最短为九十日,最长为五年;非工作类居留证件的有效期最短为一百八十日,最长为五年。”对外国人居留证件的有效期的上下幅度作了原则性规定,明确了外国人居留资格与外国人停留资格、外国人永久居留资格之间的界限。主管机关在法定幅度内,根据实践需要确定不同有效期的外国人居留证件种类。

③外国人居留证件的延期

原则上,外国人只能在居留证件允许的期限内居留,必须在外国人居留证件有效期届满前出境。外国人在居留证件有效期届满之后仍然持续其居留状态的,属于非法居留。但是,经主管机关批准延期的,属于法律法规规定的例外。

外国人居留证件延期是外国人长期居留管理的重要内容。尤其是随着我国境内外国人数量的急剧增多,外国人居留证件延期以及与之相关的外国人非法居留问题需要更加全面、系统的规范。

《出境入境管理法》第32条规定:“在中国境内居留的外国人申请延长居留期限的,应当在居留证件有效期限届满三十日前向居留地县级以上地方人民政府公安机关出入境管理机构提出申请,按照要求提交申请事由的相关材料。经审查,延期理由合理、充分的,准予延长居留期限;不予延长居留期限的,应当按期离境。”申请延期的事由必须达到合理、充分的法定程度。《出境入境管理法》没有明确规定外国人居留证件延期的次数和期限,由公安部根据实践的客观需要具体规范,但是,必须符合第30条外国人居留证件有效期最长为5年的规定。

④外国人居留证件的变更

如外国人居留证件所登记的信息与实际不符,持证人应向外国人居留证件管理主体申请依法调整居留证件登记信息的国家行政管理行为。《出境入境管理法》第33条第2款规定:“外国人居留证件登记事项发生变更的,持证人应当自登记事项发生变更之日起十日内向居留地县级以上地方人民政府公安机关出入境管理机构申请办理变更。”

可以申请外国人居留证件变更的范围是居留事由、居留期限和护照或者其他国际旅行证件号码等重要事项之外的外国人居留证件登记事项。

⑤外国人居留证件的换发、补发

外国人居留证件的换发、补发,是指外国人居留证件持证人因其持用的有效居留证件不能继续使用而提出重新颁发的申请,外国人居留证件管理主体依法审核并决定是否颁发新居留证件的行政行为。

外国人持用有效的外国人居留证件在中国居留期间,负有妥善保管其居留证件、防止遗失或损坏的义务。一旦发生居留证件遗失或损坏的,应主动向公安机关出入境管理部门报告,并说明原因,申请补发或换发外国人居留证件。《出境入境管理法》第35条规定:“外国人入境后,所持的普通签证、停留居留证件损毁、遗失、被盗抢或者有符合国家规定的事由需要换发、补发的,应当按照规定向停留居留地县级以上地方人民政府公安机关出入境管理机构提出申请。”以法律的形式作了明确规定,确立外国人居留证件的换发、补发规则。

⑥外国人居留证件的交验和查验

外国人居留证件的交验,是指公安机关依法督促中国境内长期居留的外国人提交所持居留证件,并接受查验的一种行政行为。这是地方公安机关掌握辖区内外国人情况及其动态的常规方式,是履行外国人日常管理和服务职能的重要保障。《出境入境管理法》第38条规定:“年满十六周岁的外国人在中国境内停留居留,应当随身携带本人的护照或者其他国际旅行证件,或者外国人停留居留证件,接受公安机关的查验。在中国境内居留的外国人,应当在规定的时间内到居留地县级以上地方人民政府公安机关交验外国人居留证件。”

外国人居留证件的查验,是指公安机关依法要求境内外国人出示其居留证件并识别其身份的一种行政行为。这是公安机关维护社会秩序的一种常规工作方式。与外国人居留证件的交验相比,外国人居留证件的查验是不特定的公安机关民警随机实施的查验,是外国人被动接受查验的义务;外国人居留证件的交验是确定的公安机关实施的定时查验,是外国人主动接受查验的义务。

3.外国人永久居留管理

(1)外国人永久居留资格的概念

外国人永久居留资格,是一国主管机关依法赋予外国人在该国境内无限期居住及其更优惠的利益和义务的总称。它相对于停留资格和居留资格,是一国赋予境内外国人的最高居留待遇。为此,各主权国家或地区基于各自的国情和利益需求,建立了独立于外国人停留资格和长期居留资格管理的专门管理制度。

(2)外国人永久居留资格的申请的审批

《出境入境管理法》第47条规定:“对中国经济社会发展作出突出贡献或者符合其他在中国境内永久居留条件的外国人,经本人申请和公安部批准,取得永久居留资格。外国人在中国境内永久居留的审批管理办法由公安部、外交部会同国务院有关部门规定。”从三个方面对我国外国人永久居留管理规则进行了规范:

一是设置外国人永久居留资格申请条件的核心标准是对中国经济社会发展作出突出贡献;

二是外国人应依法履行申请手续才能获得在中国境内的永久居留资格;

三是外国人永久居留资格申请的审批权属于公安部。

(3)外国人永久居留资格证件的效力

《出境入境管理法》第48条规定:“取得永久居留资格的外国人,凭永久居留证件在中国境内居留和工作,凭本人的护照和永久居留证件出境入境。”确立了外国人永久居留证件的法律效力,包含四个方面的内容:

一是外国人永久居留证件是外国人依法取得在中国境内永久居留资格的证明;

二是有效外国人永久居留证件的持有人可以在中国境内无限期居留;

三是有效外国人永久居留证件的持有人依法享有在中国境内的工作权;

四是有效外国人永久居留证件的持有人享有免签再入境的便利。

(4)外国人永久居留资格的取消

外国人永久居留资格是主权国家向符合条件的特定外国人提供的出入境和居留的便利、优惠。国家基于主权,可以向在促进本国经济社会发展方面作出突出贡献的外国人提供优于一般外国人的出入境和居留便利、优惠;同时,对有悖于外国人永久居留资格规则的基本价值目标,甚至妨碍该目标实现的,国家有权依法取消已经给予的永久居留资格。外国人永久居留资格的审批与取消,是外国人永久居留资格管理不可或缺的基本内容。

《出境入境管理法》第47条确立了外国人在中国境内永久居留资格申请的审批规则,属于准入范畴;与之相对应,本法第49条专门规范外国人在中国境内永久居留资格管理的出口。具体规定外国人有下列五种情形之一的,由公安部决定取消其在中国境内永久居留资格:对中国国家安全和利益造成危害的;被处驱逐出境的;弄虚作假骗取在中国境内永久居留资格的;在中国境内居留未达到规定时限的;不适宜在中国境内永久居留的其他情形。

4. 外国人住宿和居住登记管理

外国人住宿和居住登记管理,是一国主管机关依法登记境内外国人的住宿和居住信息并实施管理的行政行为。它是法律赋予外国人本人以及与外国人住宿有关的留宿单位或个人的一项法律义务,也是相关主管机关督促有关义务主体及时、准确履行义务并对登记信息实施有效管理的行政职能。

外国人住宿和居住信息登记管理的目的是便于一国准确掌握境内外国人停留、居留地点及活动轨迹,及时发现涉及外国人的违法犯罪行为,保障应采取的服务管理措施得以有效实施。它作为一国对境内外国人实施社会面服务管理的基本方式具有重要作用。

《出境入境管理法》第 39 条规定："外国人在中国境内旅馆住宿的，旅馆应当按照旅馆业治安管理的有关规定为其办理住宿登记，并向所在地公安机关报送外国人住宿登记信息。外国人在旅馆以外的其他住所居住或者住宿的，应当在入住后二十四小时内由本人或者留宿人，向居住地的公安机关办理登记。"

外国人住宿和居住登记是外国人入出境服务管理体系中不可忽视的重要组成部分，登记管理的主体是当地公安机关，并要求必须在入住后的 24 小时内完成登记。同时，《出境入境管理法》第 76 条还对不同的义务主体分别规定了违反登记义务规则的法律责任，完善和强化了登记义务主体的法律责任。

二、中国公民出入境管理制度

（一）中国公民出入境管理概述

1. 中国公民出入境的概念

中国公民出入境，是指中国公民出入本国国境的行为，具体指中国公民经本国政府主管机关批准和前往国或地区的许可，持有效护照或者其他国际旅行证件，通过对外开放或指定的口岸，从本国出境进入其他国家或地区，或者从其他国家或地区返回本国领土的行为。

根据上述界定，要了解中国公民出入境这一法律概念，必须明确以下两点：第一，中国公民是指凡具有中华人民共和国国籍的人；第二，中国公民出入境既包括内地中国公民前往其他国家或者地区及从国外返回国内，也包括华侨回国；既包括内地居民往来香港、澳门特别行政区，大陆居民前往台湾地区，也包括香港、澳门特别行政区居民来往内地，台湾地区居民来往大陆。

中国公民出入境可划分为因公出入境和因私出入境两种行为。因公出入境是指我国公民因各种公共事务的需要，接受各级政府、机关、团体和企事业单位的派遣，到国外从事各种活动的出入境行为。因私出入境是指我国公民因非公务事务，如探亲、访友、留学、旅游等的出入境行为。

2. 中国公民因私出入境的权利与义务

《公民权利和政治权利公约》中规定：人人有自由离开任何国家的权利，包括其本国在内。任何人进入本国的权利，不得任意加以剥夺。《出境入境管理法》第 3 条第 1 款规定:"国家保护中国公民出境入境合法权益。"

我国《宪法》和《出境入境管理法》在规定公民享有各项出入境权利的同时,也规定了公民必须履行的义务。公民在出入境活动中应承担的法律责任与义务主要有:

(1)依法申请。虽然公民有因私出入境的权利,但必须依法申请。申请人自愿出境,可向公安机关出入境管理部门提出申请,填写公民因私出国申请审批表,提交相应申请手续。

(2)提交证明材料。申请人应按规定提交真实的出境证明材料,不得弄虚作假并如实回答有关询问,否则,应承担法律责任。

(3)办结出境前法定手续。公民出境前应合法取得前往国(地区)的签证并履行户籍、税务等手续。定居国外的公民回国时,应到居住地的公安机关派出所办理相关手续。

(4)接受边防检查。公民出入国境,必须持用合法有效的护照或者其他国际旅行证件从对外开放的口岸或者指定的口岸通行,并接受出入境边检机关的查验。《出境入境管理法》第 11 条规定:"中国公民出境入境,应当向出入境边检机关交验本人的护照或者其他旅行证件等出境入境证件,履行规定的手续,经查验准许,方可出境入境。"

(5)维护祖国安全、荣誉和利益。这也是每个中国公民的义务,公民出境后,应遵守所在国(地区)的法律,不得有危害祖国主权和安全的行为。

3. 中国公民因私出入境管理的对象

我国公民因私出入境管理的对象主要包括人和物两种。人,是指出入我国国境的中国公民;物,是指出入我国国境的中国公民的行李物品、枪支弹药等。

依据我国《宪法》第 33 条规定:凡是具有中华人民共和国国籍的人都是中华人民共和国公民。不论是居住在内地或者居住在香港、澳门特别行政区及台湾地区,还是居住在国外,只要具有中国国籍就是中国公民。按照中国公民居住地域的不同,可以分为国内公民(也叫内地居民或大陆居民)、边民、境外居民(包括香港、澳门特别行政区居民,台湾地区居民)和国外居民(也叫华侨)四种。

(二)中国公民出入国管理

1. 中国公民因公出入国

我国因公出入国人员按其所执行的任务不同,可分为常驻国外人员和短期出国人员。因公出国人员应遵循以下程序办理出国手续：

(1)由派遣单位提出计划，按照出国事项和派遣人员的级别分别报国务院、有关主管部门和各省、市、区人民政府审查批准，发给出国任务批件。

(2)派遣单位根据任务批件和实际需要，确定出国人选，并办理出国人员政治审查批准证明。

(3)派遣单位可持出国任务批件和出国政审批件向外交部或地方外事部门申领护照、申办前往国和途径国的签证，因公出国人员所需签证由派遣部门通过规定渠道向外国驻华使领馆办理。

2. 中国公民因私出入国

(1)国内公民出国

①申请。依据《护照法》的规定，公安机关对国内公民因私出国实施管理，国内公民需要出国的须向户口所在地的市、县公安机关提出申请，申请要以书面形式。申请时要履行必要的手续，提供与申请出国事由相关的证明材料来表明出国的理由和条件。

②审批。对于中国公民因私出国的审批，是指公安机关对其申请是否符合法律规定的条件，审查后所作出的批准与否的决定。市、县公安机关受理公民的出国申请之后，要进行初步审查，提出批准与否的意见。然后，将材料及审批意见上报地、市公安机关再进行复核和必要的查询，作出批准与否的决定。对国内公民因私出国，被批准出国的申请人，公安机关颁发给中华人民共和国护照。出国审批是公安机关对于公民因私出国管理的主要内容之一，也是维护国家利益、保护公民合法权益、维护正常出入境秩序的具体体现。

③查询和申诉。公安机关出入境管理机构自收到公民申请护照材料之日起15日内签发普通护照，在规定时间内没有审批结果通知的，有权查询，受理部门应当作出答复；对于不符合规定不予签发的，要书面说明理由，申请人享有依法申请行政复议或提起行政诉讼的权利。

(2)中国公民回国

①短期出国的公民回国。按照《出境入境管理法》的规定，我国公民只需持有本人的中华人民共和国护照或其他有效的出境入境证件即可回国，不需要办理任何申请手续，不受时间和入境地点的限制。

②定居外国的公民回国。我国将定居外国的中国公民称为华侨。华侨

必须具备两个因素：一是在外国定居；二是具有中国国籍。华侨回国有下述三种情形：

一是华侨短期回国，按照《出境入境管理法》规定，只需要凭本人的中华人民共和国护照或者其他国际旅行证件，不需要签证即可回国。

二是华侨回国定居，根据《出境入境管理法》第13条规定："定居国外的中国公民要求回国定居的，应当在入境前向中华人民共和国驻外使馆、领馆或者外交部委托的其他驻外机构提出申请，也可以由本人或者经由国内亲属向拟定居地的县级以上地方人民政府侨务部门提出申请。"

三是华侨回国工作，应事先向拟工作地区的劳动人事部门或者拟聘请雇用单位提出申请，由劳动人事部门审查，作出批准或不批准的决定。

（三）我国的区域性往来管理

1. 内地居民往来港澳地区

香港特别行政区、澳门特别行政区成立以后，根据"一国两制"的原则，它们的出入境法律制度保持基本不变。现阶段我国政府对往来香港、澳门地区，仍实行既不同于公民出国，又不同于公民在国内旅行的特殊管理。

（1）内地居民因私往来港澳地区的特点

①单方审批。内地居民前往香港或者澳门，由内地政府公安机关批准，持户口所在地公安机关签发的前往港澳的合法出入境证件，就可以进入港澳地区。但是由于港澳的特殊地位，所以我们在管理内地公民因私往来港澳地区这个问题上，要考虑到港澳特区政府的意见。

②限定出境人数和居留期限。香港、澳门地少人多，人口稠密，自然资源不足，根据香港、澳门的这个情况，也为了保持其正常运行，维持经济繁荣稳定，政府规定，前往香港、澳门地区要控制人数，定额审批。

③使用特定的出入境证件，指定出境口岸。根据《中国公民因私往来香港地区或者澳门地区的暂行管理办法》的规定，内地居民因私事前往香港、澳门，使用我国公安机关签发的前往港澳通行证或者往来港澳通行证。另外，为了便于统计和控制前往港澳的人数，做到定额审批，规定因私前往港澳定居的内地居民必须从特定的口岸出境。

（2）内地居民因私前往港澳的审批

内地公民因私事前往香港、澳门地区，须向户口所在地的市、县公安机关出入境管理部门提出申请。内地公民申请前往香港、澳门地区有两种情况：

一种是前往定居的，另一种是短期前往的，并分别规定了不同的审批条件。申请定居的，依照定额和规定条件从严审批；申请短期往来的，适当放宽。被批准前往港澳定居的，公安机关发给一次有效的前往港澳通行证，并在规定时间内出境。被批准短期前往港澳的，公安机关发给往来港澳通行证及签注。

2. 大陆居民因私往来台湾地区

（1）申请。大陆居民前往台湾地区定居或短期前往的，须向户口所在地的市、县公安机关提出申请，并履行必要的手续。

（2）审批。公安机关受理申请之后，要进一步审查是否与申请事由相符，证明材料是否具有法律效力，有无弄虚作假的情况，还要审查申请人是否具有法律规定的不予批准的几种情形。经批准前往台湾地区的大陆居民，由公安机关签发大陆居民往来台湾地区通行证及签注或其他有效旅行证件。

3. 港澳台居民出入境管理

（1）港澳居民回内地

港澳居民来内地须申领港澳居民来往内地通行证。港澳居民短期来内地的，要按照我国规定，办理暂住登记。港澳居民要求回内地定居的，按照规定，应事先向拟定居地的市、县公安机关提出申请。

（2）台湾地区居民回大陆

考虑到台湾地区居民来往大陆具体情况的不同，有的是从台湾地区直接来大陆，有的经由香港、澳门来大陆，有的从外国来大陆，因此，按照就近便利原则，《中国公民往来台湾地区管理办法》对台湾地区居民来往大陆的申请渠道和受理机构分别作出相应的规定。

①台湾地区直接来大陆的，向公安机关出入境管理部门提出申请；

②经香港、澳门入境的，可向香港或澳门中国旅行社或外交部驻港澳特派员公署申请入境手续；

③从外国来大陆的，可向我国驻该国或其他第三国的大使馆、领事馆以及外交部授权的其他驻外机构申请入境手续；

④有特殊事由的，也可以向指定口岸的公安机关申请办理入境手续。

经批准的，有关主管机关签发台湾居民来往大陆通行证或者其他有效旅行证件。

短期来大陆的，应当按照户口管理规定，办理暂住登记。台湾地区居民要求回大陆定居的,应在入境之前向出入境管理局派出的或者委托的有关机构提出申请,也可以由个人或者委托大陆亲属向拟定居地的市、县公安局提出申请。

三、出入境交通运输工具管理制度

出入境交通运输工具检查、监护与管理是依照国际、国内的规章、制度实施的活动。作为边防检查对象,交通运输工具来自不同的国家或地区,所以,边防检查工作具有一定的涉外性、政策性和时限性。为了维护出入境交通运输秩序、规范出入境交通运输行为,国际上延用并协商、制定了一系列的国际公约、准则和惯例。同时,为了维护一国的主权、安全和发展利益,各国根据本国的实际情况,在国际法的框架下,也都制定了相应的管理规定对入出其国(边)境的交通运输工具实施有效管理。

(一)国际法上的相关规定

国际法是一个特殊的法律体系,它主要是调整国际交往中国家与国家之间关系的行为准则。在国际交往中,各国为了维护本国和有关国家的共同利益,处理好本国与外国之间的关系,大都自愿遵守国际法的基本原则及其某些具体规定,因而许多国际法准则已为各国所公认。

按照国际法国家管辖权的有关规定,一个主权国家对其所属领域内的一切人与物以及所发生的事件(享有外交特权与豁免权的除外)都有管辖权。1976 年联合国大会通过的《国家权利义务宣言草案》第 2 条规定:"各国对其领土以及境内之一切人与物,除国际法豁免者外,有行使管辖之权。"根据这一规定,各国的交通运输工具只要进入中国的领土,我国就有权按照本国的法律和政策实施检查与管理。

关于港口的法律地位,国际法早已确定。所有现代国家的港口、海港和泊船处,都构成国家领土的一部分,并受国家主权的管辖。港口有开放和不开放之分。国家准许外国船舶进入的港口,是国家对外开放的港口。每个国家都有权根据本国的情况并参照国际上的惯例来制定自己的港口制度。国际间有关海港制度的国际条约中较为重要的是 1923 年的《国际海港制度公约与规范》和所附的《国际海港制度规则》。其中规定:"各缔约国的商船在进出港口、航务、税收和费用等方面,不应因船旗而有差别待遇;外国籍船舶进出港口都要办理有关的手续;进港前通常要预先通报抵达港口的时间;外籍船舶抵港后要接受边防、卫生检疫和海关的检查、检验。”另外,《国际便利海上运输公约》也对船东和船上人员提出了预报到港时间、准备好船舶文书以便迅速审查,船舶驶向泊位或锚地时应准备好舷梯或其他登船工具以便迅速、有秩序地集合和引见船上人员,携带必要的文书以供检查等要求。

在国际间的铁路运输中,《国际旅客联运协定》规定了各国列车应遵守所到达国家边检机关、海关和其他有关检查要求的条款。国际法中关于各国的权利和义务及口岸管理的有关规则,也是我国边检机关对出入境交通运输工具实施检查与管理的依据。同时,我国为了同世界各国发展友好关系、贸易往来和客货运输,通过签订双边或多边协议、协定来维护国家间的友好往来,确立双方国家的权利和义务。新中国成立以来,我国先后与美国、日本、朝鲜、越南、尼泊尔、巴基斯坦、保加利亚、丹麦、挪威等国家签订了航空、海运、铁路运输及其他通商、交通协定。在这些协定中,对双方入出境飞机、船舶、火车、汽车及机组、船员和司乘人员的检查管理都作了规定。《中朝铁路协定》中就明确规定:“铁路人员出入对方国境时,应将本人服务证明书提交国境检查机关查验。”为边检机关实施检查提供了方便条件和依据。

为维护出入境交通运输正常的运输秩序和规范的出入境行为,各国在国际社会的多个领域进行了探索和协商,签订了一系列的国际公约和多边条约。但是,无论各国对交通运输工具检查与管理的方式如何规定,都始终坚持了主权至上、属地优先的原则。

1. 出入境交通运输工具必须接受驶入国的管辖

出入境交通运输工具必须接受驶入国的管辖,源于国际法关于领土主权神圣不容侵犯的基本理论。领土主权和领土完整不仅与国家的政治独立紧密相连,也是国际和平秩序的基本保障。领土主权是完全和排他的,任何侵犯他国领土与主权完整的行为都构成严重的国际不法行为,应受到国际社会的谴责和国际法的制裁。根据《国家权利义务宣言草案》第 2 条规定,任何一个国家的交通运输工具在出入他国领土时,必须向驶入国进行申报并接受管辖,必须遵守驶入国的法律、法规,并承担由其出入境行为而产生的一切后果。

2. 限定出入境口岸和行驶路线

世界上大多数国家和地区都从维护本国利益角度出发,对入出本国国(边)境的外国交通运输工具限定入出境口岸,并限定具体的行驶路线。《国际民用航空公约》规定:“为了飞行安全,当航空器所欲飞经的地区不得进入或缺乏适当航行设施时,缔约各国保留令其遵循规定航路或获得特准后方许飞行的权利。”“缔约各国由于军事需要或公共安全的理由,可以一律限制或禁止其他国家的航空器在其领土内的某些地区上空飞行。”1982年《联合国海洋法公约》规定:“沿海国考虑到航行安全认为必要时,可要求行使无害通过其领海权利的外国船舶使用其为管制船舶通过而指定或规定的海道和分道通航制。”“如为保护国家安全包括武器演习在内而有必要的情形下,沿海国可在对外国船舶之间在形式上或事实上不加歧视的条件下,在其领海的特定区域内暂时停止外国船舶的无害通过。这种停止仅应在正式公布后发生效力。”

3.“沿海运输权”保留

“沿海运输权”保留是指一个国家港口之间的运输权只保留给本国船舶。由于沿海运输权涉及国家重要的安全和权益,世界上大部分国家都以法律形式对“沿海运输权”作了保留。例如,美国1871年立法禁止外国商船在美国港口之间运输货物。目前,美国太平洋沿岸港口到大西洋沿岸港口、美国本土港口到阿拉斯加港口以及夏威夷群岛各港之间的运输也作为美国沿海运输而禁止外国商船涉足。根据《海商法》规定:“中华人民共和国港口之间的海上运输和拖航,由悬挂中华人民共和国国旗的船舶经营。但是,法律、法规另有规定的除外。非经国务院交通主管部门批准,外国籍船舶不得经营中华人民共和国港口之间的海上运输和拖航。”由此可见,我国的沿海运输权只保留给我国的船舶,外国籍船舶非经国务院交通主管部门批准,不得经营我国港口之间的海上运输和拖航,其在我国国内各对外开放港口间航行和靠泊仅为卸下从国外运来的货物和旅客,或装载货物和旅客运往国外。

随着航空运输工具的发明和航空运输业的发展,现代“沿海运输权”除包含上述国内口岸间的“沿海运输权”的基本含义外,还逐渐派生出了“国内载运权”,又称国内两地空运权,即在一国境内某一地点航空载运客、货运往该国境内的另一地点的权利。世界上绝大部分国家也保留了“国内载运权”,除特别许可外,他国无权涉足一国的国内航空运输。《国际民用航空公约》规定,缔约国有权拒绝其他缔约国的航空器在其领土内实施这一权利。国内两地间的空运业务只能由缔约国家专属经营。任何缔约国不得将此项权利转让给其他国家,也不得对他国要求此项权利。

“沿海运输权”保留的法律规定,是一种国际交通运输政策和惯例,在目前边防检查工作中有较多反映，尤其是涉及处理外国籍交通运输工具在我国开放口岸间载运人员等问题。

4. 船舶和港口经营方有保证船舶在港期间安全的职责和义务

一直以来，各国对国际航行船舶安全问题都非常重视。特别是近年来，海盗等国际恐怖活动日渐猖獗，为了加强海上安全，2002 年 12 月在伦敦召开的海上保安外交大会，通过了《国际船舶和港口设施保安规则》，对船舶和港口方在保证船舶在港期间安全的职责和义务提出了明确的要求，这些要求构成了船舶和港口设施可以合作探察并制止威胁海运业保安行为的国际法框架。

5. 双边或多边协定事项

为了进一步促进国际间人员和货物运输，提高通航效益，世界各国都在愿意共同遵守相关国际条约和规则的前提下，根据互相尊重独立和主权、互不干涉内政、平等互利和友好合作的原则，在国际法的框架下，签订相互间的通航和运输协定，确定双方的权利和义务，对相互间开放口岸、航线、税收、救助以及出入境检查等事项进行明确。双边或多边通航协定构成了缔约国在处理通航事务时的主要依据之一。这些双边或多边协定，与边防检查工作相关的，归纳起来大致包括了以下两方面。

（1）规定相互间的通航规则，并互相给予优惠待遇，但优惠待遇范围的宽窄、程度，视双方的协定而定。例如，《中华人民共和国政府和大韩民国政府海运协定》规定："缔约一方在其对外开放港口，在履行船舶进出港口手续、报关、利用港口泊位装卸货物以及上下旅客、港口收费，以及利用为航海、航运及正常的商业交易活动而提供的服务和设施等方面中，给予缔约另一方的船舶以最惠国待遇。"

（2）建立协调机制以解决相互通航时遇到的争端。协调是解决问题和纠纷的有效方式之一。随着国与国之间交流的加深，难免会产生各种各样的争端，在通航方面亦是如此。协调机制的确立就为国与国之间化解矛盾、促进合作搭建了一个良好的平台。为此，协调方式正越来越多地运用到国际事务中。我国与他国签订的双边或多边通航协定当中，几乎都将协调机制的建立作为解决通航事务争端的重要方式之一。例如，《中华人民共和国政府和蒙古人民共和国政府汽车运输协定》规定："缔约双方将通过协商和交换意见的办法，解决因解释和执行本协定而产生的一切争议问题。"

(二)国内法上的相关规定

世界各国为维护本国的根本利益,都非常重视对出入境人员、交通工具以及进出口货物的检查、管理的立法工作。各国都根据本国的国情和国际法的有关规定,制定了出入境(移民)边防检查、管理的专门法规。我国的《出境入境管理法》就具体规定了出入境人员和交通运输工具出入本国国境时必须接受检查、监护与管理的相关内容,并赋予了出入境边检机关对出入境交通运输工具实施边防检查与管理的职权,是出入境边检机关对出入境人员和交通运输工具实施检查、管理以及处罚的主要法律依据。

1. 边检机关有权对出入境交通运输工具实施边防检查

《出境入境管理法》第五章第50条规定:"出境入境交通运输工具离开、抵达口岸时,应当接受边防检查。""出境的交通运输工具自出境检查后至出境前,入境的交通运输工具自入境后至入境检查前,未经出入境边检机关按照规定程序许可,不得上下人员、装卸货物或者物品。"这不仅充分体现了对国家主权的维护,也为边检机关对出入境交通运输工具的检查、监护与管理提供了法律依据,以法律、法规形式明确规定了出入境的各种交通运输工具必须接受和配合边检机关的检查。

《出境入境管理法》第56条规定,交通运输工具有下列情形之一的,不准出境入境;已经驶离口岸的,可以责令返回:"(一)离开、抵达口岸时,未经查验准许擅自出境入境的;(二)未经批准擅自改变出境入境口岸的;(三)涉嫌载有不准出境入境人员,需要查验核实的;(四)涉嫌载有危害国家安全、利益和社会公共秩序的物品,需要查验核实的;(五)拒绝接受出入境边检机关管理的其他情形。前款所列情形消失后,出入境边检机关对有关交通运输工具应当放行。"

2. 边检机关对出入境交通运输工具实施边防检查和管理的要求

(1)通行限制

出入境交通运输工具必须从我国对外开放的海、空、陆口岸通行,未经许可不得在非对外开放的港口、站点等地点停靠。在特殊情况下,出入境交通运输工具要从非开放的各类口岸、通道、码头、装卸点、起运点等地点通行的,必须经主管机关批准。对交通运输工具的入境边防检查,在其最先抵达的口岸进行;对交通运输工具的出境边防检查,在其最后离开的口岸进行。特殊情况下,可以在有关主管机关指定的地点进行。

（2）行驶路线

《出境入境管理法》第55条规定："外国船舶、航空器在中国境内应当按照规定的路线、航线行驶。""出境入境的船舶、航空器不得驶入对外开放口岸以外地区。因不可预见的紧急情况或者不可抗力驶入的，应当立即向就近的出入境边检机关或者当地公安机关报告，并接受监护和管理。"

这一法条的规定是根据国际法的主权原则，外国的交通运输工具在我国境内（包括领海、领空、领土内）必须遵守我国的法律、法规，接受有关机关的管理。出境入境的交通运输工具在中国境内必须按照规定的路线、航线行驶，为了使其始终处于我主管机关的有效监督、控制之下，这也是国际上普遍采取的一项措施。

3. 出入境交通运输工具在边防检查和管理中的主要义务

（1）申报义务

《出境入境管理法》第51条规定："交通运输工具负责人或者交通运输工具出境入境业务代理单位应当按照规定提前向出入境边检机关报告入境、出境的交通运输工具抵达、离开口岸的时间和停留地点，如实申报员工、旅客、货物或者物品等信息。"

该法条明确规定了向边检站预报出入境交通运输工具有关情况的责任人和预报的内容。出入境交通运输工具的负责人或者有关的交通运输部门负有预报的责任。预报的内容为抵离时间、停留地点和载运人员、货物等情况。不同的交通运输工具有不同的预报方式。

①船舶预报：国际航行船舶的船方或其代理人，应当在船舶预计抵达口岸24小时前（船程不足24小时的，在驶离上一口岸时），将抵达时间、停泊地点、靠泊移泊计划及船员、旅客的有关情况报告边检站。其他特殊的入出境船舶的入出境预报，一般由船方或其代理人通知出入境边检机关。②飞机预报：飞机出入境时间、飞机种类、停降地点及载运人数，由民航调度部门或航空公司委托的部门预先通知出入境边检站机关。③火车预报：如运载货物的火车按确定的时刻、路线和编组等计划行驶，可不做预报；如有变更，须事先报告出入境边检机关。客运列车均由铁路调度部门负责提前预报。

交通运输工具抵达口岸时的申报内容一般包括：船长、机长或其代理人必须向边检站申报员工和旅客名单；列车长及其他交通运输工具的负责人必须申报员工和旅客的人数。根据现行规定，所有船舶均应向边检站提交旅客名单和船员名单。除此之外,国际航行船舶还应按照规定提交总申报单、船员登陆申请表、船员住宿申请表、中华人民共和国航行国际航线船舶出境自查报告表。飞机机长或其代理人应向边检站提交旅客和机组人员名单。

交通运输工具负责人或交通运输部门在向边检站提交预报和申报时,应按照规定的项目预报和申报,并保证准确无误。

(2)配合义务

《出境入境管理法》第52条规定:"交通运输工具负责人、交通运输工具出境入境业务代理单位应当配合出境入境边防检查,发现违反本法规定行为的,应当立即报告并协助调查处理。入境交通运输工具载运不准入境人员的,交通运输工具负责人应当负责载离。"

该法条明确规定,当边防检查人员检查交通运输工具时,交通运输工具负责人或代理人到现场协助边防检查人员进行检查,既便于边防检查人员现场了解、询问情况,顺利实施检查工作,也有利于监督检查人员依法执行公务。根据国务院《国际航行船舶进出中华人民共和国口岸检查办法》和公安部关于执行这一办法的通知,对国际航行的船舶边检站一般不再登轮检查,但对下列五类船舶经站长批准可以登船检查:一是客船、不靠岸的海上作业船;二是载有偷渡人员的船舶或者有情报表明有犯罪嫌疑的船舶;三是携带枪支弹药的船舶;四是有严重违法犯罪记录的船舶;五是上级通知需登船检查的船舶。对出境、入境的飞机一般不实施检查,但如发现检查与登机人数不符或其他可疑情况时可以登机检查。对出入境的列车一般都要实施检查,检查的重点是蓬布车、空棚车、敞车等。对机动车辆不普遍检查,可根据需要实施重点检查。

(3)预防和自管义务

出入境交通运输工具负责人应当采取适当措施,履行下列义务:防止载运未持有效出入境证件的人员,保证载运的出入境人员接受边防检查,防止未经检查的人员搭乘交通运输工具出入境;同时还应做好自我管理工作,确保交通运输工具及其员工自觉遵守我国法律法规。如果交通运输工具负责人未尽到预防和自管的义务,将承担由此产生的相应法律后果。

综上所述,我国制定、颁布的出入境法律、法规,规定了出入境交通运输工具必须接受边防检查,赋予了边检机关对出入境交通运输工具实施管理的权力,为出入境边检机关实施交通运输工具出入境检查、监护和管理提供了法律依据和保障。

第三章　出入境证件

第一节　护　　照

随着国际交往的频繁与深入,公民自由出行已成为世界人口流动的趋势。按照国际惯例与世界各国的相关法律法规,公民自由出行的前提是必须持有合法有效的出入境证件,并按照各国的法律规定办理相关的出入境手续。

一、护照的概念

在国际交往活动中,公民必须持有合法护照,这已经成为一项国际惯例。由于各国的制度不同,法律规定相异,关于护照的概念,至今并未形成一个统一的表述。综观各国关于护照的法律规定和实践,无论其是以何种形式或何种语言来定义,基本包含两个要素,即护照是有效的国际旅行证件和身份证明。具体在实践中,我们根据护照的签发现状和颁发对象将护照的概念划分为狭义和广义两种。狭义的护照,仅指普遍意义上的一国政府发给本国公民的出入国境、国际旅行和在外国居留使用的证明其国籍和身份的旅行证件;广义的护照,除上述概念外还包括具有国际法主体资格的国际组织颁发的身份证明和一国政府发给本国少数特定公民以及外国人的用以出入国境的证件。

在我国,护照的概念定为:主权国家的主管机关颁发给本国公民出入国境和在国外旅行、居留时使用的合法身份证件和国籍证明。

护照的颁发体现了国家的属人管辖权,确认了公民与国家之间的关系。通常一本有效的护照就成为一国公民国籍的有效证明。国家以政府的名义为持有本国护照的人员作担保,要求各国给予出入境的便利,并提供必要的外交保护。各国间相互协议互认彼此颁发的护照,并将其作为他国公民申请进入的资格证明。

二、护照的内容

护照作为各国官方颁发的基本国际旅行证件,其形式的统一将方便护照持有人在国际间通行。因此,国际民航组织(International Civil Aviation Onganization,ICAO)长期以来一直致力于护照样式的标准化。目前世界各国的护照普遍为机读护照,规格标准为125mm×88mm。

护照的内容是由各种项目和栏目组成的。世界各国护照功能的一致性决定了其内容的一致性,而印制、颁发国家的不同又决定了其栏目设置的差异性。按照国际惯例,护照的内容和项目一般包括封面、发照国声明、资料页、签证页、备注页、注意事项等。

(一)封面

通常在护照的封面上印有护照签发国的国名、国徽和护照的类别标志,并用封皮的不同颜色来区别护照的种类。国名和护照类别一般都用本国文字标印,有的也同时注有英文或其他多种本国常用的语言文字。例如,瑞士护照,由于瑞士的官方语言为德语、法语、意大利语和罗曼什语,因此瑞士护照的封面就用五种语言文字来标注国名和护照种类,包括德语、法语、意大利语、罗曼什语和英语。此外,电子护照的封面还有特殊电子护照标识。

(二)发照国声明

护照通常都包含签发国的声明,向其他所有国家表明持有人为该国公民,并且请求允许其过境,同时享有国际法所规定的待遇,以政府的名义要求各国军政机关对持证人予以通行的便利和必要的协助,所使用的文字通常为本国官方文字和英文。例如,美国护照的发照国声明即为:“美国国务卿特此请求各相关方准予该位美国公民/国民过境,不受延误办理或设置阻碍,并在需要时给予法律援助和保护。”

（三）资料页

护照资料页是整本护照中重要的信息标注区。各国护照资料页的页面设计虽不尽相同，位置各异，有的在封二、有的在封三，也有的是护照内单独的一页，但其所涵盖的内容与项目设置基本一致，主要包括：

1. 持证人的相关资料

一般包括持证人的相片、姓名、国籍、性别、出生日期、出生地。此外有些国家护照资料页中还包括持证人的眼睛的颜色、身高、父母的姓名、身份证号码、签名等与持照人密切相关的资料。

（1）姓名

“姓名”这一项，不同国家表述方式有所不同，有的将姓名全名作为一项，直接标注为 NAME（姓名）或 FULLNAME（全名），有的将姓和名分开，分别标注为 SURNAME（姓）、GIVEN NAME（名），像菲律宾等国家还会有 MIDDLE NAME（中间名）。

（2）性别

“性别”这一项标注为 SEX，具体用 F 或 FEMALE 表示女性，用 M 或 MALE 表示男性。

（3）出生日期

“出生日期”这一项英语标注为 BIRTH DATE，一般有日（两位阿拉伯数字）、月（两位阿拉伯数字或三位英文字母缩写）、年（四位阿拉伯数字）三项，也有些国家的护照上只有年、月或只有年。应注意的是，大多数国家出生日期按日月年的顺序标注，也些国家按照月日年的顺序标注。

2. 有关护照签发的信息

其主要包括护照的号码、签发时间、有效期、签发地点和签发机关。不同国家、不同种类的护照有效期长短不一样，目前大多数国家的普通护照为成人 10 年有效、儿童 5 年有效，也有些国家签发 1 年、2 年、3 年或终生有效的护照。

（四）备注页

备注页标注为 OBSERVATIONS，主要用于发证机关注明持证人资料更改、证件换发补发情况、护照延期、持证人身份、偕行人等情况。有些国家护照的备注页在签证页的前面，有些则在签证页后的最后几页。

（五）签证页

签证页标注为 VISA，即护照内的空白页，也称为护照内页，主要供持证人办理前往国签证及各国口岸检查机关加盖印章时使用。

(六)注意事项

注意事项标注为 IMPORTANT NOTES。各国在护照上均注明了使用护照的注意事项,其内容主要有护照是国家财产、必须本人使用、护照内容不得擅自更改、持有护照并不免除遵守前往国法律规定等有关提示,定居国外的公民应向就近的外交、领事机关进行登记等相关规定,护照的签发机关以及发生护照丢失、被盗等情形的注意事项等。

三、护照的种类

在国际交往中,由于各国的国情不同,历史发展不同,护照制度形成的过程也不尽相同,因此国际上护照的种类和名称十分繁杂。准确掌握各类护照的颁发对象及样式,是实施出入境人员检查必须具备的能力。目前,从世界各国颁发护照的情形来看,护照的种类主要划分为以下几种:

(一)外交类护照

图 3-1

图 3-2

外交类护照封面一般都有"DIPLOMATIC PASSPORT"(外交护照)字样的明显标识,有些国家对外交类护照还有一些特殊的规定。例如,德国给议会成员发的部级护照(MINISTRY　PASSPORT)也属于外交类护照,其外交级别高于普通的外交护照。而英国的外交护照只发给长期驻外的外交官员

(如英国驻各国使馆的外交代表),其他政府官员只能持用普通护照,如需以外交人员身份出国时,由政府主管部门在其普通护照上加盖“外交”字样的标识。

(二)公务类护照

目前世界上通用的公务类护照名称较多,最常见的是在护照封面注有“SERVICE PASSPORT”(公务护照)字样,如朝鲜、波兰、俄罗斯,瑞士等国。有些国家也会颁发效力相当于公务护照的护照,但名称各不相同。例如,美国、英国、智利、日本、巴基斯坦、印度、澳大利亚等国颁发官员护照(OFFICIAL PASSPORT)。加拿大、葡萄牙、埃及,约旦、土耳其颁发特别护照(SPECIAL PASSPORT)等。

图 3－3

图 3－4

此外,一些国家在普通护照上加注“公务”“政府公务”“免费”等字样以表明护照类别的变更,通常我们也将这类普通护照归为因公类护照,但有别于公务类护照。例如,波黑、塞尔维亚、土库曼斯坦、摩尔多瓦、塔吉克斯坦等国会在普通护照上加注“公务”章(SERVICE 或 СРУЖЕВЕН)使其成为公务普通护照,老挝在普通护照上加注有效公务签证即成为公务普通护照。

(三)普通类护照

各国的普通护照一般不做特别的标识,只在封面标有“PASSPORT”字样。

(四)特殊种类的外国护照

除以上三类常见护照外,有些国家还根据本国的具体情况签发一些特殊种类的护照。例如,外侨护照、无国籍及外籍人护照(ALIENS PASSPORT)、家庭护照(FAMILY PASSPORT)、使命护照(MISSION PASSPORT)、儿童护照(CHILD'S PASSPORT)、临时护照(TEMPORARY PASSPORT)、集体护照(COLLECTIVE PASSPORT)、紧急护照(EMERGENCY PASSPORT)等。这些护照在使用时的效力相当于普通护照。对于难民、政治避难者、无国籍者,一些国家或组织签发外国人护照、无国籍护照或世界护照。

随着国际人口流动的日益频繁,依法为本国公民颁发护照已成为每一个主权国家应尽的义务和责任。世界各国虽然普遍实行护照制度,但各国的护照种类和颁发方法却不尽相同。多数国家颁发外交、公务、普通三种护照,而有的国家则只颁发一种、两种或者更多种类护照。

第二节 签 证

一国政府为了对进入、通过和离开本国的外国人进行有效管理,维护国家的安全和利益,遂即产生了对外国人事先进行审核,给予符合要求的外国人颁发证明的方式,以此对来往本国的外国人进行管理。签证,是一个国家的主管机关在本国或外国人所持的护照或其他旅行证件上所作的贴纸或印章签注,以表示允许其入出本国国境或者经过国境的手续,也可以说是颁发给他们的一项签注式的证明。概括地说,签证是一个国家的出入境管理机构(如移民局或其驻外使领馆)对外国人表示批准入境所签发的一种文件。

一、签证的概念

在我国,签证的定义可以概括为:一国主管机关依法颁发给外国人(含无国籍人,少数国家颁发给本国公民)允许其入境、出境、过境的许可证明,是附于申请人所持护照或具有护照功能的证件上使用的一种文字签注,也是一国主管机关查验入出或过境人员身份和目的的法律依据。此概念包含了四个因素:一是签证要由国家签发;二是签证要颁发给符合要求的外国人;三是签证是证明性文件;四是签证要与旅行证件同时使用。

签证需要与护照同时使用,一般附着在护照的签证页上,随着对外交往及制证技术的发展，签证的表现形式也在不断地发展和变化，目前主要有以下几种：

（一）印章式签证

印章式签证多为亚、非、拉等发展中国家签发，目前正逐步被贴纸式签证所取代，自身防伪性能不高，一般在签发印章式签证时会附有印花税票、使领馆馆印、签署人签名等。

（二）贴纸式签证

贴纸式签证是当前各国签证的主要形式，其规格及签证内容都较为统一，大部分国家的贴纸签证都增加了机读码，在查验过程中可机读信息。

（三）另纸签证

另纸签证也是签证的一种形式，是在护照以外单独签注在一张专用纸上，它和签注在护照上的签证具有同样的作用，但必须和护照同时使用。

（四）电子签证

所谓电子签证指的是把传统的纸质签证"电子化"，以电子文档形式将护照持有人签证上的所有信息储存在签证签发机关的系统中。电子签证大致可分为两类。一类是不需要递交相关资料到申请国家的大使馆或领事馆，只需在官网上填写简单信息，上传相应材料后，直接支付签证费用便可得到的电子签证。另一类依然要求申请人递交相关材料到对应国家的大使馆或领事馆。目前在华发放电子签证的国家主要有韩国、新加坡、澳大利亚、阿联酋、柬埔寨、新西兰、斯里兰卡、土耳其、卡塔尔、塞内加尔、几内亚比绍等国家。

电子签证办理成功后，各国对于申请人的入境手续有不同的要求。比如，前往澳、新（西兰）的旅客入境前，航空公司均需通过预检系统核实其已获发签证才会发放赴澳（新）登机牌，亦可凭准签函和联程机票（行程单）入境，相关情况可登录 VEVO 系统核实。获发电子签证前往韩国的人员可携带"电子签证发给确认书"入境韩国。而前往卡塔尔的旅客凭打印的签证扫描件即可入境。

二、签证的内容

签证一般包括以下几个方面的内容：

（一）持证人资料

持证人的资料主要包括持证人的姓名、性别、护照号码、出生日期、国籍等。此外,为了有效防止冒用他人身份使用签证,许多国家开始在签证上增加持证人照片的项目,以减少非法入境情况的发生。

(二)签证的签发信息

签证的签发信息主要包括签证号码、类别标志、签发时间、有效期、签发地点和签发机关。不同国家、不同类别的签证有效期长短不一。目前大多数国家采用文字描述或代码方式标明签证的种类。

(三)备注信息

签证中的备注项是对持证人相关特别状况和要求的说明。例如,偕行儿童的说明,入境口岸,从事工作的限制说明、签证内容的补充说明等。

三、签证的种类

各国依据本国移民法或者出入境管理法规定划分签证的种类,根据申请者的不同身份和不同目的,分别发给相应种类的签证。通过划分签证种类既可以明确持证人享有的权利与义务,又可以准确的识别持证人的入境身份和入境目的。许多国家在签证种类上的划分都是尽量的细化,如美国首先将签证分成移民签证和非移民签证两大类,移民签证又分成亲属类签证、职业类签证和婚姻移民签证三种。而在非移民签证中,又分为18类48种。比如,常见的B－2签证是发给短期游客,而F－1签证是发给进入合法学校全日制学习的学生。应该说,签证种类、条件的具体化、明确化,对于促进签证工作的规范化、制度化和公正化具有重要的意义。

跟护照比较起来,签证的种类与样式要更丰富,更能体现一个国家的主权与管辖,其种类也是多种多样,千差万别。依据不同的标准,签证可以分为不同的类别:

(1)按照出入境行为,签证可分为入境签证、出境签证、出入境签证、入出境签证和过境签证;

(2)按照出入境人员的身份、事由,签证可分为外交签证、公务签证、普通签证;

(3)按照出入境的有效次数,签证可分为一次有效签证、二次有效签证及多次有效签证;

(4)按照居留的时间,签证可分为短期签证、长期签证及永久居留签证;

(5)按照居留资格,签证可分为移民签证、旅游签证、留学签证、就业签证、投资签证、商务签证等；

(6)按照使用人数，签证可分为个人签证和团体签证。

第三节　其他出入境证件

除护照外，许多国家还会给本国特定公民和少数外国人签发一些其他的用于国际旅行的证件。此外，具有国际法主体资格的国际组织也会给其工作人员签发类似证件。

一、中国常见的其他出入境证件

在我国，也会根据颁发对象的不同、出入境事由的差异，颁发不同种类的非护照、签证类的证件，按其功能可区分为护照的替代证件和签证的替代证件。

(一)具有护照功能的出入境证件

1. 中华人民共和国旅行证(以下简称旅行证)

旅行证是代替护照使用的国际旅行证件，由中华人民共和国驻外国的外交代表机关、领事机关及其他外交部授权的驻外机关(包括外交部驻港、澳公署)签发给以下人员：

(1)短期出国、在港澳地区和国外发生护照遗失、被盗或者损毁不能使用等情形的中国公民；

(2)在国外未持港澳居民来往内地通行证、台湾地区居民来往大陆通行证但又需进入内地的港澳台同胞；

(3)持台湾地区旅行证件无法申请外国签证的台胞；

(4)因国籍冲突，持有外国护照，不宜为其签发中国护照，但需回国的中国公民。

旅行证有效期为 2 年，但对一些仍需限制其一次入出境的特殊人员会在证件备注页上加盖“一次入出境”加注章(蓝色印油、不签署、不盖红印)。

现行版本的旅行证为机读证件，封皮为蓝黑色，标识有国徽及中英文“中华人民共和国旅行证”字样，内页为 32 页。资料页相片采取粘贴方式，证号由大写英文字母 T 和 8 位阿拉伯数字组成，证件类别标注为 PT。资料页项目比较简单，只包括姓名、性别、出生日期、出生地、签发日期以及签发机关。

2. 中华人民共和国出入境通行证(以下简称出入境通行证)

出入境通行证主要由公安部委托的县级以上地方人民政府公安机关出入境管理机构签发。其签发对象为：

(1)部分从事边境贸易、边境旅游服务或者参加国务院或国务院主管部门批准的边境旅游线路边境旅游的中国公民；

(2)港澳居民所持港澳居民来往内地通行证在内地遗失或失效需返回港澳的、或者证件在港澳地区遗失或失效急需来内地的；

(3)内地居民所持往来港澳通行证在港澳地区遗失或失效急需返回内地的；

(4)内地居民持香港入境事务处签发的定居类进入许可申请赴香港定居的；

(5)持逗留签注在香港或澳门地区的内地居民返回内地期间,往来港澳通行证遗失、失效或者签注失效急需返回香港或者澳门的；

(6)大陆居民赴台湾地区期间,因所持证件逾期、遗失、损毁等情况没有有效证件无法入境的,以及在台湾地区出生的大陆居民子女返回大陆的；

(7)因国籍冲突,不便持用普通护照的。

现行的出入境通行证分为单页纸式和16页册簿式两种,其中16页册簿式为机读证件,封皮为蓝色,封面采用烫金印刷,上部为中华人民共和国国徽图案,下部为中英文标识“中华人民共和国出入境通行证”字样。资料页相片采取粘贴方式,证号由大写英文字母R和8位阿拉伯数字组成,证件类别标注为PL。资料页项目包括姓名、性别、出生日期、身份证号码、有效期至、签发日期以及签发机关。

3. 中华人民共和国外国人出入境证(以下简称外国人出入境证)

外国人出入境证主要由公安部委托的县级以上地方人民政府公安机关出入境管理机构签发,其签发对象有：

(1)在中国定居的外国人申请出境时没有护照的；

(2)已退出中国籍,按外国人办理手续去国外定居的；

(3)外国人所持护照失效或丢失,本人在中国境内领不到新护照的；

(4)其他特殊原因需签发的外国人。

证件上注有“本证只限出境使用”和“准持证人凭本证出入境”字样,发证机关根据申请人的情况来选择证件的使用范围。对于只限出境使用的,出境时由边检机关收回；对于出入境使用的，入境后由证件签发机关收回。

外国人出入境证为单页式样，正反面均分为三栏，正面分别为印有“中华人民共和国出入境证”中英文字样的封皮、“注意事项”页、“加签”页；背面三栏为持证人信息和证件签发相关信息，相片采取粘贴方式。

4. 中华人民共和国海员证（以下简称海员证）

海员证在国内由交通部委托的海事管理机构签发，在国外证件的补发由中华人民共和国驻外使领馆和外交部委托的其他驻外机构办理。

海员证主要签发给以海员身份出入国境和在国外船舶上从事工作的中国公民。其有效期由颁发机关根据海员出境任务所需时间长短确定，最长不超过5年。

现行版本海员证为机读证件，封皮为墨蓝色软皮，封面印有烫金的中华人民共和国国徽图案和海员证中英文全称，页数为32页。资料页相片采取打印方式，证件类型为S，证号由大写英文字母A和8位阿拉伯数字组成。资料页项目包括姓名、性别、出生日期、国籍、出生地点、有效期、签发日期和签发机关。

5. 回国证明

回国证明由中华人民共和国驻外使领馆或者外交部委托的其他驻外机构签发。签发给被境外遣返的、无有效出入境证件的我国内地非法移民。回国证明只限持证人返回我国内地使用，自发证之日起3个月内一次入境有效。

回国证明为单页纸式，A4纸大小，上方有中英文标识的“回国证明”字样及回国证明号码；持证人相片采取粘贴方式并加盖钢印。持证人信息包括姓名、性别、出生日期、国籍、相关资料（如曾持用的护照号码），以上栏目分别用中、英文注明。下方有证件说明并加盖有签发使（领）馆印章。

6. 边境地区居民出入境证件（以下简称边民证）

在我国，边民可以凭我国与毗邻国家协议规定的证件往来两国边境地区。此类证件分两种：一种是根据两国中央政府签订的双边协议规定的证件，由公安部统一签发中华人民共和国××边境地区出入境通行证。该证件签发给双边协定中规定的我国边境一侧县、市、旗的常住边民，用于往来毗邻国家边境地区；另一种是根据两国地方政府签订的协议规定的用于边民往来的证件。

目前我国签发边民证的边境地区包括有中缅边境、中蒙边境、中越边境、中朝边境以及中巴边境。

现行最新版本的边民证为机读证件，封皮为深褐色，封面图文采用烫金印刷，文字分别用中文及毗邻国家文字标识，从上至下图文内容分别为“中华人民共和国”，中国国徽，“中×边境地区出入境通行证”。页数为 48 页，资料页相片采取打印方式，证号由大写英文字母 B 和 8 位阿拉伯数字组成。资料页项目栏分别用中、英及毗邻国家文字标注，包括姓名、性别、出生日期、身份证号码、地址、证件号码、职业、签发日期、有效期等项目。

（二）具有签证功能的出入境证件

1. 外国人居留许可

为方便在我国居留的外国人出入境，我国改变了公安机关签发外国人居留证件样式，简化了出入境手续，取消原来的册簿式外国人居留证，启用贴纸式外国人居留许可，并将其贴于外国人持用的有效护照上。外国人凭居留许可可以在我国居留并多次出入境，无须再申请签证。

对外国人所持签证注明入境后需要办理居留证件、符合国家规定的专门人才和投资者以及出于人道和其他合理事由确需由停留变更为居留的，可以签发居留证件。

贴纸式外国人居留许可由公安机关签发，式样与贴纸签证相同。

2. 外国人永久居留证

外国人永久居留证是获得在我国永久居留资格的外国人在我国境内居留的合法身份证件，在我国境内可以单独使用。获得在我国永久居留资格的外国人，凭有效护照和外国人永久居留证出入我国国境，无须签证。

外国人永久居留证的有效期为 5 年或者 10 年。被批准在我国永久居留的未满 18 周岁的外国人，发给有效期为 5 年的永久居留证；18 周岁以上的外国人，发给有效期为 10 年的永久居留证。

外国人永久居留证是由公安部签发的卡式机读证件，规格为 85.5mm × 54.5mm，厚度为 0.76mm。底纹颜色从左至右由绿色到蓝色自然过渡；而从上至下为绿色到粉色的自然过渡。证件左侧持证人相片采取打印方式，而右侧的副相片则采取了激光蚀刻方式。证件号码由持证人国籍代码（三个大写英文字母）和 12 位阿拉伯数字组成，资料页项目包括姓名、性别、出生日期、国籍、证件有效期。卡式证背面有中华人民共和国国徽及中英文标识的“中华人民共和国外国人永久居留证”字样,下方为三行机读码。

(三)辅助性证明文件

1. 出国(境)证明

在我国,为有效管理因公出国(境)人员,要求持因公类护照前往与我国互免签证协议国家时,应由批准其出国的部门出具出国(境)证明。持因公类护照前往境外办理签证国家、尚未建交国家或建交未建馆国家的人员,出境时也需同时持有批准其出国的部门出具的关于不在国内办理前往国家签证的证明,即出国(境)证明。

出国(境)证明为 A4 纸大小,注明持有人的基本信息,准予前往的国家(或地区),及有效期限,并加盖有权批准其出国(境)单位或部门的印章。

2. 劳务人员出境证明、境外就业人员出境证明

按照我国规定,有下列情形之一的劳务人员或境外就业人员出境时除持有有效护照外还须持有劳务人员出境证明或境外就业人员出境证明:

(1)前往落地签证、免签证国家;

(2)海员持护照出境登其服务船舶;

(3)首次出境持境外取得的签证;

(4)前往未建交国家或未在我国内设立使领馆国家。

3. 团体旅游名单

我国公民组团出国(边)境旅游的目的地国家或地区,由国务院旅游行政部门会同国务院有关部门提出,报国务院批准后,由国务院旅游行政部门公布。公民组团出国(边)境旅游,除持有出入境证件和相关签证(注)外,还须持有国务院旅游行政部门统一印制的中国公民出国(边)境旅游团队名单表。组团旅行社应当按照核定的出国(边)境旅游人数安排组织出国(边)境旅游团队,并填写名单表。在旅游团队出境、入境时及旅游团队入境后,将名单表分别交有关部门查验、留存。旅游团队成员需持出入境证件、相关签证(注)和名单表从国家开放口岸整团出入境。

二、中国区域性证件

(一)内地居民往来港澳证件

1. 因公往来香港、澳门特别行政区通行证

因公往来港澳通行证分为红皮和蓝皮两种。

红皮通行证为48页本，有效期5年。原则上签发给副省部级及享受同等待遇的因公赴港澳人员。

蓝皮通行证分为两种：一种为48页本，有效期为5年，签发给因公派往港澳常驻工作、就读、培训、合作研究且停留时间在半年（含）以上的人员，以及办理半年期和一年期多次往返签注的人员；另一种为32页本，有效期为2年，签发给其他因公临时赴港澳人员。

蓝皮通行证为机读证件，封面有中文“因公往来香港澳门特别行政区通行证”字样。资料页相片采取粘贴方式，证件号码由一个大写英文字母和8位阿拉伯数字组成。资料页项目包括姓名、性别、出生日期、出生地点、签发日期、有效期至、签发机关。

2. 前往港澳通行证

前往港澳通行证有效期为3个月，持用此通行证前往香港、澳门特别行政区定居的，须从指定口岸出境。其中前往香港定居的，需从深圳罗湖口岸出境，前往澳门地区定居的，需从珠海拱北口岸出境。

现行版本前往港澳通行证为双面折页式证件，正面（外面）左半部分为查验页，外侧边缘为证件机读码；右半部分为证件封面页，该页有中华人民共和国国徽及中文的“中华人民共和国前往港澳通行证”字样。反面（里面）上半部分为签发机关印章；下半部分为资料页，相片采取打印方式，证号由9位阿拉伯数字组成，资料页项目包括姓名、性别、出生日期、前往地区、有效期至、签发日期、签发地点。最下端有机读码。整个资料页部分覆盖有塑封膜。

3. 往来港澳通行证

目前使用中的往来港澳通行证的版本有两种。2000年版往来港澳通行证为册簿式证件，共32页，签注粘贴在证件内的空白签注页上。自2014年5月起，公安部在广东省试点启用电子往来港澳通行证，并逐渐在全国推广。电子往来港澳通行证由原来的册簿式证件改为卡式证件，尺寸与新版港澳居民来往内地通行证相同，内嵌电子芯片，存储持证人基本信息、照片信息、指纹特征值、签注信息和出入境记录等。

电子化改革将使往来港澳通行证的形态和功能发生根本性的变化。从证件功能拓展的角度看，电子化改革的核心应用是自助通关，其基础在于指纹信息采集应用以及证件、签注信息的电子化查验。

随着电子往来港澳通行证的签发与使用，册簿式通行证将很快退出历史舞台,往来港澳地区的证件将全面实现电子化,这使得查验方法也将逐步向自助式倾斜与转变。

(1)通行证正面信息(如图 3-5)

图 3-5　电子往来港澳通行证正面信息

通行证正面含有往来港澳通行证名称、电子芯片标志、证件号码、出生日期、性别、签发地点、有效期限、签发机关等栏目。证件上含有持证人二张相片(主像和副像,其中主像为彩色打印,副像为黑白打印)。

①证件号码:共 9 位,大写英文字母"C"和 8 阿拉伯位数字组成,字母"C"表示为卡式证件;

②姓名:含中文、英文或拼音,除中文外,姓与名用逗号分隔;

③出生日期:格式为 YYYY. MM. DD;

④性别:男或女;

⑤签发地点:省份;

⑥有效期限:签发日期——到期日期、格式为 YYYY. MM. DD;其中 16 岁以上有效期为 10 年期,16 岁以下有效期为 5 年;

⑦签发机关:统一为"公安部出入境管理局";

⑧机读码:只有一行。

（2）通行证背面信息（如图 3 – 6）

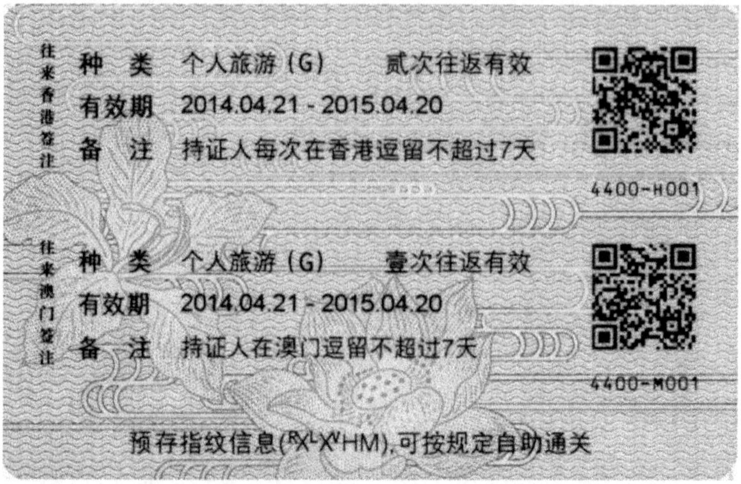

图 3 – 6 电子往来港澳通行证背面信息

通行证背面共分为三个区域，前往香港签注区、前往澳门签注区、备注区（即自助通关标识）。签注信息采用可擦写打印技术实现签注的多次擦写。签注信息既有文本格式，也有二维码格式，其中二维码部分主要供港、澳方使用。

①签注种类：按签注类型加返往次数格式表示，签注类型共有探亲（T）、商务（S）、团队旅游（L）、个人旅游（G）、其他（Q）、逗留（D）六种；往返次数分为壹次往返有效、贰次往返有效、多次往返有效三种；

②有效期：签发日期——截止日期，格式为 YYYY. MM. DD – YYYY. MM. DD；

③备注：说明持证人在港澳逗留天数和要求；

④签注签发机关代码及签注号码：格式为 NNNN – XNNN；4 个“N”为签发地点代码，到地级市；“X”为前往地，如为“H”表示前往地为香港，如为“M”表示前往地为澳门；3 个“N”为签注顺序号，表示同一前往地第几次办理签注；

⑤二维码：依据 GB/T 18284 – 2000 快速响应矩阵码（简称“QR 码”）标准，将签注文本信息转换为 QR 码格式，并通过密码机的秘密密钥对 QR 信息进行 MAC 签名保护，确保 QR 码的真实性；

⑥自助通关标识：包括自助通关范围及留存指纹信息的指位，如“内地与

港澳地区口岸自助通关 RXLX”或“内地口岸自助通关 RXLX”,对未采集指纹信息的持证人,此处无提示。指纹指位以字母加数字的形式提示,右手标 R,左手标 L,拇指、食指、中指、无名指、小指分别以 1、2、3、4、5 表示。

(二)港澳居民来往内地证件

港澳居民来往内地通行证,俗称回乡卡,分为 5 年有效和 10 年有效两种。有效期 5 年的通行证签发给年龄不满 18 周岁的港澳居民使用;有效期为 10 年的通行证签发给 18 周岁(含)以上的港澳居民使用。

新版港澳居民来往内地通行证亦为卡式证件,规格为 85.6mm × 54mm,内嵌非接触式集成电路芯片。通行证正面以万里长城为主题,背景底纹辅以冷、暖色调的渐变过渡;背面以香港青马大桥和澳门西湾大桥为主题,背景采用紫荆花和莲花的抽象图案。通行证号码为 9 位,终身不变,第一位为英文字母,首次申请地在香港为“H”,首次申请地在澳门为“M”,第二位至第九位为阿拉伯数字。正面持证人主副相片采取激光蚀刻方式,资料页项目包括姓名、出生日期、性别、有效期限、签发机关统一为公安部出入境管理局,除此之外还增加了换证次数栏目,由两位阿拉伯数字表示,首次申请为“00”,补、换证后逐次加一。通行证正面最下方由英文注明“THIS CARD IS INTENDED FOR ITS HOLDER TO TRAVEL TO THE MAINLAND OF CHINA”(持证人可凭通行证进入内地)。通行证背面有持证人港澳身份证件姓名和港澳身份证件号码加注,依照申请人的身份情况打印“香港身份证件姓名”“香港身份证件号码”或“澳门身份证件姓名”“澳门身份证件号码”。港澳身份证件姓名打印持证人港澳身份证件上的中文姓名。持证人曾持通行证情况也加注在背面。背面下方有三行机读码。

(三)往来大陆与台湾地区之间的证件

1. 大陆居民往来台湾通行证

大陆居民往来台湾通行证,俗称陆胞证或大陆证。入境台湾地区时,与台湾地区签发的台湾地区入出境许可证(俗称“入台许可”)一并查验。

现行 2003 - 2 版大陆居民往来台湾通行证为机读证件,封皮为雪青色,封面为烫金中文“大陆居民往来台湾通行证”字样,页数为 32 页,有效期为 5 年。资料页相片采取打印方式,证件号码由大写英文字母 T 和 8 位阿拉伯数字组成。资料页项目包括姓名、性别、出生日期、身份证号码、有效期至、签发地点及签发日期。

2. 台湾居民来往大陆通行证

台湾居民来往大陆通行证，俗称“台胞证”。由于台湾当局视中国大陆为境外地区，因此台湾地区居民前往大陆时，仍需持护照出境，再以台胞证入境大陆。这就造成前往大陆的台湾地区居民，在其护照上会有台湾地区方面的出入境记录，却无目的地的出入境记录的奇特现象。而台胞证则只有台湾地区居民进出大陆的记录，并无台湾居民来自地的出入境记录。

2015 年版电子台湾居民来往大陆通行证为卡式证件，分为 5 年有效和 1 年有效两种。正面、背面分别印有长城和彩云追月图案。正面有持证人个人资料（姓名、出生日期、性别）及有效期限、签发机关、签发地点、证件号码、签发次数等证件签发管理信息。其中证件号码共 8 位，一人一号，终身不变。签发次数，首次申领为 01，此后依次递增，补发、换发时在上一次签发次数的基础上加 1。正面最下方有英文标注“THIS CARD IS INTENDED FOR ITS HOLDER TO TRAVEL TO THE MAINLAND OF CHINA”（持证人可凭通行证进入大陆）。背面有持证人台湾身份证姓名、台湾身份证号码、曾持证加注、证件机读码等内容。

三、外国常见的其他出入境证件

（一）具有护照功能的出入境证件

1. 海员身份证件

海员身份证件是海员国际航行使用的专用证件，主要由各国政府海运部门为在从事国际海运航行的船舶上（军舰除外）以任何身份受雇或从业或工作的本国公民颁发的一种身份证件。目前，该种证件已为各国政府所承认。

海员身份证件有多种名称，有的国家称为海员证，有的国家称为海员护照，也有的称为海员身份证。按照国际惯例，海员身份证件的持有者可以通行于各国，乘坐服务船舶的还可以享受免办前往国签证的待遇。

2. 难民旅行证

难民旅行证泛指一国政府根据有关国际公约的规定颁发给境内外国难民的旅行证件，通常特指一国政府根据 1951 年 7 月 28 日联合国《关于难民地位的公约》第 28 条及 1967 年 1 月 31 日《关于难民地位的议定书》的规定颁发给合法在其领土内居留的难民的旅行证。

谈到难民旅行证，不能不提及南森护照这一证件。南森护照是指第一次世界大战后发给欧洲难民和无国籍人的类似护照的身份证件，以解决其出入国旅行、居住、就业等一系列困难，因由处理俄国难民问题的联合国高级专员南森创意，故称南森护照。但在20世纪30年代，由于经济危机和萧条笼罩全球，各国政府为保护本国劳工就业，对外来移民采取限制措施，南森护照遂失去应有的作用。目前各国的难民旅行证件虽名称各不相同，但多系参照南森护照制定。

3. 无国籍人旅行证

无国籍人旅行证泛指一国政府根据有关国际公约的规定颁发给境内无国籍人的旅行证件，通常特指一国政府根据1954年9月28日联合国《关于无国籍人地位的公约》第28条的规定颁发给合法在其领土居留的无国籍人的旅行证。

难民旅行证和无国籍人旅行证在国际上又统称为公约旅行证，样式上一般与普通护照相同，发证国颁发这类证件的目的在于向持证人提供一种能用于国际旅行的证件，供持证人到发证国以外的国家旅行。证件上必须由持证人签名方为有效；证件的有效地区一般为世界各国，或由发证机关视需要限定的地区；有效期由发证机关根据持证人的具体情况确定，一般为1年或2年。

持证人如欲前往发证国之外旅行，通常需事先办妥前往或途经国家的签证。持证人如获准在第三国居留，原发证国所发的证件即告失效；持证人如需再去其他国家旅行，必须按规定申请并领取新居留国的旅行证。发证国一般允许持证人在证件的有效期内或主管机关签注的期限内无须另行申请签证即可返回发证国，但往往要求在入境时出示持证人在该国的居留登记证。

此类证件为发证国政府财产，要求持证人妥善保管，如有损毁或遗失，在发证国境内，应立即报告发证机关；在发证国境外，应立即报告就近的发证国领事机关。持此种证件不影响持证人的国籍或国民地位。持证人无权享有发证国的外交和领事保护，也不免除遵守发证国关于外国人居留和入出境等方面的规定。

4. 外国人旅行证

外国人旅行证俗称外侨旅行证，系一国政府依照法律规定颁发给居住在本国境内外国人的旅行证件。此种旅行证件在样式上大多数同一般普通护照，封面上印有发证国国徽，并用发证国官方文字和英文（或法文，或发证国所在地区国家的通用文字）印有发证国名称和“外国人旅行证”或“旅行证”字样。个别国家的此种旅行证的封面上无任何标识，而将旅行证的名称印在内页的首页上，如荷兰。持证人不是发证国国民，不享有发证国外交代表或领事官员的保护，也不免除持证人遵守发证国有关外国人居留和出入境的规定。持证人如欲返回发证国，一般需要持有有效的入境签证和入境许可证。此种旅行证系发证国政府财产，持证人必须妥善保管和使用。持证人如果取得其国籍国的护照或其他旅行证件，此种外国人旅行证即告失效，并须将其交回原发证机关。

5. 联合国通行证

联合国通行证系联合国和其各专门机构根据《联合国特权和豁免公约》和《联合国专门机构特权和豁免公约》的有关规定，向本机构的职员颁发的具有护照效力的身份证件，有红皮通行证和蓝皮通行证两种，其效力分别相当于外交护照和公务护照。

红皮通行证颁发给秘书长、副秘书长、助理秘书长和司、局长以上的官员或联合国驻他国机构的负责人；蓝皮通行证颁发给联合国和各专门机构的一般职员。持证人依其身份分别享有上述公约规定的便利、特权与豁免。通行证采用册簿式护照形式。通行证为联合国所有物，除联合国或各国政府主管官员外，不能擅自涂改、增订、盖印或批注，一经涂改，即告无效。通行证如果遗失、损毁，应将事实和情况立即报告中央支助事务厅旅行和运输处，经详细调查属实后，方可补发。按照公约的规定，联合国会员国当局承认并接受联合国通行证为有效的旅行证件，但持证人应按有关国家的规定申请必要的签证。

6. 身份证

身份证，一般是指一国发给本国公民在国内用来证明本人身份的证件，但在现代国际交往中，某些国家通过缔约国际条约或协定的形式，赋予缔约国公民护照的某些效力，公民与缔约国之间的跨国旅行不必办理护照，只用身份证即可。也有一些国家给居住在本国的外国人颁发身份证，以对外国人进行管理。关于发给外国人的身份证的效力，各个国家规定不一，有的国家规定持有身份证的外国人在身份证有效期内短期离开该国前往他国再次返回的，可凭其有效护照或其他国际旅行证件和有效身份证入境。

(二)具有签证功能的出入境证件

1. 居留证明

许多国家给居住在本国的外国人颁发居留证明,以对其进行管理。目前国际上比较常见的居留证明有美国的永久居留卡——“绿卡”、意大利的居留纸、加拿大的永久居留卡——“枫叶卡”等。

各国根据本国的规定,给外国人签发不同时限的居留证明。对于短期在本国居住的外国人签发有限期的居留证明,其名称多为临时居留证、短期居留证等。对于长期居住在本国、有固定住所、有特殊贡献以及符合相关规定的外国人签发无期限的居留证明,其名称多为永久居留证、无期限居留证等,但大多数国家要求持此类居留证明的外国人需保证在本国停留一定的时间。

居留证明样式多种多样,有附于外国人所持护照类证件上的,也有的为独立的证件,或册簿式或卡式,或是单页纸。

关于居留证明的效力,各个国家的规定并不一样,有的国家规定,持有居留证明的外国人在居留证明有效期内短期离开该国前往他国再次返回的,可凭其有效护照或其他国际旅行证件和有效的居留证明入境,无须再申请签证,如美国、意大利等国家都有此规定。但并不是所有国家都是如此,如日本规定,持外国人登录证明书的外国人,在外国人登陆证明书有效期内申请出境再返回的,出境前需办妥“再入国许可”,出境后凭有效护照或其他国际旅行证件和附于其上的有效“再入国许可”方可入境。

2. APEC 商务旅行卡

APEC(Asia-Pacific Economic Cooperation)商务旅行卡系亚太经合组织工商理事会于 1996 年向 APEC 领导人会议提出的一项重要提议,该计划旨在便利 APEC 范围内各经济体的商务人员往来。APEC 商务旅行卡的持卡人凭有效护照和此卡在 3 年内无须办理入境签证,自由往来于批准其入境的各 APEC 经济体之间,每次可停留 60 天,并在主要机场入出境时享有使用 APEC 商务旅行卡专用通道的便利。

APEC 商务旅行卡签发对象为经常在这些经济体之间从事相关贸易和投资等商务活动的、被证明没有犯罪记录的经济体的公民。拟申请 APEC 商务旅行卡的人员需向其所属经济体政府或有权机关提出申请,初审合格后经济体政府或有权机关将申请人有关资料通过专用网络传输到已加入 APEC 商务旅行卡计划的各经济体进行复审。申请人所在的经济体政府或有权机关根据各经济体复审结果决定是否颁发 APEC 商务旅行卡。

我国于 2001 年 12 月宣布加入 APEC 商务旅行卡计划,2002 年 2 月签署加入该计划的换文,2003 年 11 月正式实施 APEC 商务旅行卡计划。我国外交部领事司为实施该计划的主管部门,负责受理中国公民和其他经济体人员的 APEC 商务旅行卡的审批和发放工作;公安部出入境管理局负责 APEC 商务旅行卡的查验工作。需要注意的是,内地人员赴香港特区和台湾地区不适用 APEC 商务旅行卡。

3. 其他证件

除上述常见的居留证明、商务旅行卡外,各国发给外国人的入境证明性文件还有很多。由于允许什么样的外国人入境是各国自主决定的事情,所以关于入境的证明性文件各国均有自己的规定或要求,其样式也各不相同,没有统一的标准。一些国家规定持有本国的入境许可、工作许可、学习许可的外国人无须申请签证即可入境。

第四节　出入境证件防伪技术

纸张是出入境证件的重要物质基础,各国的出入境证件大多以纸张为载体。纸张防伪技术在传统防伪技术中占有重要地位,而为了确保证件印刷信息真实性,防伪印刷应运而生,广泛地应用于各国的出入境证件中。采取适当的防伪技术做好纸张和印刷防伪技术可以使伪造和变造出入境证件变得十分困难,进而从源头上制止伪假证件的生产,具有十分重要的意义。在特种纸张上采用防伪印刷之后,还需要用人工或机械的方式将证件纸张装订成册,并覆上封皮,从而防止证件被拆装变造。签发机关再用不同的专用设备用各种个性化方式把持证人信息、签发信息等内容写入证件,再加上塑封膜等保护方式。为了提高证件的防伪能力,装订和签发过程中同样也采用了许多防伪技术。

一、纸张防伪技术

(一)水印

1. 水印的概念

水印是在造纸过程中利用纸张纤维密度的变化即纸张的厚薄,形成的有明暗纹理的图形、人像或文字。

水印是在造纸过程中形成的，是机械性加工的结果，在加工过程中没有添加任何的化学成分；纸张中有水印的部分与其他部位的成分是一致的，即水印是纸张的一部分，只是水印处纸张的厚薄产生了变化，薄的地方透光观察发亮，厚的地方透光观察发暗。对水印的鉴别是确定纸张真伪的重要途径。

2. 水印的分类

常见的水印分为单线水印、双线水印、多密度水印三种。

单线水印：显示的是一种中空的线条状的图案，线条的边缘相当清晰。单线水印只有一种色调，一般为文字和简单线条图案。

双线水印：图案较单线水印更精细，制成的水印也有更复杂的纤维密度变化。另外，这种水印也可以由一组疏密不同的金属丝网组合成的图案制成。观察用以上方法制成的水印，会发现图案有一定明暗变化。

多密度水印：通过纸张不同厚度形成的三维图案，具有从很深的阴影到高透光的不同层次、丰富且细致的明暗变化，没有任何其他形式的水印可以像它一样展现这种连续的明暗变化。

水印的特征主要有：

(1) 纸张中有水印的部分厚薄不同，通常观察水印的方法是透光；

(2) 多密度水印图案精美，立体感强，不会出现模糊不清的现象；

(3) 紫外光下水印不会有任何的荧光反应；

(4) 侧光下可见水印，但不会有强烈的反光。

（二）安全线

1. 安全线的概念

安全线是一股较长的连续的聚酯薄膜或镀上金属的塑料线，在纸张的制造过程中被镶嵌到纸张中的特定位置。安全线为造纸过程中添加而成，包嵌于纸张之中，能够从纸张中抽离出，在出入境证件中一般存在于纸张各页外侧边缘 1cm 处。透光下观察可见到有一条完整的或断续（开窗）的线埋藏于纸基中。安全线最早使用的是特制金线，现在使用的是塑料线并已发展成多种多样，如微型字母安全线、荧光安全线等。线的形状一般为直线，也有波浪形、锯齿形等。

2. 安全线的分类

根据埋入方式的不同，安全线可分为埋入式安全线及开窗式安全线两种。

(1)埋入式安全线。安全线整体埋藏于纸基中,常光下看不清里面的内容,只有在透光条件下才可以清晰看到。

(2)开窗式安全线。在线的表面开有有规律的孔,看似"窗户","窗户"露出防伪线,常光下即可在"开窗"处看到安全线和安全线的内容。

(三)安全纤维

1. 安全纤维的概念

安全纤维指添加在纸浆中以增加纸张防伪性能的各种颜色的塑料或织物纤维。在造纸过程中,这些安全纤维和纸纤维充分混合后一起形成纸张,因此,安全纤维与纸张融为一体,其形态自然,位置随机分布,疏密、嵌露程度各异。安全纤维的长度一般为 2 ~ 10mm,不同国家的护照采用绿、红、黄、蓝等一种或几种不同颜色,大部分安全纤维具有荧光反应。

2. 安全纤维的分类

安全纤维根据常光、紫外光下是否可见分为可见无荧光纤维、可见荧光纤维、不可见荧光纤维三种。

(1)可见无荧光纤维。常光下可见,紫外光下无荧光反应。

(2)可见荧光纤维。常光下可见,紫外光下呈现荧光反应。

(3)不可见荧光纤维。常光下不可见,只有在紫外光下呈现荧光反应,这种隐形安全纤维通常使用透明的纤维物或者使纤维物完全包埋在纸张中。

多数出入境证件中会将几种防伪类型的纤维混合使用,进一步提高证件的防伪功效。

(四)防伪圆片

1. 防伪圆片的概念

防伪圆片是指在造纸过程中被施放在纸张表层的一种较小的片状物。造纸过程中将具有光学变化功能(如荧光、发光或变色)的材料,一般是塑料薄膜或金属薄片,制成一定的形状如圆形或多角形的小片分布在纸层中,其特点是较薄,侧光下放大才能够看清,其随机分布于纸张表层,可用尖锐物体挑出。

2. 防伪圆片的分类

防伪圆片根据常光、紫外光下是否可见分为可见无荧光圆片、可见荧光圆片、不可见荧光圆片三种。

（五）防伪彩点

防伪彩点是指在造纸过程中添加在纸浆中的细小颗粒。防伪彩点可以是常光下可见的，也可以是不可见的（但有荧光反应），它经常被置于底纹颜色差别极细微的部位，这样使造假者对证件分色复制的时候很难区别。

（六）溶剂敏感型纸张

溶剂敏感型纸张是指遇有特定的化学试剂会出现泛白、泛黄等异常现象的安全纸张，其特性是在纸张的制造过程中通过添加特定的活性试剂实现的。涂改的证件多采用擦刮、药水消退、挖补、覆盖和描画等方法进行伪造。由于溶剂敏感性纸张对化学试剂较为敏感，当证件被化学试剂涂抹时，涂抹的部位通常会出现泛白、泛黄等现象，可以在常光、强光、紫外光下观察来发现破绽。

（七）聚合物

聚合物即高分子化合物，是指那些由众多原子或原子团主要以共价键结合而成的相对分子量在一万以上的化合物。由于高分子多是由小分子通过聚合反应而制得的，因此也常被称为聚合物或高聚物。

应用在出入境证件中的聚合物主要有三种：第一种是聚氯乙烯（PVC），材质没有纸张成分，材质较纸张稍厚，可以进行层压，常用于塑封膜上。第二种是聚碳酸酯（PC），材质较厚，延展性较差，不易与护照装订，常用于护照及卡式证件的制作。第三种是聚碳酸酯和纸张的融合物（PC + PAPER），这种材质含有纸张成分，也有塑料聚合物成分，部分国家的护照资料页采用此种材质。

二、印刷防伪技术

（一）印刷方法

1. 平版胶印

平版胶印已经成为平版印刷的代表，广泛应用在报纸、书刊、包装行业，也是出入境证件中最常用的一种印刷方式，多见于护照、签证的背景印刷。胶印是一种间接印刷方式，印版上的图文先转印到橡胶轮上，然后把图文转印到承印物上，由于橡胶转印轮是平的，所以印刷出的图文也是平的。

平版胶印的基本原理主要有以下几点：（1）水油不相溶原理；（2）印版的选择吸附原理；（3）间接印刷原理；（4）网点成图原理；（5）线条成图原理。

根据印刷过程的不同，一般来说，平版胶印可分为湿胶印和干胶印两种。

(1)湿胶印

印版上图文区与非图文区几乎在印版同一平面上，利用水油不相溶的原理将亲油性油墨的图文区与亲水的非图文区分开，把沾有油性油墨的图文先印到橡胶转印轮上，然后再转印到承印物上。

(2)干胶印

印版上图文区凸起于非图文部分，印刷过程没有水的参与，仅图文部分沾上油墨，仍采用间接印刷的方式，通过橡胶转印轮转印到承印物上。

湿胶印和干胶印的相同点是印版上的图文都是通过胶版转印的，印品上的图文是平面的，都没有凹凸感。不同点在于干胶印的印版上图文是凸起的，而湿胶印的印版上图文区是平版的；干胶印刷的图文有细微挤墨外边框，线条头部呈火柴棒状，而湿胶印刷的图文为直边；干胶印印品颜色鲜艳，油墨层比湿胶印厚；湿胶印色彩柔和细腻，层次还原度好。

2. 凸版印刷

凸版印刷是指印版表面的图文部分凸起于非图文部分，仅图文区接触到油墨并通过一定的压力接触方式，将印版上的图文转印到承印物上的印刷方式。

根据印版材质(金属或橡胶)及所用油墨不同，凸版印刷可细分为活版印刷和柔版印刷两种。

(1)活版印刷

活版印刷的印版为金属硬板，油墨较黏稠，印刷过程中使用较大压力，多用于纸张，不适用于聚合物等易碎无韧力的材质。在出入境证件中多用于证件号码的印刷。

可识别特征为：图文外框有挤墨、描边、留白现象；图文正面凹陷于纸张，背面有凸起印痕；黏稠度高的油墨(边缘呈珠状)。

防伪应用主要有：出入境证件号码均采用活版印刷的号码机印制，对于快速识别伪假证件十分有帮助；凸版印刷的印版与金箔材质结合应用时，可用于护照封面的烫金。印版被加热后，印版上突出的图文部分与金箔接触，并在一定压力的作用下将图文转印到承印物上；将凸版印版上凸起的线条图形，在压力的作用下直接与承印物接触，可形成设定图案的防揭断纹。

(2)柔版印刷

柔版印刷印版为树脂或橡胶类软板,印刷过程中所使用的压力远远小于活版印刷,故适用于多种承印物,在出入境证件中多用于塑料材质的印刷,如印刷资料页塑封膜的防揭图文等,或用于印刷贴纸签证。

可识别特征为:图文有挤墨、描边、留白现象,图文边缘及棱角处较圆滑;适用于塑料材质;平面图文,无明显凹凸印痕。

活版印刷与柔版印刷相同点为:印刷品都有挤墨、描边、留白现象。不同点在于:活版印刷的印版为坚硬的金属,印刷过程中使用很大压力,承印物多为纸张;柔版印刷的印版为柔软的橡胶或感光树脂,印刷过程中仅用少量的压力,承印物可为多种材质;活版印刷使用厚稠的固体状油墨,而柔版印刷使用轻薄的液体状油墨;活版印刷的材质正反面都会留下明显的凹凸印痕,而柔版印刷的材质上没有明显印痕;活版印刷图文棱角处较锐利,柔版印刷图文棱角处较圆滑。

3. 凹版印刷

凹版印刷是指用凹版施印的一种印刷方式,简称"凹印"。这种印刷的印版中,图文部分低于印版的版面,凹下的版纹有深浅之分,以此表现图文的高低和油墨的厚薄。凹版印刷印版上图文部分凹陷于印版平面,凹陷部分填满油墨后图文被转印到承印物上。

凹版印刷根据其制版的方式大概可以分为两类:雕版印刷和照相凹版印刷。雕刻凹版又有手工雕刻凹版和机械雕刻凹版之分。采用雕刻凹版印刷的方式称为雕版印刷,在出入境证件中此种印刷方式运用较多,因为雕刻凹版的印制防伪效果较好,因此各国护照和签证中表现较好的凹版印刷图案都是采用雕刻的凹版印刷。

(1)雕版印刷

雕版印刷是一种证件及钱币上常用的高防伪性印刷方式。图文采用线条成像方式,多以手工或者机械雕刻的方式制成金属印版,图文凹陷度深浅不一,有多种变化,使印制出的图案立体感强。由于印刷过程中使用极大压力,不适用于具脆性无韧力的材质,多适用于纸张材质。雕版印刷所使用的油墨是特殊的油墨,称之为雕版油墨,它的特性刚好满足了凹版印刷的需要,雕版油墨稠而不黏,油墨既能易于填入凹版的着墨孔,刮墨的时候又易于将平面上空白部分的油墨刮去。雕刻凹版特征有:油墨层厚,堆积凸起于纸张表面;因印版图文区的凹陷度不同,油墨层厚度各不相同;油墨线条边缘呈羽毛状;因印刷过程使用极大的压力,纸张背面有凹陷的印痕。

(2)照相凹版印刷

照相凹版是一种商业上广为使用的印刷方式,适用于多种材质。图文采用网状成像方式,金属印版上的图文区由激光雕刻出的凹陷深度相同的小格组成,其凹陷深度远远小于雕版印刷的印版。由于照相凹版印刷对承印物产生的压力非常小,油墨凸起于承印物表面的程度也几乎可以忽略不计,因此照相凹版印刷可使用的印刷材质相当广泛,除纸张之外,可适用多种材质,常见的为塑料薄膜。照相凹版所使用的油墨多为清而稀的液体油墨,无须像雕版油墨那样厚、稠。照相凹版特征有:印版上蜂窝状凹陷所形成的格状;图文边缘为锯齿形。

雕刻凹版与照相凹版的相同点是印版上图文区均低于非图文区。照相凹版的印版上图文区由机器或激光雕刻的小格状凹格构成,而雕版凹版的印版上图文区由手工或机械雕刻而成,根据不同设计有各自不同线条或图形。不同点在于一是照相凹版的印版上图文区凹陷度极为微小,油墨厚度仅略厚于平版印刷,雕版凹版的印版上可实现不同凹陷深度,厚度足以使油墨堆积凸起于纸张表面,手摸就可感触到;二是雕版凹版印刷过程中使用极大的压力,仅适用于纸张,而照相凹版印刷过程中使用的压力大大小于雕版凹版,可适用于多种材质。

4. 丝网印刷

丝网印刷是指印版上的网状开孔,有可渗透油墨区域及不可渗透油墨区域,印版图文部分网孔可透过油墨,非图文部分网孔不透过油墨。使用一个刮印刮刀对油墨施加一定的压力,使油墨通过丝网印版的可渗透区域转移到承印物上。

丝网印刷的四个要素:丝网印版、刮印刮刀、油墨、承印物。

(1)丝网印版

选择丝网应根据印刷品的种类、质量要求、制版方法、印刷方法、经济意义等多方面综合考虑,选用不同材料,不同目数,不同编织结构的丝网。感光制版法是目前常用的制版方法,是把已制作好的阳图底版,密合在丝网感光胶上,曝光时图像部分遮光,胶膜不发生化学变化,经与水或其他显影液冲洗显影形成通孔,透光部分则利用感光胶受光产生交联硬化并与丝网牢固结合在一起形成版膜,而制成丝网印版。

(2)刮印刮刀

刮印刮刀,又称刮板、刮墨刀,是用弹性好的橡皮做成,具有耐油墨溶剂性和耐磨性,形状有直角形、尖圆角形、圆角形、斜角形等。刮墨板的作用很重要,压在印刷品上面的油墨量的多少,不仅取决于刮板作用力的大小,而且还取决于刮板与版面构成的角度。刮板的刮动速度,刮板的硬度对压出的油墨量产生影响。刮板与丝网版面夹角越小,刮板移动越慢,印品上的墨量越大。

(3)油墨

油墨适应性强,可以适用各种油墨;墨层厚实,立体感强,质感丰富。

(4)承印物

丝网印刷可以在平面、曲面、球面及凹凸面的承印物上进行印刷。另外丝网印刷不但可在硬物上印刷,还可以在软物上印刷,不受承印物质地的限制。

丝网印刷的过程:对丝网进行显影工作,经显影干燥后制作出丝网印版,印刷时在丝网印版一端倒入油墨,用刮印刮刀对油墨施加一定的压力,将油墨从图文部分的网孔中挤压到承印物上,最后使油墨变干凝固在承印物上。图文如果是彩色的,那么,每一种颜色的印制需要单独制作一张网。

丝网印刷的图文特征:丝网印刷的图文内部可镂空或实心;图文边缘可呈现锯齿状或平滑特征;图文可有手触感。

(二)印刷工艺

1.彩虹印刷

彩虹印刷属于印刷防伪技术,一次印出的线条或区域有两种以上的颜色,使得一个完整图案的不同部分具有不同的颜色,且颜色变换是逐渐过渡的,没有明显的界限,过渡自然、柔和,如彩虹一般,故称彩虹印刷。

彩虹印刷是先在墨槽里放置隔板,然后在不同的隔板里面分别放入多种色相的油墨,最后在串墨辊的串动作用下,使相邻部分的油墨混合后再传至印版上。采用这种印刷工艺,可以一次印上多种色彩,并且中间过渡柔和。由于从印品上很难看出墨槽隔板的放置距离,所以也能起到一定的防伪作用。如果在大面积的底纹印刷上采用这种工艺,其防伪作用将更为突出。

彩虹印刷的特征:

(1)一次印出的线条或区域有两种或两种以上的颜色,不同颜色之间无

明显界线,呈连续性逐渐过渡,自然、柔和;

(2)既适用于线条的印刷,也适用于区域的印刷;

(3)在出入境证件中常见于背景底纹与图案的印刷。

2. 接线印刷

接线印刷是指对版面上的连贯图文分段用不同颜色的油墨同时印制的一种印刷技术。采用此种印刷技术可一次印出多种色彩,且线条对接完整,不同颜色之间互不浸染。

接线印刷的特征:

(1)主要由线条组成;

(2)多种颜色;

(3)不同颜色间线条连贯、不断裂、不重叠;

(4)有明显分界点。

3. 防复印图文

防复印图文是指基于直线基础上通过线条的各种变化(方向性、粗细变化、劈线技术、颜色变化、敏感色彩等)设计组合印刷而成,并且相互混合在一起的文字及图案,以达到防止复印的目的。

防复印图文技术是底纹技术和隐形图文技术的有效结合。通过在纸上印有辨认无障碍的底色花纹,一经复印,隐藏的警告信息如"不可复印""无效""作废"等文字或花纹、图案就会显现出来,使复印件无法得到原件的功能效应。

防复印图文的特征:

(1)当复印时会导致一个信息如"VOID"或者"COPY"字样明显地出现在复制品上;

(2)以图形中相邻线条颜色的细微差别来防止证件被复印;

(3)以图形中相邻线条的粗细差异来防止证件被复印;

(4)以图形中线条的股数和走向变化来防止证件被复印。

4. 变形图文

变形图文是指在印版纹路制作过程中,利用机器制版线条的深浅或走向的反复变化而印刷出来的文字或图案。在出入境证件中,变形图文主要应用于背景印刷当中。

变形图文主要是利用线条的多变性,通过线条走向、疏密、弧度等的变化,形成连绵一片的具有规律性、连续性、贯穿性的底纹纹路,很难被扫描、复印或者是彩色分色,从而达到防复制、防扫描的防伪目的,是一种性能较高的防伪技术。

变形图文的特征:

(1)变形图文常用于背景印刷,一般采用较淡、较浅的颜色,线条相对较疏、较细,粗看只能看到一层素淡的底色,细看才能发现其中的变化。

(2)放大观察,变形图文均由实线条构成,线条连贯、图文清晰、色度均匀,版面美观。

5. 缩微图文

缩微图文是特指在证件防伪中出现的微缩化的图像或文字,这些缩微图像及文字由极小的字母、数字或者图案组成,一般需利用放大镜或者显微镜观察才能清晰可见。主要指印刷的缩微图文,但有些缩微图文并非印刷制成,如采用激光技术、打印技术、加盖印章等。

缩微图文的特征:

(1)图文细微,表现形式多样;

(2)制作成本低廉,运用较广;

(3)可与底版图文结合,隐蔽性较强;

(4)易与其他防伪措施结合,增强防伪性能。

6. 正反对印

正反对印是指在纸张两面一次性印刷的互为镜像或互补的图案,在透光下观察可见正反两面图案重合或互补后组合成一个新的完整图案。

印刷机上下两个油墨转印轮同时在纸张的正反两面进行印刷,这种印刷技术可以在纸张的两面一次性印刷出互为镜像或阴阳互补的图案,在透光下观察可见正反两面图案完全重合或互补组合成一个新的完整图案。

正反对印的特征:

纸张正面和背面的同一位置上的图案是阴阳互补对印的,其中一半是实心印刷,另一半是空心印刷,若将两个图案置于透光下观察,一面的实心部分会填补另一面的空心位置,使之成为一个完整的实心图案,并且两个图案完全对印。

7. 潜影图文的概念与原理

潜影图文是指由凹版印刷印制的走向不同的特定平行线条组成的图文,

在特定角度的光线照射下,光线受到特定走向线条的阻挡而将隐藏的文字或图案显现出来。

潜影图文三要素:凹版印刷、特定走向线条、特定角度的光线反射。

潜影图文的特征:

(1)传统潜影图文采用凹版印刷;

(2)传统潜影图文具有较强的隐蔽性;

(3)传统潜影图文可与其他防伪技术相结合,如变色油墨。

8. 暗记

暗记是指隐藏在出入境证件中不明显处的特殊印记。具体而言,是指在出入境证件所含图文中,设计者有意在证件的细微处将个别图文设计成不易发现或异于常态的形式。主要指印刷的暗记图文,但有些暗记图文并非印刷制成,如采用激光技术、打印技术、加盖印章等。

暗记的特征:

(1)隐蔽性:暗记图文的设计制作中,往往是将其隐藏在正常的图文中,使得不易发觉;

(2)多样性:暗记图文不仅表现形式上具有多样性,而且可以通过和多种防伪措施相结合,进行多样化的运用;

(3)固定性:通常情况下,暗记图文在证件中被设计制作后,其所处的位置往往是固定的。

三、装订防伪技术

(一)装订工序

印刷后的安全纸张在缝线装订成册前,页面需按序号排列好。而页面排序的操作办法有两种:一种是切割后机器配页,另一种是机器折页后配页。

1. 切割后机器配页

以中国 1997 版护照(32 页)为例说明装订的各个工序。

(1)裁切

护照纸“大张”以 250 张为单位放进机器进行裁切,由机器控制按照印刷的裁切标线进行切割。裁切后的护照纸称为“中张”,按次序叠放。1 张护照纸“大张”被裁切成 4 张“中张”,即“中张”护照纸正反面各有 4 组双页图案。

(2)印码

“中张”护照纸被送到印码车间打印护照号码。此工序使用的是凸版印刷方式,凸版印刷机上有两排号码印版,每一排有4组号码印版,印版号码由电脑控制有序生成,分别打印在每页护照纸规定的位置上。这样“中张”护照纸上部两组双页均被印上了同一护照号码,下部两组双页则被印上另一护照号码。注意,“中张”护照纸背面并不印刷护照号码,因此我们看到的成品护照并非每一页都印有护照号码。印码完毕,“中张”护照纸会被再次裁切成“小张”,1张“中张”被裁切成2张“小张”,即“小张”护照纸正反面各有2组双页图案。

(3)校验

工人对印有护照号码的护照“小张”纸进行检查和抽查,查看护照签证页是否存在缺号、重号或出现质量问题。一旦发现问题,将及时进行补号。经过检查确认无误的“小张”护照纸将送到装订车间进行装订。

(4)配页

在装订车间,“小张”护照纸按序号摆放,经过机器配页归拢合并成一本册子。此时,一本册子实际有两本护照的页面。

(5)加贴背脊

在“小张”护照纸册子背面的装订线位置加贴背脊,增强护照牢度。

(6)缝线

两台专用缝纫机先后对“小张”护照纸进行装订。装订流水线的末端有紫光灯,用来检查装订线是否有荧光反应。

(7)裱糊

装订好的“小张”护照纸从机器一端依次进入裱糊流程,护照封皮从另一端进入裱糊流程,在中间部位各自粘贴上胶水后粘贴在一起。

(8)烫金

裱糊好的封皮、“小张”护照进入烫金流程。“小张”护照封皮与模板中间的金箔纸在110℃高温下将国徽和文字压制在护照封皮上。

(9)切割、折叠

“小张”护照一分为二,被切割成小本护照。小本护照处于摊开状态,沿流水线前进。刀式折页机的折刀将小本护照压入旋转着的两个折页辊的横缝里,通过两个辊与封皮之间的摩擦力来完成折页过程,就形成了合起的护照。

(10)边角切割

合起的小本护照进入圆角切割程序。切割刀具呈“U”形,垂直护照进行整体切割,最后形成了一本本护照。由于是整体切割,保证了护照封皮与内页边角吻合,不会出现某页突出,封皮与封二、封三页粘贴不齐的现象。

最后工人对装订完成的护照进行检查和抽查,然后包装入库。至此,一本空白护照就制作完成了。

2. 机器折页后配页

以澳大利亚护照(32 页)为例,介绍机器折页后配页过程。

第一步,在印刷阶段,在一幅护照纸“大张”上印出多组双页图案,不同页码的图案在“大张”上的位置都是根据事先巧妙设计确定的,能够保证“大张”在多次折叠后,页面能够按照护照的页码顺序排列。

第二步,将印有第 2 ~ 32 页护照内页图案的“大张”护照纸,经过栅栏式折页机三次折叠,得到了“小张”护照纸。同时将印有资料页、封二、封三页等页面的衬面——“中张”纸,通过机器折叠成“小张”,但折叠方法与内页不同。

第三步,将折叠的衬面与折叠的内页,通过机器配页合在一起形成一本册子(一本册子实际是有两本护照的页面)。

接下来的工序与上述的 1997 版中国护照基本一致,经过加贴背脊、缝线、裱糊、烫金、切割、折叠、边角切割等工序完成证件制作。

在护照制作完成后,各国为了便于管理,一般会对空白护照进行穿孔处理,以保证证件不会被拆装。同时为了保证护照的质量,各国还会在签发前对证件进行检测,主要包括抗冲击力、抗弯曲力、抗旋转力、抗剥离力、人工曝晒、纤维密度、光谱检测等方面。

(二)装订方式

由于国际上对护照的装订方式没有一个统一的标准,因此(ICAO)9303号文件对装订方式作了一个建议性标准:最基本的要求是有固定缝合的装订线。就目前而言,大多国际旅行证件一般采用以下三种方式进行装订:

1. 中线缝合

中线缝合即沿着护照中线各页的折叠脊缝合。当护照翻至中心页时,可以看到装订处是一系列连续的针脚,大多数符合国际民间航空组织标准的证件都采用中线缝合。一般来说,在中线缝合的证件中最接近页面顶端和底端的针脚是松散的并可能会被磨损，这是因为在证件装订过程中，装订线通常会超过页面边缘，当各页和装订线被切成所需的证件尺寸时，就会造成装订线松散和磨损现象。但是，也有一些护照的装订线采取两端“锁头”装订方式，避免了上述情况的发生。

2. 边缘缝合

类似于书籍的装订，即沿着证件一边向下缝合。护照翻开后，在其中任何两页之间看不见装订线（不同于中线缝合），它通常被叫作“边缝”。

3. 互锁缝合

互锁缝线看上去像是一条交织相锁的链条，而非连续单个针脚，通常称作链状互锁针脚。

（三）装订防伪技术

1. 装订线

（1）装订线的材质

目前各国护照中所采用的装订线主要有棉线、涤纶纱线、塑料等几种材质。

棉线是用棉花纤维搓纺而成的线。棉线材质的装订线应用在很多国家的出入境证件中，将棉质装订线对着光源以水平角度观察，可见棉线较为毛糙。另外，由于单一颜色的棉线防伪性能比较低，因此很多国家会采用两种或两种以上颜色的装订线，并结合旋转、锁头等方式来提高装订线的防伪性能。

涤纶是合成纤维中的一个重要品种，它的化学名称为聚对苯二甲酸乙二酯（PET）。简单地说就是将聚合物在一定条件下熔融，经纤伸和后处理等工艺纺丝成纤维。采用涤纶材质的装订线具有整洁、不毛糙的特点，因此若将整个护照向外折叠，对着光源以水平角度观察，装订线则整洁光亮。

塑料为合成的高分子化合物，它的主要成分为树脂，并可以以各种形态存在。目前，在各国出入境证件中只有少量采用塑料材质的装订线，如旧版的埃及护照。

（2）装订线的表现形式

装订线在装订防伪中主要表现在以下几个方面：

①装订线的整体结构。主要包括装订线的股数（单股还是多股）、颜色（单色线还是多色线）、扭转方向（顺时针还是逆时针）、有无荧光反应。

②装订线的位置。主要指中线装订、中间偏侧装订、侧面装订。

③装订线是否回针(锁头与不锁头)。通常来说,各国在出入境证件中会综合使用上述装订防伪技术,以增强装订线的防伪性能。

2. 机器边角切割

机器边角切割是指证件边角的一种机器切割方式。它是护照制作完成前的最后一道工序,其作用在于将护照切割成符合一定标准尺寸的证件,并防止护照页被更换。按照国际民航组织的9303文件规定,机器边角切割需要在内边框(87.25mm×124.25mm)和外边框(88.75mm×125.75mm)之间的1.5mm空间完成。

机器边角切割的表现形式如下:

(1)圆角

目前,世界各国在制作符合国际民航组织标准护照时都采用机器圆角切割,它主要表现在护照的封面边角、内页边角、塑封膜边角、卡式证件边角、签证边角等部位。由于切割时采用了三面圆角切刀机器,因此护照边角呈现弧形,切口圆滑整齐,无棱角。

(2)特殊切割

为了增加边角切割的防伪性能,有些国家将边角切割技术进行了发展,出现了不规则的边角切割。但由于该切割方式依然采用机器切割,因此切出的边角光滑平整,如美国签证就采用了这种特殊的边角切割方式。

3. 穿孔号码

穿孔号码是指采用机械或激光在证件各页打上连贯的小孔,由小孔组成特定的证件号码。

穿孔号码的分类如下:

(1)机械穿孔

机械穿孔号码通常是利用中空的小圆针刺穿护照封皮和内页而形成的证件号码。机械穿孔打出的孔洞呈圆柱体状,每签证页上的孔洞大小一致,孔洞边缘圆滑,且正面凹陷,背面凸起。

(2)激光穿孔

激光穿孔号码是指使用激光束在证件上打出呈圆锥体状孔洞而形成的证件号码,从起始页到末页孔洞逐渐变小。激光穿孔孔洞边缘光滑,无凹陷,且通常会伴有黄褐色的灼痕。

穿孔号码的表现形式主要分为孔洞本身的形态,以及孔洞组成的阵点或图案的形态两方面。从孔洞本身形态看,机械、激光穿孔的孔洞边缘光滑,但机械穿孔孔洞背面有凸起,而激光穿孔没有;激光穿孔的孔洞有异形,而机械穿孔只有圆形(目前而言)。从孔洞组成的阵点或图案看,机械穿孔组成的阵点一般为6×4,而激光穿孔组成的阵点有8×5、7×4、7×5、6×4几种形态,同时部分激光穿孔号码还添加特殊符号以增强防伪性能。

四、签发打印技术

(一)塑封膜

塑封膜是指覆盖在出入境证件特定部位上的透明保护层,通常是透明薄膜层和黏合剂层的结合体。当前世界上绝大部分国家的护照资料页上都有塑封膜,它所起的主要作用:一是增加防伪性;二是防止持证人的个人资料信息被篡改;三是保持证件清洁,延长使用时间。

塑封方式主要有三种:第一种是冷塑封,通常是剥去衬背纸,将有黏性的塑封膜轻压覆盖在页面上;第二种是热塑封,将塑封膜摆放到位后,通过塑封机加热滚压,使塑封膜黏附于护照资料页页面上;第三种是融合层压式即采用含有预先设定标记的多层聚合物层压而成,各国根据本国不同需求来改变膜的层数及附加的防伪特征。

目前在出入境证件中,根据不同的材质和特性,塑封膜大致可分为五种类型,即普通塑封膜、超薄安全塑封膜、全息防伪膜、同轴光膜和多层聚合物膜。其中,多层聚合物膜实际是指卡式资料页,已经不是简单“膜”的概念,它由多层塑料材料层压复合而成,为便于叙述和概念统一,我们将此类卡式资料页统称为“聚合物膜”。

1. 普通塑封膜

普通塑封膜厚度通常为0.5mm~1mm,表面比较光滑,主要用于粘贴相片的护照资料页上。从20世纪90年代起,此类塑封膜在出入境证件中被广泛使用,但到了20世纪末21世纪初,随着防伪技术的不断发展,新型塑封膜的陆续出现,如转印薄膜与硬卡膜被越来越多的国家采用,普通塑封膜正在被逐渐取代。但是由于成本和技术等原因,目前仍有部分国家在使用,主要是非洲、中东、中亚等国家。

2. 超薄安全塑封膜

超薄安全塑封膜的厚度之薄几乎让人感觉不到它的存在。虽然膜很薄,但不是一层单一的薄膜,通常由多层不同材质、不同作用的薄层复合而成,尤其具有衍射图案的薄膜更为复杂,因此技术含量相当高,要造出相同的塑封膜几乎是不可能的。正因为这种塑封膜在防伪方面的良好表现,所以越来越多的国家在颁发护照时采用该膜,而且其防伪措施也在不断地提升。

3. 全息防伪膜

目前,越来越多国家的护照采用的塑封膜是由多层极薄的膜复合而成、含有通过膜与膜之间的光干涉形成的全息图案的防伪塑封膜。它是根据激光干涉原理,利用空间频率编码方式制作而成。这种塑封膜是通过照射到其表面的光线来产生颜色和图案,从不同角度观察,光线被衍射出,使观察者能看到多种组合图像。粘贴此类塑封膜的护照如果动态地变换观察角度,膜上的图案就会逐一显现但不是全部展现,而如果只从一个角度观察,则无法观察到整个膜所有图案的全貌。此种塑封膜的优点是质地轻薄的同时添加较多的防伪技术,防伪性能较好。缺点是容易破损,我们常见巴基斯坦护照塑封膜就是这种,破损率很高。

4. 同轴光膜

同轴光膜实际上也是塑封膜的一种,只是增加了特别的防伪技术。其制作原理是:同轴光膜上每平方厘米都细致地排列着数以千计的“玻璃珠”,因此与其他塑封膜相比要厚的多,手摸上去有磨砂感。当一束光照射向同轴光膜时,每个“玻璃珠”都在折射、反射、再折射,从而将光线送还到光源处,用回射阅读器或同轴光源,就能看到塑封膜变成金色,而资料页中持证人的全部个人资料包括照片、姓名等都消失了,而制作的特定图案就会显现出来。这种塑封膜在常光下是透明的,而独特的光学特征只有在使用回射阅读器或同轴光源时,距离表面适当角度,并与观察者的视线平行的情况下进行检测才会显现。

5. 多层聚合物塑封膜

多层聚合物塑封膜实际上是指卡式护照资料页,而不是简单“膜”的概念,它由高分子聚合物层压复合而成,较其他塑封膜在厚度与硬度方面更为突出。不同国家使用此类技术时,均会在卡的资料信息面上附加多种高科技的防伪技术,如激光穿孔成像技术,可以在透光下显现持证人的相片;激光蚀刻技术可以将持证人的个人资料信息和各种图案“雕刻”在聚合物上;等等。通常,多层聚合物塑封膜无法在签发阶段单独加入护照之中,只能在护照装订过程中加入,而且都是单独成页。多层聚合物塑封膜的另一特点是护照装订过程与签发过程区分不明显,这是因为,一方面聚合物的制作过程特殊,一般需要大型设备才能完成;另一方面聚合物中的防伪措施要求较高,普通签发工作无法完成,如激光成像、激光蚀刻等。因此,持证人的个人资料信息通常都是在装订阶段制作完成,而并非在签发阶段完成。此种塑封膜的优点是由于厚度和硬度的增加,有条件附加更多更新的防伪措施,因此伪造难度加大。

(二)个性化

出入境证件的个性化,是指签发机关在签发过程中把持证人的个人信息和证件、签发信息用个性化方法融合在不同的材质上的过程。简单地说,个性化是使一本空白的证件布满信息的过程。个性化是签发的其中一部分,也是非常重要的组成部分。证件只有在个性化以后,才能把“人”和“证”关联起来。

个性化信息、介质和个性化方法是个性化的三个要素。

根据内容的不同,个性化过程中融合在证件中的个性化信息可以分成持证人信息、签发信息和证件信息。持证人信息如持证人照片、国籍、出生日期、性别、签名、指纹、身高、职业等证明持证人身份及特征的信息。签发信息如签发地、签发机关名称、签发印章、签发官签名等与签发机关和签发人有关的信息。证件信息如证件签发日期、有效期、失效日期、签发序列号、延期等在签发过程中生成的与证件有关的信息。在护照中,这三类信息主要在资料页上出现,但也有部分会出现在其他的页面。

个性化信息可以以多种形式存在于出入境证件中。在一种或多种光源条件下可视的个性化信息,我们称为物理个性化的信息;储存在介质中的个性化信息,我们称为逻辑个性化的信息。物理个性化信息有些直接在一种或多种光源下可视,有些在加密或编码后在一种或多种光源下可视(如机读码、IPI、条形码)。逻辑个性化信息储存在介质中,在光学条件下不可视,需要借助一定的仪器读取。

承载个性化信息的介质多种多样。对于物理个性化的信息来说,最常见的介质是安全纸张和聚合物。安全纸张和聚合物既可以单独作为承载个性化信息的材质,也可以互相结合。安全纸张与聚合物结合的产物同时具备这两种材质的特性,最常见的是PC与纸张结合成为护照资料页,可以使用激光蚀刻作为签发打印的技术,同时资料页带有水印。对于逻辑个性化的信息来说,介质主要是电子芯片和磁条。除上述常见的介质以外,还会使用一些比较特殊的介质,如相纸、非安全纸张等。

个性化信息可以通过多种方法融合在出入境证件上,包括手工书写、加盖印章、物理固定、打印等较传统的个性化方法,其中,喷墨打印、激光打印、热打印等签发打印技术是个性化技术中的重点。随着技术的不断发展,激光蚀刻、磁条写入、芯片写入、激光穿孔等新式的个性化方法在个性化过程中占据越来越大的比重。

持证人照片是出入境证件中最重要的个性化信息。它既可以是物理个性化的照片,也可以是逻辑个性化的照片。对于物理个性化的持证人照片来说,根据照片的上照方式不同,可以分为传统式照片和数字式照片两种。传统式照片是把冲晒或打印的单张照片用物理方法固定在资料页,照片与证件资料页材质是两个个体,有一定的固定方式(如胶水、不干胶、铆钉、订书钉等)和一定的保护方式(如塑封膜、钢印、油印等)。传统式照片容易从证件上分离开来,防伪性能较低。数字式照片是使用打印或激光的方法直接在资料页材质上呈现出持证人照片,照片与证件材质为同一整体,不容易从证件上分离开来,所以与传统式照片相比具有较高的防伪性能。

采用了传统式照片的证件一般只有一张持证人照片,而采用了数字式照片的证件可以有多张持证人照片,从而增大替换照片的难度。在常光下观察位于资料页左侧的照片我们称为主相,在其他位置及在非常光下观察到的我们称为副相。主相是大部分出入境证件不可或缺的要素,而副相则是可选的。有些出入境证件没有副照片,有些有一张,有些则有两张或两张以上的副照片。

一般来说,副相所使用的个性化方法与主相相同。但是为了增强防伪性能,有时候是由于技术所限,部分出入境证件的副相所使用的个性化方法与主相不同,甚至在有些证件中,多个副相所使用的个性化技术互不相同。

(三)签发打印

签发打印是指用机器把个性化信息显现在证件上供直接阅读的技术。在出入境证件中,签发打印所使用的技术主要有以下四种:喷墨打印、激光打印、热打印(包括热转印和热升华)、激光蚀刻。另外,还有几种在出入境证件中有使用,但相对少见的打印技术,分别是打字机、针式打印、显影技术和数码打印。

1. 喷墨打印

喷墨打印的过程是打印机在纸张需要着墨的位置喷射出细小的墨滴。

喷墨打印的图文特征:

(1)墨点分布没有规律。无论是连续出墨还是按需出墨的喷墨打印机,墨水从喷嘴到纸张之间这一段距离的运动相对来说是不可控制的,因而产生没有规律的墨点分布。但是部分喷墨打印机会生成横向或竖向的纹路。

(2)墨水渗入纸张内部。

(3)文字周围有时出现洇散现象。

(4)在显微镜下可见墨水渗于纸张纤维下面。

2. 激光打印

激光打印的过程是:打印机根据内容用激光器使感光鼓带静电,感光鼓经过带有相反电荷的墨粉仓后,带静电的位置吸附墨粉,然后转移至纸张上,最后定影器用热力把墨粉固定在纸张上,完成打印。

激光打印的图文特征:

(1)图像既可以由点组成,也可以由线组成(线实质上是排列得很紧密的墨点)。

(2)相同颜色的点或线按一定规律分布,不同的打印机分布规律有所不同。

(3)墨粉仅吸附在材质的表面,比较容易发生脱落现象,所以激光打印很少用于聚合物材质的打印。

(4)图文在显微镜下可见墨粉颗粒结构,分布在承印物表面,图文周围有散落的墨粉颗粒。

(5)部分彩色激光打印机能产生黄色追踪码。黄色追踪码是彩色激光打印机内置的一个编码,是打印品上出现的一组组重复的黄色点阵,可以对照各打印机生产商的编码规则还原出打印机的型号、编号、打印时间等信息。

3. 热打印

热打印包括热转印和热升华打印两种形式。这两种形式的打印可以在同一台打印机上完成,区别在于打印头的工作温度不同。

（1）热转印（又叫热蜡转印）

打印过程：打印机的打印头加热，使色带上的固体油墨熔化并转移至承印物上。彩色图像既可以使用青、黄、洋红和黑四色，也可以使用青、黄和洋红三色（图像中的黑色由青、黄和洋红三种颜色重叠而成）。

热转印图文特征：

①分布有规律：通常是横向排列，相邻两行墨点错位排列，墨点的中心组成菱形排列；

②墨粉仅分布在材质表面；

③可以应用于表面光滑的承印物上，如塑封膜、卡、涂布纸；

④字有锯齿边缘，斜线及弧线处锯齿边缘特征尤为明显；

⑤用显微镜观察彩色打印，单个墨点基本是由印刷四色（CMYK）中的两种或以上的颜色叠加而成，由此产生不同的颜色，但偶尔有颜色对不准的现象。

（2）热升华

打印过程：打印头的工作温度比热转印时更高，可以使色带上的固体颜料升华变成气体，气体遇到承印物后固化，从而形成图文。

热升华图文特征：

①图像为连续调，清晰度略低，放大后看不到墨点，有时可见栅格结构；

②颜料可渗透于材质内部，不遮盖底纹；

③由于热升华打印出来的文字清晰度低，达不到护照阅读机读取的要求，因此在出入境证件中没有使用热升华来打印文字，而是采用热转印来打印文字。

4. 激光蚀刻

形成过程：激光蚀刻是用激光在物体上雕刻或留下印记的过程。在出入境证件上，激光蚀刻主要用于签发打印个性化信息，同时也用于光栅图文、激光微孔图文等防伪措施的制作。在本部分内容中，激光蚀刻特指用于持证人照片签发的技术。激光蚀刻不是传统意义上的“打印”，因为它没有使用油墨，而是用激光使聚合物材质发生各种变化，从而显现出图文。激光使聚合物发生的变化包括碳化、膨胀和气化。

激光蚀刻图文特征：

（1）只在聚合物材质上出现。

(2)只有黑白和透明图文。黑白图文由碳化作用产生,透明的图文由膨胀和气化作用产生,且有凹凸现象。

(3)图像有两种表现形式:点排列成矩阵,用点大小变化来表现黑色的深浅;另一种图像是点的大小相同,用点的密度变化来表现黑色的深浅。

5. 其他签发打印技术

(1)显影技术

显影技术也不属于传统意义上的打印,而是把照片冲印的技术引入到个性化过程中。照片冲印的过程是使证件材质上的光敏材料曝光,光敏材料上受到光照的部分在定影剂的作用下显出颜色,形成图文,而其余部分的光敏材料被洗去。而另一种显影技术叫银扩散技术,是光敏材料感光后显色,显色材料通过扩散作用转移到证件材质上,从而形成黑白图文,一般应用在旧式身份证、居留证等卡式证件上。

(2)打字机

字模敲打色带,从而使色带上的颜料转移到纸上。

(3)针式打印

打印头上的钢针撞击色带,使色带上的颜料转移到纸张上形成图文。

(4)数码打印

数码打印是现代印刷和打印的一个新发展,是介于印刷和打印之间的一种新型技术。数码打印机工作时不需要用传统的实物印版,只需要在计算机上制作出模拟的印版,数码打印机就会根据印版控制出墨的位置。由于没有实物印版,数码打印机可以制作数量较少的印刷品。数码打印可以制作出背景图案以及个性化信息在内的整个资料页图文内容。

6. 签发打印技术的识别

(1)主要签发打印技术的识别

在证件鉴别的过程中,识别喷墨打印、激光打印、热转印、热升华和激光蚀刻五种主要签发打印技术是最主要和最关键的内容。识别时需要把握这几种签发打印技术的特征区别,详见表3-1。

(2)热转印和激光打印的图文区别

①热转印图像由点组成,而激光打印图像可由点或线组成。

②热转印图像的所有点都按同一规律排列,不同颜色重叠在同一个位置,形成菱形点排列,而激光打印图像的点或线有多种排列方式,不同颜色的

表 3－1 主要签发打印技术比较

	喷墨打印	激光打印	热转印	热升华	激光蚀刻
点的排列规律	无序	有一定规律，随打印机而变化	墨点中心组成菱形	无点结构	栅格排列或无序排列
点的形状和特点		墨点由墨粉组成	圆形和椭圆形，点内颜色分布均匀	无点结构	只有黑色点
图文边缘特点	有时出现墨水洇散现象	有散落的墨粉	墨点边缘锐利，文字边缘有锯齿状		
油墨状态	墨水	墨粉	色带（固体颜料）	色带（固体颜料）	没有使用油墨
油墨渗透性	墨水渗透到纸张纤维下面	墨粉在纸张表面，有光泽	不渗透，不同的颜色在同一个点内重叠	有渗透性	
承印材质	纸张	纸张	纸张、塑封膜、卡	纸张、塑封膜、卡	聚合物
其他识别性特征		部分有黄色追踪码		连续调图像，有时有栅格特征	

点不会完全重叠在同一个位置。

③可以用文字锯齿状边缘作为初步判定，但不能单凭文字有锯齿边缘就判断为热转印，因为部分激光打印以及激光蚀刻的文字也会有锯齿状边缘，应结合图像作综合判定。

④最好的方法是使用显微镜观察，可见墨点由墨粉组成的是激光打印，否则就是热转印。

（3）黑白激光打印和黑白热转印的图文区别

与彩色激光打印和彩色热转印的区别相比，黑白热转印和黑白激光打印的图文只有一种颜色——黑色，在图像中黑色点的排列可以十分相似，因此两者的区别更为细微。

①黑白热转印图像只能由点组成，形成菱形点排列，而黑白激光打印既可能由点组成菱形点排列，也可以由线组成。

②显微镜仍是较好的观察工具。黑白热转印点边缘圆滑，颜色分布较均匀，而黑白激光打印点周围会出现零散的墨粉，边缘不圆滑，颜色分布比较不均匀。

(4)喷墨打印和热升华

现在的喷墨打印机分辨率越来越高，即从喷嘴喷出来的墨滴体积很小，而图像点密度比较大，使得喷墨打印图像接近于连续调的质量，与热升华图像也有更高的相似性。

①观察图像时应该选取图像边缘颜色较浅的位置做比较。喷墨打印图像边缘颜色较浅的位置有分布得较稀疏的墨点，而热升华图像边缘颜色较浅的位置无墨点结构。

②喷墨打印图像没有栅格结构，热升华图像可能有栅格结构。

③喷墨打印的文字边缘一般有墨水洇散现象，没有锯齿状边缘，而采用了热升华打印图像的出入境证件，文字采用的是热转印，所以文字边缘没有墨水洇散现象，但有锯齿状边缘。

(四)电子芯片

1. 电子芯片的概念

内置有芯片的护照被称为“电子护照”，国际上称为“e-passport”。严格来说，电子芯片其实是非接触式集成电路的一部分。根据ICAO 9303号文件规定，非接触式集成电路，是指一种与线圈进行耦合的电子微芯片，它使数据能在芯片与编码、阅读设备之间进行传递，而无须进行直接的电气连接。非接触式集成电路包含了环形线圈及电子敏感元件两部分。因此当整个装置靠近读写器时，接收到读写器的高频交变磁场，会在线圈上产生电能，被整流稳压后给内部芯片供电，电子芯片收到读写器识别信号时，会将预先写入的信息加载高频电波后发出，从而被读写器读取信息。

2. 电子芯片的选择性位置

根据ICAO 9303号文件，非接触式集成电路在电子护照中的表现形式分为两种：一种是射频正对着机读区；另一种是射频不正对着机读区。依据上述两种情况，目前电子芯片在护照中的位置主要有以下几类：

(1)资料页背面

将电子芯片及其线圈焊嵌在资料页背面,但由于这种裸露在外的芯片容易被破坏,因此也逐渐被淘汰(代表性证件:英国电子护照)。

(2)资料页内层

将电子芯片及其线圈放置在聚合物材质资料页的内层(代表性证件:新西兰电子护照)。

(3)中间页

将电子芯片及其线圈放置在护照签证页的中间页(代表性证件:澳大利亚电子护照)。

(4)封皮

将电子芯片及其线圈放置在护照封皮与内页之间(代表性证件:中国电子护照)。

(5)单独的纳入页

将电子芯片及其线圈纳入一个单独页中(代表性证件:马来西亚自助通关凭证)。

另外,由于电子护照内置了敏感的电子元器件,为了保持其最佳性能,因此,我们在使用过程中应避免将其弯折、打孔或者暴露在极端温度、湿度环境中。如果需要注销电子护照,应当按相关文件要求破坏其非接触式集成电路线圈即可。

3. 电子芯片的发展趋势

现阶段,国际民航组织要求电子芯片是只读的,只允许在制作时写入持证人信息。随着未来的发展趋势,电子芯片将可实现多次重复擦写。在出入境检查中,自助通关、电子签证、旅行记录等详细信息都将写入电子芯片,这无疑给旅客出入境提供了极大的便利。而且随着微电子技术的发展,电子护照中的非接触式集成电路卡,将被具有更大容量、更安全保密的 CPU 卡以及包含非接触式集成电路卡和 CPU 卡的双界面卡所取代。今后电子护照将不仅仅在出入国(边)境时提供身份证明,更可以在入住酒店、银行取款、订购机票时刷卡使用,真正实现一卡多用。

(五)机读码

1. 机读码的概念

护照资料页一般分为视读区和机读区。根据国际民航组织的标准,在护照的机读区应按统一的标准打印机读码,以便于各国移民检查机关利用护照阅读机读取持证人的护照资料信息。机读码由国际民航组织统一格式,在身份页(资料页)把个人信息以光学可识字体的格式进行打印,可通过机器读取。机读码的字符具有统一的格式和特征,与普通电脑上的字体不同。

2. 证件机读码数据元素的构成

护照类证件机读码为2行,每行44个字符;签证类证件机读码(大尺寸)为2行,每行44个字符;签证类证件机读码(小尺寸)为2行,每行36个字符;卡类证件机读码为3行,每行30个字符。不同证件类型的机读码数据元素不同,下面以护照类机读证件为例进行介绍。

加拿大护照机读码分上下两行共88个字符,每行44个字符。根据ICAO Doc 9303标准,第一行的第一个字符"P"代表机读护照,第二个字符根据签发国意愿可选用一个大写字母代表护照的其他类型,如外交护照多在此处加载字母"D";第3～5个字符为签发国代码,第6～44个字符为姓名。第二行第1～9个字符为证件号码,第10个字符为证件号码校验码;第11～13个字符为持证人国籍;第14～19个字符为出生日期,第20个字符为出生日期校验码;第21个字符为持证人性别,F为女性,M为男性,X指未知性别(目前已知澳大利亚护照从2011年起在性别选项增加X,代表性别不确定);第22～27个字符为护照有效期,第28个字符为出生日期校验位;第29～43个字符为选择性要素;第44个字符为第二行的总校验码。

(六)IPI技术

1. IPI技术的概念

IPI是invisible personal information的缩写,意为不可见的个人信息,也称为"个人隐藏信息",它是把持证人的部分个人信息以及证件信息通过计算机加密的方法融合于持证人的照片中,属于扰视图文的一种。在平常的状态下,在照片中的持证人个人信息是看不见的,只有借助特制的透镜或通过计算机解密的方法,才可以使隐藏的个人信息显现出来。

2. IPI技术的基本原理

IPI形成的基本原理是通过计算机加密软件轻微改变照片打印点的位置或打印线的频率,把信息隐藏在照片中。由于打印点或线的改变都极为细小,因而用肉眼无法分辨,要通过特殊的方法解码。

由于需要轻微改变照片打印点的位置或打印线的频率才能制作出IPI,因此目前可以应用IPI的签发打印技术包括喷墨打印、激光打印、热转印和激光雕刻四种,包含了IPI的这四种签发打印技术各有其具体的表现形式。热升华和显影技术不能应用IPI,这是因为在放大镜倍数下图像热升华没有明显的打印点,而显影技术也暂未能通过计算机控制打印点(线)产生轻微变化。

3. ICI

ICI(Invisible Constant Information)意为"不可见的固定信息"。它与IPI同属于扰视图文的范畴,所以在很多方面具有相似性。ICI同样是通过改变印刷的点或线(主要是线)的位置或形状,把固定的信息隐藏起来,用肉眼无法观察到,而且同样可以用透镜和计算机解码的方法把隐藏的信息重现。ICI可以印刷成常光下不可见但紫外光下可见的内容,从而进一步增加了其防伪性能。

ICI与IPI的不同之处可通过表3-2反映。

表3-2 IPI与ICI比较

	IPI	ICI
出现位置	持证人照片	背景图案
信息内容	持证人信息,每本证件均不相同	固定内容,每本证件相同
检测光源	常光	常光或紫外光
加载方式	打印	印刷

(七)光栅图像

1. 光栅图像的概念

光栅图像是指在聚合物材质的证件资料页局部区域压出多条等宽、等间距的密集压痕,并通过打印技术在压痕内部添加固定信息或个性化信息而制成的有变换效果的光学图像。

2. 光栅图像的成像原理

利用光栅把不同的图案或文字转化成光栅线数,利用光栅折射的原理,在不同的角度呈现出不同的图案。

3. 光栅图像的分类及特征

(1)分类:根据光栅的走向可分为横向(MLI)和纵向(CLI)两种;根据信息类型可分为固定信息光栅图像和个性化信息光栅图像两种。

(2)特征:在同一角度下观察,两种不同的图案或文字是不可能同时清晰显现的，只可能是一种图案或文字清晰显现而另一种图案或文字隐去不可见，或者是两种图案或文字互相干扰、模糊不清。

(八)条形码

条形码(barcode)是指将宽度不等的多个黑条和空白，按照一定的编码规则排列，用以表达一组信息的图形标识符，一般分为一维条形码和二维条形码。

(九)层压图文

层压图文是指在层压过程中，通过将事先设计好的图文蚀刻在层压板上，经加热加压后在材质表面形成的凹凸图文。其主要特征如下：(1)无色透明；(2)可呈现凹或凸的不同效果；(3)图文较为清晰，线条边缘光滑、饱满。

(十)防揭图文

防揭图文是指防止证件持证人照片被揭(替)换的图案和文字。常见的图案有几何图形、国徽、地图、动植物等。防揭图文可分为印刷和非印刷的防揭图文两大类。印刷类的防揭图文，一般将图文印刷于塑封膜的内层表面，由于使用的是特殊的油墨，因此，这些图文对相片的吸附性大于对塑封膜的吸附性，当相片被揭换的时候，油墨也会随着全部或者部分缺失，从而达到防揭的目的。常见的印刷方式有四种，分别是平版、丝网、苯胺和照相凹版。非印刷类的防揭图文，它们的表现形式很多。常见的有贴纸、印章、激光全息图、签名、压花等。

(十一)印章印文

1. 印章

印章是用作印于文件上表示鉴定或签署的文具。通常由印面和用于执掌的印柄构成。按照其是否使用印泥(油)可分为干印章和湿印章。

2. 印文

印文是印章印面(印模)在文件上留下的印迹。它是印面结构特点的反映形象。文件上的印文通常为盖印印文，有的是压凸印文(钢印)，特殊情况下也用印刷印文。

3. 印文材料

印文材料是指用于盖印印文的各类物质的总称。根据印文材料的理化特性，常见的印文材料可分为印泥和印油两大类。印泥是盖印用的油溶性物质，印泥通常为红色，偶有蓝色。印油是盖印用的溶液性物质，一般性的公章使用较多。通常为红色或蓝色,也有紫色、黑色、黄色等。

4. 印章印文在出入境证件中的应用

(1)干印(钢印)

在出入境证件上加盖钢印是较为传统的防伪措施,虽然效率低,但防伪性能高。主要有三种情况:一是在护照证件相片骑缝处加盖签发机关钢印,以示签署并防止相片被揭(替)换,常见于粘贴照片的旧版护照;二是在签证处加盖签发单位钢印,以示签署并防止签证被替换;三是在重要备注说明处加盖钢印,以示签署并防止被替换。第一种情况,由于承印物不止一层,证件纸张和照片相纸厚度不同,所以印出的印痕就有深浅的变化,通常是照片处较清晰,纸张处较模糊。后两种情况,通常图文表面较平滑、立体感强,压力深度基本一致、鉴定条件好、特征价值高。

(2)湿印

在出入境证件中,常见的湿印章印文主要有印章式签证、验讫章、签发章、加注章、注销章、停留章等。其中,印章式签证、停留章、加注章、验讫章位于签证页上,作为信息的载体;签发章主要位于资料页相片和签证骑缝处、备注页、加页处,表示签署并防止被揭换;注销章主要位于签证、验讫章、加注内容处,作为补充说明。出入境证件中的湿印章一般都制作规范、布局合理、美观、大方,印文文字和图案精细、完整、清晰,油墨适中,大多不洇散。

第四章　出入境旅客检查

第一节　出入境旅客检查概况

出入境旅客检查,是指出入境边检机关依法对出入境旅客身份及其所持用的出入境证件进行检查审核,以确定出入境旅客是否具备合法出入境资格的行政管理行为。

在出入境边防检查工作中,出入境旅客是相对于出入境员工而言的,是指从事出入境活动的自然人(在本章的阐述中如不特别提示,有关出入境人员的表述均指出入境旅客)。各国都会按照出入境旅客和出入境活动的一些特有属性,对出入境旅客进行分类,以便于检查人员能够准确地按照相关业务规定对不同出入境旅客进行查验。一般按出入境旅客的国籍属性,我们将出入境旅客分为以下两种:

一是出入我国国(边)境的中国旅客,包括内地居民、港澳台居民和华侨。对这类人员主要检查其出入国时所使用的护照(或具有护照功能的国际旅行证件)、前往国签证(或具有签证功能的国际旅行证件)和往来港澳台地区时所使用的区域性证件及签注。根据不同人员的具体出入境行为,有时还要检查其他的证明材料,如出国(境)证明、团体名单表等。

二是入出我国国(边)境的外国旅客,包括外国籍人和无国籍人。对这类人员主要检查其所持的护照

（或具有护照功能的国际旅行证件）及我国签证（或具有签证功能的国际旅行证件）。有时也要检查其他证明材料，如团体名单表等。

一、国际通行做法

无论是发达的欧美国家还是发展中的我国，抑或是经济比较落后的非洲国家，从方便友好往来，打击非法出入境的这个方向出发，在出入境人员检查工作中都有一些共同遵循的通用做法。

（一）出入境人员必须经对外开放口岸或者指定地点通行，接受边检机关的检查管理

一般情况下，如国家政治、经济局势稳定，国家对外交往正常，每个国家都会对出入境人员的通行通道作出明确的规定。如我国《出境入境管理法》规定，“中国公民、外国人以及交通运输工具应当从对外开放的口岸出境入境，特殊情况下，可以从国务院或者国务院授权的部门批准的地点出境入境。出境入境人员和交通运输工具应当接受出境入境边防检查”。但由于各国的地理位置及具体国情不同，每个国家对出入境人员的通行通道的设置也不尽相同。最普遍的做法是“遍地开花”，即在所有与境外通航、通车、通行的空港、海港及陆地通道都设立对外开放口岸和边检机关，供出入境人员、交通运输工具出入境，我国基本上就是这种情况。有些国家为了进一步方便或加强对出入境人员的查验，在具体的口岸设置和查验方法上也有一些特殊的做法。一种是“一地两检”，为方便出入境人员，两个国家或地区将口岸检查机关设置在同一个地点开展出入境人员的查验工作，如我国为方便往来内地与香港的人员出入境而设置的深圳湾口岸。另一种是“单边检查”，某些毗邻国家由于两国关系长期比较稳定，在对往来两国间的出入境人员进行查验时，互相省去出境检查，而仅由入境方实施入境检查，如美国和加拿大之间。还有一种是“口岸前移”，主要是在一些社会发展水平、出入境管理制度比较相似的国家，将本国的出入境检查机构前移至对方国家的特定出入境口岸，直接完成从该国出境后需进入本国的人员的入境检查，如美国在加拿大的几个口岸均设置了检查机构。此外还有“一体化检查”，这种方式主要以欧盟国家为代表，如申根协议国之间。

（二）将入境外国人作为检查重点

在对外开放口岸对外国人实施边防检查是外国人综合管控体系的一道

重要防线,世界各国的边检机关,都把入境外国人作为查验重点,有些国家甚至只对外国人实施入境检查而不进行出境检查。外国人入境不但需要持用真实有效的护照和签证,有时还会附加一些其他的条件,如我国有规定对来自一些特定国家的人员,除查验其护照证件外,还需查验其是否带有足够的在华旅费。为加强对外国人的源头管控,我国还形成了入境外国人审查机制,从制度、方法上规范对入境外国人的前台检查和后台审查。

(三)交通运输工具负责人承担法定义务

根据国际法的相关规定及国际惯例,在对乘坐公共交通运输工具的出入境人员实施检查的具体工作中,交通运输工具负责人对其载运的人员负有法定的义务。例如,我国《出境入境管理法》规定,出境入境交通运输工具载运不准出境入境人员出境入境的,处每载运一人 5000 元以上 10000 元以下罚款。

二、我国出入境旅客检查的形式和原则

(一)检查形式

每个国家结合本国国情和不同口岸的特点会选择不同的人员检查方式,根据不同的划分标准,出入境人员检查的方式大体可以划分为几种。

1. 依检查场地划分

根据检查场地的不同,出入境人员检查的方式分为固定场地检查和不固定场地检查两种。固定场地检查主要是指主管机关在各边防检查口岸设置专门的人员检查现场和检查通道对出入境人员进行检查。这是目前世界各国(包括我国在内)对出入境人员实施检查的主要方式。不固定场地检查方式主要用于未设置专门的人员检查现场的口岸,一般在交通运输工具或临时场地完成出入境人员检查。例如,大型邮轮入境时,为方便旅客快速通关,通常会由检查员携带执勤用品提前到邮轮上对入境人员实施检查。

2. 依检查主体划分

根据检查主体的不同,出入境人员检查的方式分为人工查验和自助查验两种。人工查验是目前出入境人员检查的主要方式,指由检查员在验证台上依照人员检查的程序和方法对出入境人员实施检查。自助查验是在生物信息技术应用于出入境证件的基础上采用的查验方式,检查主体由检查员变为出入境人员自身,出入境人员持符合条件的出入境证件自行操作查验设备完

成检查。

随着出入境证件制作工艺的发展,符合自助查验条件的证件种类越来越多,为方便出入境人员的通行,采用自助查验方式对出入境人员实施检查的范围也逐步扩大。目前在我国对外开放口岸,持已采集指纹信息的电子普通护照入境的中国公民、持已采集指纹信息的电子往来港澳通行证和有效赴香港或澳门签注的内地居民、持台湾地区居民来往大陆通行证和1年以上(含)多次签注或居留签注的台湾地区居民、持外国护照和中国永久居留证的外国人、在定期国际航班上服务的中国籍机组人员和可免签入境及已办妥1年以上(含)乘务(C)、任职(Z)签证或居留证件的外国籍机组人员可通过自助查验方式通关。其中持电子护照满16周岁的中国公民、持电子往来港澳通行证满7周岁的中国内地居民,办证时已采集指纹的,无需事先备案,即可自助通关;办证时未存储指纹信息的,可在口岸申请采集备案信息后按规定自助通关。台湾地区居民、外国人和机组人员须在具备自助通关条件的口岸,向边检机关申请资料备案后,才可以自助办理出入境边防检查手续通关。

3. 依检查程序划分

根据检查程序的不同,出入境人员检查的方式可分为逐个查验和集中查验两种。逐个查验是指检查员在验证台上对单个出入境人员一次性连续实施完整的检查程序,目前对大多数出入境人员均采取此种方式进行检查。集中查验方式主要适用于礼遇代表团及部分需要登上交通运输工具办理手续的出入境人员,由检查员集中收取出入境证件、同时进行人证对照,统一查验证件后再集中发还证件。

(二)检查原则

1. 人证对照原则

人证对照是对出入境人员及其证件实施查验的第一步,无论是查验证件还是录入查控,首要的一点是应先确定眼前的持证人是否为证件所有人,因此人证对照是出入境人员检查的基础,是口岸查控和查获非法出入境人员的关键。在出入境人员检查工作中,边检机关给予出入境人员的最高礼遇就是免人证对照。除按规定享有免人证对照礼遇的人员外,所有出入境人员都必须接受人证对照。

2. 证件与身份相适应原则

在出入境人员检查工作中,检查员主要通过出入境人员所持的出入境证件来判断出入境人员的身份,并以此来选择适用的检查程序和方法。不同身份的出入境人员,办理出入境手续时需要交验的证件资料也有所不同。因此在出入境人员检查过程中,检查员要尽可能地通过对出入境人员的观察和询问来确认其真实身份是否与证件种类所表示的身份一致,如明显不符,则需要特别关注并作出进一步的审查。

3. 核查优先原则

出入境人员检查需对出入境人员所持的出入境证件的真伪作出判断,其实也是对其证件申领过程和程序的审核,而判断证件是否真实的最权威的依据则是发证机关的原始记录。在条件允许的情况下,如对证件的真实性有所怀疑,边防检查人员、边检机关应尽可能地通过核查原始发证记录来确定证件的真实性。目前我国前台检查员可通过调取中国护照的发证记录、出入境记录来第一时间确定出入境证件的真实性,如有必要,通过后台联网系统,还可核查中国公民的户口信息和外国驻华使领馆的签证签发信息等。

4. 重点检查原则

出入境人员检查中对于来自重点国家或地区、持用重点种类的证件、来往重点方向的出入境人员需实施重点检查。对于边检机关确定的重点检查对象,可综合运用询问、人身、行李物品检查等辅助查验方法,对出入境人员的真实身份和出入境目的进行进一步的判断。

5. 对等检查原则

出入境人员检查工作作为国家对外工作的一个窗口,时时体现国家的对外政策和态度,因此在对其他国家的出入境人员实施检查的过程中,应体现对等原则。如对方国家对中国公民采取有别于其他国家人员的检查方法,则我方出入境人员检查过程中对于该国人员也会相应地实施对等的检查政策。

三、出入境旅客检查执勤用章

一般情况下,对于符合出入境条件允许其出、入、过境的出入境旅客,边检机关会在其出入境证件上加盖边防检查验讫章。遇到手续不符情况,有时可使用其他执勤用章为其补全手续后再办理出入境手续。目前,我国边检机关所使用的执勤用章,除边防检查验讫章外主要还有临时入境许可章、停留章、加签章、偕行章、注销章、更正章、证件专用章、业务专用章等。

边防检查验讫章(以下简称验讫章),是边检(移民)机关执行出入境边防检查任务的主要执勤用章,也指留存在出入境人员所持出入境证件上的验讫戳记。各国验讫章的名称、样式及内容各不相同,但主要区分入、出、过境及记录出入境时间,有些国家还区分陆海空或增加出入境限制条件,就其样式而言,主要有圆形、长方形、三角形、椭圆形、梯形、正方形等。

我国验讫章已历经了六次变革,目前使用的是自 2011 年 1 月 1 日启用的 2011 式验讫章,2015 年 1 月起取消员工验讫章,只保留旅客验讫章,并对其章体结构作了细微调整。

现行的验讫章分入境章(椭圆形)、出境章(长方形)和过境章(六边形),印迹为红色。虽然验讫章形状各有不同,但其印模内容基本是一致的,主要有日期带、边检站名称、行为方式、验讫章章号、验讫章名称和外圈防伪识别编码。

在符合我国出入境手续的护照证件、外国人入出境卡或登机牌等相关出入境文件资料上加盖验讫章,是出入境旅客检查程序中的关键环节。其目的在于最后确认旅客出入境行为的合法性,表明该出入境旅客已经通过了边防检查。

四、检查方法

出入境旅客检查的程序是否规范、方法是否科学,直接关系到检查工作的质量和效率。要在有限的时间内有效地完成出入境旅客检查的所有工作,检查员必须严格按照要求,优化检查程序,改善检查方法,养成良好的习惯。根据出入境旅客检查工作的需要,经过大批检查员长期工作的经验积累,形成了一套较为完善、合理的出入境旅客检查基本程序,即示意出入境旅客接受检查(示意受检)、接取证件、人证对照、查验证件、采集信息、核对信息、提交查控、加盖验讫章和递还证件。检查员在查验过程中要根据出入境旅客的具体情况进行必要的询问。出入境旅客检查,按照基本程序实施,可保证验放环节不缺失、验放过程不混乱。同时,掌握正确的方法,才能做到内容查验全面、问题判断准确、业务操作标准。

(一)示意受检

台内检查员进入验证台,做好准备工作后,应在验证台内保持端正坐姿,迎候出入境旅客。当出入境旅客在黄线外排队候检时,检查员便可示意出入境旅客上前接受检查。示意出入境旅客的方式主要有点头示意、手势示意和语言示意三种。一般情况下在点头示意、手势示意的同时,应配合使用语言示意,一方面体现检查员的友善礼貌,另一方面引起出入境旅客的关注。任何时候都不可采取大声喊叫或勾手指等不礼貌方式。

(二)接取证件

接取出入境证件,看似动作简单、内容单一,但意义重大,不容忽视。在这一环节中,不仅可以获取受检人信息,而且能够反映出检查员的精神面貌、工作态度、职业素养,折射出边检形象、服务水平和国民素质等丰富内涵。规范的接取证件的动作不仅体现了检查员的工作态度,更能展现边检形象、营造和谐检查氛围。检查员与受检人的首次亲密接触和交流便是在接取出入境证件过程中,自然的表情、平和的目光、礼貌的微笑、亲切的问候、得体的举止,能在短时间内提升受检人的心理舒适度,引导受检人在融洽和谐的气氛中自觉配合检查。

(三)人证对照

人证对照是对出入境旅客实施检查的重要步骤,主要是对照受检人的相貌特征与护照证件上的照片是否一致,也包括对照受检人的外形体貌等特征与其护照证件上提供的信息是否相符。如受检人戴有墨镜、口罩、帽子等,影响检查员观察和比对的,应礼貌地示意其摘下配合接受边防检查。对受检人相貌、身份有怀疑的,移交科领导处理。人证对照的主要意义在于:

一是防止受检人误持他人出入境证件出入境。在日常边防检查中,经常遇到部分受检人错拿家庭成员或同行人护照证件的情况,若不经过仔细的人证对照将会给受检人的出入境活动带来许多麻烦。

二是查获冒名顶替类非法出入境人员。在众多的非法出入境方式中,利用相貌相似故意持用他人出入境证件进行偷渡的情况占有相当比例。

三是边防检查查控工作的前提保障。当前国内外形势异常复杂严峻,某些口岸边控人员为了掩盖其真实身份,企图冒持他人出入境证件逃避查控,人证对照对于口岸的严密管控具有特别重要的意义。

四是快速确定重点检查对象。由于检查员每天验放的出入境旅客数量多,与受检人交流时间短,为提高验证工作的质量和效率,在人证对照过程中,检查员可以通过与受检人眼神的交流,对受检人面部特征和表情的综合判断,并参考其所持证件的国籍、省份、身份、年龄等信息,快速筛查出重点检查对象。

(四)查验证件

出入境旅客必须持用合法有效的出入境证件方可出入一国国(边)境,因此作为履行边防检查职责的检查员必须对出入境旅客所持出入境证件的真实性、有效性作出准确判断。一是查验出入境证件的真实性。查验证件时应结合前面章节介绍的出入境证件防伪技术等知识,从前往后翻查证件,确定出入境证件的真实性。二是查验出入境证件的有效性,包括旅客所递交的护照证件、签证(注)和辅助性证明文件等所有与此次出入境活动相关的证件资料。

查验证件过程中除需确认证件的真实性和有效性以外,还可通过了解其出入境行程等辅助信息,结合不同时期的防控重点来确定重点人员、重点路线。例如,中国人过境发达国家是否为行程必须、外国人是否来自重点国家、出入境人员是否有敏感地区往来记录等。

(五)采集信息

出入境证件查验完毕后应以证件资料页为准采集出入境旅客信息实施查控。目前边检站需同时采集出入境证件的文本信息及持证人的面相和指纹等生物信息。

(六)核对信息

根据业务要求,无论采取哪种方式采集出入境旅客信息,在提交前,都应将出入境证件视读区的信息与录入到采集界面上的信息进行比对,确认无误后再进行提交。

(七)提交查控

人员与事件的提交处理是两种不同的操作,但提交后都要经过正式查控。检查员确认出入境旅客所持证件真实、有效,符合出入境条件,在采集完相关信息后可进行正常提交;如认为出入境旅客证件或出入境手续有问题,需由值班科领导在后台进行处理的,在采集完信息后可进行异常提交,等待科领导前来处理。

(八)加盖验讫章

出入境旅客信息正常提交后未发生查控报警的,应按相关业务规定在其证件上加盖验讫章。验讫章的加盖要领是"证件摆平、位置找准、连续加盖、用力均匀"。即是说在加盖验讫章前应将需要加盖验讫章的证件及相关材料,按护照证件、外国人入出境卡、其他证明材料、登机牌的顺序依次排开,并将护照证件翻至盖章页，找到相应位置后，依次连续加盖。

（九）递还证件

检查员对出入境旅客查验完毕后，应先收好需留存归档的资料后，再将出入境证件递还旅客。递还证件时应目视旅客，将出入境证件按旅客阅读方向，正面向上，与登机牌等相关证件资料一起递交旅客，或轻放在验证台上推送给旅客。同时，主动向旅客道别，并最后一次观察旅客的面部表情及情绪变化，确认是否需做进一步检查。

第二节　旅客出入境手续办理

一、普通旅客出入境手续办理

普通旅客是相对于团体旅客和重要旅客而言的，主要是指以单个身份出入境的旅客。普通旅客手续办理主要介绍如何为出入我国国境和往来港澳台之间的外国旅客、中国内地居民（含华侨）、港澳台居民办理出入境手续。

（一）入境旅客手续办理

在我国，入境旅客是指进入我国内地的外国人，从国外或港澳台地区返回内地的中国内地居民和港澳台居民。

1. 外国人入境

外国人入境我国，边检机关主要查验其护照（具有护照功能的证件）及我国签证（具有签证功能的证件）是否真实、有效，审核其是否属于不准入境人员或在控对象。

（1）须办妥我国签证方可入境的外国人

查验其所持外国护照（具有护照功能的证件）及我国有效签证或外国人居留许可、外国人永久居留证放行。

（2）无须我国签证即可入境的外国人

根据相关协定或业务规定，有些外国人无须办理我国签证即可入境我国，对于这类外国人，只需查验其护照（具有护照功能的证件），或查验其护照（具有护照功能的证件）和允许其入境的其他文件。

与我国签订互免签证协议国家的人员，持协议范围内的出入境证件从我国内地口岸入境，查验外国护照（具有护照功能的证件）。但由于我国与其他国家签订的互免签证协议或互免范围会适时地更新，因此在为出入境旅客办理手续时应及时关注其变化情况。

目前我国给予持普通护照来华经商、旅游观光、探亲访友或过境的日本、新加坡、文莱公民,免办签证入境我国停留不超过15天的待遇,对于此类人员,查验其普通护照即可。

持用APEC商务旅行卡的外国旅客,查验其护照及APEC商务旅行卡(背面允许其免签入境的APEC经济体名称栏内有“CHN”字样)放行。

互免签证入境的人员所持的护照证件中如注明有偕行人的,应先确认实际偕行人与护照证件所注明的人相符后,方可办理入境手续。

2. 中国内地居民(含华侨)入境

中国内地居民入境需查验其所持的出入境证件(含护照类及签证类)是否真实及护照(具有护照功能的证件、区域性证件)是否有效。

3. 港澳台居民入境

港澳居民持港澳居民来往内地通行证或出入境通行证入境,查验证件真实、有效后放行。

台湾地区居民持台湾居民来往大陆通行证入境,查验证件真实、有效后放行,对一次有效的通行证,应重点查验其是否使用过,如已使用或仅为出境有效,则不可为其办理入境手续。

港澳台居民持旅行证入境,查验证件真实、有效后放行。

(二)出境旅客手续办理

在我国,出境是指离开中国内地前往其他国家或地区,包括外国人离开中国内地、中国内地居民出国和前往港澳台地区以及港澳台居民离开中国内地。

1. 外国人出境

外国人出境,离开中国内地,需查验其护照(具有护照功能的证件)和我国签证是否真实、有效,而最主要的是要判断外国人是否在规定期限内在华停留。持签证入境的外国人,其在华停留期从入境次日起算,包括出境当天;免签(含互免签证)入境的外国人,其在华停留期从入境当日起算,包括出境当天。对于持用我国居留许可或居留证的外国人,则可在居留许可或居留证有效期内在华停留或居留。

2. 中国内地居民(含华侨)出境

(1)中国内地居民因公出国

中国内地居民因公出国是指由各级党政机关、人大、政协、工会等机构及各军种兵种派出的党、政、军友好或专业代表团成员,出席国际会议和在联合国及驻外使、领馆任职人员,出国考察及担任特殊使命的人员出入境,以执行公务为目的,出访时间、出访国家(地区)、出访路线等均有严格规定。中国内地居民因公出国持用外交、公务、公务普通护照或海员证。因公出国前往与我国建交但不可免签、办落地签、境外办签证的国家,查验其护照及前往国签证(具有签证功能的证件)。因公出国前往与我国有互免签证协议国家、单方对我国免签国家、须境外办签证国家或允许其入境(抵达口岸)后办理签证国家,查验其护照及出国(境)证明。

(2)中国内地居民因私出国

中国内地居民因私出国是指因定居、探亲、访友、继承财产、自费留学、就业、旅游或其他非公务活动出国。内地居民因私出国,查验其所持中国普通护照是否真实有效。

(3)中国内地居民出境前往港澳台地区

内地居民因公前往香港、澳门特别行政区,查验有效的因公往来港澳通行证和相应签注。对于未持有效签注的人员,无论其是否持有有效的香港、澳门居留证件均不得放行。

内地居民因私短期前往香港、澳门特别行政区,查验有效的往来港澳通行证和相应签注。前往香港也可查验中国普通护照和香港入境事务处签发的"进入许可",前往澳门也可查验中国普通护照和澳门非永久居民身份证、外地学生逗留特别许可或经贸易投资促进局申办"居留许可"人士之"逗留的特别许可"。

内地居民前往香港、澳门特别行政区定居,查验前往港澳通行证。前往香港定居必须从深圳罗湖口岸出境,前往澳门定居必须从珠海拱北口岸出境。

大陆居民前往台湾地区,查验大陆居民往来台湾通行证和有效签注。

3. 港澳台居民出境

港澳居民出境,查验相应的港澳居民来往内地通行证或出入境通行证。台湾地区居民出境,查验台湾居民来往大陆通行证。持旅行证入境的港澳台居民出境时,查验旅行证。

(三)过境旅客手续办理

过境旅客,是指持合法有效证件、签证或按照过境国或地区的规定通过一国国(边)境前往其他国家或地区的国际旅客。

我国规定,对于持有我国过境签证的旅客,按入、出境人员办理手续,所以这里所讲的过境旅客主要是指持联程客票搭乘国际航行的航空器、船舶、列车从我国过境前往第三国或地区,在我国境内停留不超过24小时,或者在国务院批准的特定区域内停留不超过规定时限而免办签证的旅客。

1.过境旅客的范围

(1)持有效出入境证件搭乘国际航行的航空器、船舶、列车从境外过境我国内地前往第三国或地区、停留不超过24小时的外国人。

(2)持有效出入境证件搭乘国际航班从指定的国际机场过境,停留不超过72小时的特定国家的外国人。

(3)搭乘国际航班从境外过境我国内地前往第三国或地区、在境内停留不超过24小时,且当日过境不出机场口岸限定区域的符合下列条件的中国公民:一是符合前往国或地区入境条件的我国内地居民和华侨;二是持有效港澳居民来往内地通行证或特别行政区护照的港澳居民;三是持有效台湾居民来往大陆通行证的台湾地区居民。

2.具体手续办理

(1)不下飞机,或不转乘其他航班直接转入出境候机厅的过境旅客,免办手续。边检站做好此类人员的监护工作。

(2)转乘其他国际航班,但不离开口岸限定区域的过境旅客,免填外国人入出境卡,办理过境手续时首先确认下程国际航班是否直航,在进行人证对照和查验护照证件无误后,按照"先入境、后出境"的顺序录入系统实施查控,最后在其护照证件和出境登机牌上加盖过境验讫章。过境的内地居民还需按规定确认其是否具备进入目的地国家或地区的条件。我国边检机关为方便旅客进一步简化手续,上海浦东、白云、北京等外国旅客较多的边检站正在尝试推行此类旅客免办手续,这部分旅客下机后只需由航空公司人员引导至中转服务柜台办理中转联程手续,随后通过过境中转通道直接到达出境候机厅候机。

(3)过境外国旅客需要离开口岸限定区或者过境两个口岸的,可由旅客本人或者委托其所搭乘的交通运输工具负责人、交通运输工具出境入境业务代理单位向边检站提出申请,并提交本人的出入境证件和联程客票。边检站查验准许后,为其签发临时入境许可,在其出入境证件上加盖临时入境许可章,并在临时入境许可章左上角加盖入境验讫章,临时入境期限为入境后 24 小时或者 72 小时。24 小时过境免签,临时入境的停留期限填写为入境后次日;72 小时过境免签,临时入境的停留期限填写为入境后第四日。当天从同一口岸过境或 72 小时免签过境的,停留区域填写口岸所在城市,过境两个口岸的,停留区域填写"中国"。出境时,由出境检查科查验其护照及临时入境许可章,实施查控无误后在临时入境许可章右上角加盖出境验讫章放行。

二、特定旅客出入境手续办理

(一)团体旅客手续办理

团体旅客是指持团体名单或团体签证以团队形式集体出入境的旅客,包括中国旅游团和外国旅游团。原则上,团体旅客必须以团队形式整团入出,在办理边防检查手续时,一般采取集中办理、当面逐个查验的方式。为缩短旅游团在口岸逗留时间,组团社或接待社可通过网络提前将旅游团名单传输至出入口岸的边检站进行预申报,由边检站提前录入系统进行预查。在出入境旅游团提前预申报的前提下,满足条件的边检站可实现旅游团零散验放。

1. 中国旅游团手续办理

中国旅游团出入境指的是中国内地居民组团出入国及往来港澳台地区之间,其中出入国旅游还包括边境旅游这一特殊的团队旅游形式。

中国公民出境前往其他的国家或地区旅游,该国或地区必须是我国国务院批准的中国公民组团出境旅游目的地国,并由国家旅游局与对方国家相关机构签署谅解备忘录。根据相关规定,经批准有资质的旅行社方可经营中国公民出境游业务,其中出国游团队必须配备专职领队。组团社应填写国家旅游行政部门统一印制的团队名单表,并报旅游行政主管部门审核。目前使用的旅游团队名单表主要有以下四种:一是中国内地居民赴港澳地区旅游时使用的内地居民赴香港、澳门特别行政区旅游团队名单表;二是中国大陆居民赴台湾地区旅游时使用的大陆居民赴台湾地区旅游团名单表;三是中国公民赴俄罗斯旅游时使用的中国公民赴俄罗斯旅游团队名单表;四是中国公民赴其他旅游目的地国家使用的中国公民出国旅游团队名单表。

旅游团成员及领队均应填写在团队名单表上，经审核后的团队名单表不得再增添人员，旅游团队应当从国家对外开放口岸整团出入境。

不同目的地国家对中国公民组团出境旅游会有不同的要求，如韩国要求每团人数不得少于3人，卢旺达要求旅游者护照有效期应超过6个月，俄罗斯允许中国旅游团免签入境15天，泰国允许中国旅游团在入境口岸办理落地签证等。

(1)出境手续办理

旅游团抵达口岸后，领队需将旅游团成员按团队名单表的顺序排队，台外检查员可根据勤务安排将其引导至相应的通道候检。检查员接到领队递交的团队名单表后，要核对组团社经营中国公民自费出国(境)旅游业务的资格，审查团队名单表的真伪，检查团队名单表内容是否完整，有无擅自增减人员，是否符合旅游目的地国家关于人数限制等成团条件，同时问清旅游团人数及有无未到人员等情况。随后逐个验放旅游团成员，首先核对旅客出入境证件上的项目与团队名单表上的是否一致(持用团体签证的，还需与团体签证上的本人信息进行核对)。其次按照中国公民因私出境的检查程序、内容和要求对旅客进行查验。所有旅游团成员都查验完毕后，需在团队名单表规定的位置上加注实际出境人数(用汉语大写标注)并加盖出境验讫章。最后按团体名单表标注收存相应团队名单表，将其他团队名单表交还领队放行。

(2)入境手续办理

中国旅游团入境，仍按团体名单表顺序排队候检，检查员在接到旅游团名单表的同时，需了解此团是否整团返回，如有未归人员，应询问原因，并在名单表上将其姓名注销。然后按照中国公民因私入境的程序、内容和要求对旅客进行查验。最后在团队名单表规定的位置加注实际入境人数、加盖入境验讫章、按团体名单表标注收存相应团队名单表。

2. 外国旅游团手续办理

外国旅游团是指持团体旅游签证或免签证持团体名单来华的外国旅游团队。目前与我国签订团体旅游互免签证协议的有俄罗斯、白俄罗斯、阿塞拜疆、土库曼斯坦、摩尔多瓦、格鲁吉亚等6个国家，上述国家的公民由指定旅行社组团来华旅游可免签证，但应由中方指定旅行社接待。另外，我国对到香港、澳门特区后组团到珠江三角洲地区和汕头经济特区旅游的外国人给予144小时免签证的便利，对部分国家的人员组团到海南省旅游给予15天免签证的便利，对从广西桂林口岸入出境并在桂林市行政区域内整团活动的东盟10国旅游团给予144小时免签证的便利。外国旅游团成员办理边防检查手续时免填外国人入出境卡，除旅客有特别要求外，原则上不在旅客所持护照上加盖验讫章。

(1)普通外国旅游团手续办理

①入境手续办理

旅游团抵达口岸后，领队需要求旅游团成员按团体签证(名单)的顺序排队，台外检查员可根据勤务安排将其引导至相应的通道候检。检查员接到领队提供的团体签证(名单)后，先核查团体签证(名单)是否真实、有效、内容是否完整，了解旅游团人数及有无未到人员等。对于互免团体旅游签证的团队，还应核对外方组团社和中方接待社的资质。随后逐个验放旅游团成员，首先核对旅客出入境证件项目与团体签证(名单)是否一致，接着按照外国旅客入境检查的程序、内容和要求进行查验，但不需要在旅客的证件上加盖验讫章。所有旅游团成员查验完毕后，在两份团体签证(名单)上加盖入境验讫章，收存一份，另一份交还领队。如是贴纸式团体签证应收存复印件，原件交由领队出境时使用。

②出境手续办理

外国旅游团出境，仍按团体名单表顺序排队候检，检查员在接到旅游团名单表的同时，需了解此团是否整团离境。然后按照外国人因私出境的程序、内容和要求对旅客进行查验，在确认该团没有超过停留期限后，即可在团体签证(名单)上加盖验讫章放行。外国旅游团成员入境后离团应事先办理分团手续，按规定，除因疾病、奔丧或其他不可抗拒的特殊原因外，分团手续原则上应到公安机关出入境管理部门办理。

(2)广东144小时免签证旅游团手续办理

144小时免签证旅游团(习惯称144便利游团)的外国旅客是指持普通护照到香港、澳门特区后经在香港、澳门特区合法注册的旅行社组团(每团最少2人)进入珠江三角洲地区或汕头经济特区旅游的建交国家人员。其中珠江三角洲地区指广州、深圳、珠海、佛山、东莞、中山、江门、肇庆、惠州9市所辖的行政区域。

144便利游团使用由广东省旅游局统一印制的"144小时"便利措施旅游团队名单表，此表一式两联。入境前，接待社需提前将旅游团名单表传送给拟入境口岸的边检机关。边检机关收到名单表后,需对组团社和接待社的资格、旅游团队名单表的有效性和完整性、参团人员条件等进行审核,同时将名单表进行预查控。办理入出境检查手续时,检查员按照普通外国旅游团的验放方法进行查验。

(3)海南15天免签证旅游团手续办理

指定国家公民持普通护照,由国家旅游局批准在海南省内注册的国际旅行社组团,5人以上可免办签证到海南省内旅游15天。

旅游团使用由海南省旅游局统一印制的旅游团名单表,此表一式两联。入境前,旅行社应将拟入境的旅游团名单表,分别传送给拟入境口岸的边检站和公安机关出入境管理部门。办理入出境检查手续时,检查员按照普通外国旅游团的验放方法进行查验。

(4)广西桂林144小时免签证旅游团手续办理

东盟10国(马来西亚、泰国、印度尼西亚、越南、柬埔寨、老挝、缅甸、新加坡、文莱、菲律宾)持普通护照人员的旅游团(2人以上),在桂林市行政区域内整团活动不超过6天(从入境次日起算),免办签证。旅游团由我国境内注册的旅行社组织、接待,应整团从桂林口岸入境、出境。

组织、接待旅游团的旅行社应在旅游团入境前一日通过公安出入境网上办事平台向桂林边检站预报旅游团入出境时间、团组名单等信息。边检站应对旅行社资历、旅游团人员范围、旅游团人员所持护照种类等进行审核。办理入出境检查手续时,检查员按照普通外国旅游团的验放方法进行查验。

(二)重要旅客手续办理

边防检查工作中,重要旅客是指外国国家元首、议会首脑、政府首脑、部长及其率领的代表团成员,我国党和国家领导人,中共中央、国务院各部(委)主要领导人及其率领的代表团成员及上述部门接待的重要宾客。

重要旅客的出入境边防检查由站值班领导组织实施。遇有特别重要旅客出入境时,边检站应当制订专门的工作方案。执勤单位要选派政治敏感性高、业务精、责任心强的检查员承担为重要旅客及其随行人员办理出入境边防检查手续的工作。站长或站值班领导要加强对手续办理情况的检查监督,确保做到既热情周到,又严格执法,坚决杜绝各种差错和事故的发生。

1. 重要旅客的礼遇范围和规格

边检机关要严格控制给予礼遇人员的范围和规格。原则上,边检站只为副部级以上人员及其率领的代表团提供礼遇，只为全国党、政、军、人大、政协领导人及其率领的高级代表团和外国国家副总理级以上代表团提供免人证对照的礼遇。特殊情况下，经站长批准，可适当扩大给予集中交验证件礼遇的范围，但应个案办理，不得擅自扩大礼遇规格。

我国社会团体、事业单位及大型国有企业中副部级以上的领导及其率领的代表团，根据上述单位出具的礼遇信函，按副部级以上级别提供礼遇。国内退休党、政、军、人大、政协领导人及其率领的代表团，按其离任前的行政级别提供礼遇。原则上，边检站为副军级以上的现役军人及其率领的代表团提供礼遇。

对国内接待单位所接待的重要人员，根据部级以上接待单位出具的礼遇信函提供礼遇并严格限制，原则上按部级礼遇办理。对外国前任政要及其率领的代表团，根据外交协会或中国人民对外友好协会等接待单位出具的礼遇信函提供礼遇，原则上按部级礼遇办理。

对于我国党、政、军、人大、政协高级代表团和外国国家副总理级以上代表团，入境时，可先放行，后由相关单位工作人员代为办理入境边防检查手续；出境时，由相关单位工作人员先代为办理出境边防检查手续，再放行。严禁扩大入境先放行后查控的范围，不得对出境人员（包括各类高级代表团在内）先放行后查控。

2. 重要旅客手续办理程序和方法

（1）乘坐专机、专列、专轮或专车出入境的重要旅客

边检站凭有关单位出具的重要旅客接待函件或上级的通知，指定专人与相关单位联系重要旅客出入境的事务，及时掌握相关信息。检查员当面收取并清点重要旅客的出入境证件、外国人入出境卡或代表团名单、礼遇外国代表团入出境登记表，按规定办理验证手续。在办理重要外宾入出境手续时，若有准予携带武器入出境的批准函，可与礼遇函一并受理，按出入境人员携带枪支弹药入出境的程序和方法办理枪支弹药的入出境手续。办妥边防检查手续后，将出入境证件当面交还相关单位工作人员或本人，收存外国人入出境卡或代表团名单，有关信函和礼遇外国代表团入出境登记表随卷存档。

（2）乘坐正常班次交通运输工具出入境的重要旅客

一般情况下，边检机关是以接待单位的礼遇接待函或上级部门的通知认定重要旅客，并按规定给予相应的礼遇。在没有接待单位联系又没接到上级

通知的情况下，现场发现身份较高的重要人员，应提供通行便利，并及时上报。

按规定可免人证对照的代表团入出境，边检站凭接待单位的礼遇信函或上级通知组织专人为代表团办理边防检查手续。可由接待单位将代表团的护照证件拿到检查现场办理，也可派人到代表团临时休息的场所办理。按规定需人证对照的礼遇代表团入出境，可在集中交验护照证件或发还护照证件时对重要旅客进行人证对照。

第三节　行李物品、人身检查及枪支弹药检查管理

一、行李物品检查

（一）行李物品检查的概念和目的

对出入境人员携带行李物品实施检查是边检机关的重要职责之一，它是指边检机关根据维护国家安全、社会秩序和正常出入境秩序的需要，对一定范围的出入境人员所携带的行李物品实施的检查。

《出境入境管理法》第 6 条第 3 款规定："……根据维护国家安全和出境入境管理秩序的需要，出入境边检机关可以对出境入境人员携带的物品实施边防检查。"边检机关实施行李物品检查，目的是发现和获取危害国家安全和社会秩序的物品及非法出入境活动的证据。

（二）行李物品检查的程序和方法

1. 行李物品检查的程序

进行行李物品检查，应当经值班科（队）领导批准，出示工作证件和边检机关开具的检查证。经领导批准后，检查人员将受检人及其行李物品带至检查室或指定地点。在实施检查前，向被检查人出示证件表明身份，告知有关的法规政策，说明其享有的权利，告知完毕方可实施检查。

实施行李物品检查，检查人员不得少于两人，一名检查员实施检查，另一名检查员负责监管。检查应做到认真、仔细、安全，防止漏检。检查完毕，应告知当事人并填写检查笔录，向值班科（队）领导报告有关检查情况和检查结果。对被检查物品按照规定及时归还或者扣留，并履行相应法律手续；对需要人、物分离，暂时由边检机关保管的物品，填写登记保管物品清单，登记保存的物品名称、数量，结案时由受检人核对取回物品。

2. 行李物品检查的方法

目前,我国边检机关实施行李物品检查,主要运用手工检查的方式。可分为一般性检查和破坏性检查。一般性检查是指采取看、翻、摸、听等方式实施检查,在检查中不破坏被检查物品包装制作的原始状态;破坏性检查是指在检查中,对被检查物品采取打开包装、拆开缝合处等改变其检查前原始状态的方式,以达到查获可疑物品的目的。

3. 行李物品检查的技巧

在行李物品检查过程中,要善于发现疑点,把检查、盘问、观察、教育结合起来,使行李物品检查达到最佳效果。

一是要观察受检人所携带的行李物品是否与其身份、职业、出入境目的、自述用途等情况相吻合,否则应引起怀疑,需进一步检查。

二是要注意语言文明,态度和蔼,辅之以政策攻心、宣传教育的方法,使受检人主动配合检查。

三是要注意观察受检人的神态表情,分析其心理变化,从而找出疑点。

四是要采取边检查边盘问的方法,巧妙地提出各种问题,或采用突然发问的方式,打乱受检人的思路,从其被提问时的反应和矛盾的回答中发现问题。

五是对于检查中发现的可疑物品,要分析其用途及在违法犯罪行为中可能起到的作用,不能放过任何可能的线索。

(三)行李物品检查的注意事项

行李物品检查必须在特定的检查室进行,实施行李物品检查时,物品所有人应在场,慎用破坏性检查,在有充足把握并请示领导同意后方可实施,检查一般应以“一次检查”为原则。

二、人身检查

(一)人身检查的概念和目的

人身检查是对违法违规嫌疑人身体上可藏匿违法犯罪证据的部位、所着的服装依法进行搜查,是公安机关执行公务获取证据的一项重要手段。

《人民警察法》第 9 条规定:“为维护社会治安秩序,公安机关的人民警察对有违法犯罪嫌疑的人员,经出示相应证件,可以当场盘问、检查……”《出境入境管理法》第 66 条规定:“根据维护国家安全和出境入境管理秩序的需要,必要时,出入境边检机关可以对出境入境的人员进行人身检查。人身检查应当由两名与受检查人同性别的边防检查人员进行。”该条款体现出两层含义,一是明确了边检机关有权对出入境人员进行人身检查;二是表明人身检查并非必经检查程序,而是边检机关认为必要时方可实施。

对出入境人员实施人身检查是边检机关的职权之一,通过对出入境人员实施人身检查,一方面确定出入境人员的身份,收集受检人藏匿于身上的违法行为的证据,防止毁灭证据;另一方面是保障安全,一是防止控制对象行凶、脱逃、自杀、自残,二是保护检查人员自身安全,避免受到伤害。

(二)人身检查的程序和方法

1. 人身检查的程序

人身权受法律保护,由于人身检查涉及对人身自由和隐私的侵犯,所以实施人身检查必须履行严格的审批手续。进行人身检查,应当经值班科(队)领导批准,出示工作证件和边检机关开具的检查证。经领导批准后,检查员将受检人及其行李物品带至检查室或指定地点。在实施检查前,检查员应向被检查人出示证件表明身份,告知有关的法规政策,说明其享有的权利,告知完毕方可实施检查。人身检查前应首先对受检人携带的行李物品进行检查。

人身检查由两名与被检查人同性别的检查人员实施,其中一人具体实施人身检查,一人配合,检查按照从上到下,从外至里,从衣服到人体的顺序进行。检查结束后,检查员应告知受检人检查完毕,并填写检查笔录,将检查情况、处理结果及检查时间登记在检查笔录(或人身检查登记表)上,检查员及受检人都要在检查笔录上签名。检查员应及时向值班科(队)领导报告检查情况,按规定需归还的物品及时归还受检人,做到人、物分离,由边检机关暂时保管的,应填写登记保管物品清单,登记物品的名称、数量,结案时由受检人核对取回物品。

2. 人身检查的方法

为及时发现受检人随身携带的危险物品,防止受检人行凶、自杀,确保检查员和受检人的安全,人身检查在具体实施中主要分为粗检和细查两个阶段。

(1)粗检。实施人身检查时,应让受检人面对着墙,两脚分开比肩宽,两脚离墙的距离比两臂要长,两手扶墙,使受检人身体前倾,由一名检查员从上到下、从外向内进行检查。在检查时,检查员可对受检人衣服的外表层从上至下、从外向内进行轻拍和手摸。受检人穿着的衣服较多时,应请其把外套脱下。受检人拒不配合检查时,可将其铐住后再进行检查。

(2)细查。经粗检,已搜出凶器、爆炸物品或确认没有凶器、爆炸物品时,即可进行全面检查。全面检查的主要方式有手摸、按压、拍打等,用手来感觉受检人身体或衣服内不相贴合、不自然的物品。在检查中要认真仔细,帽子、头饰、外衣、内衣、皮带的夹层、鞋底、鞋跟、人体等各个部分都要检查到位。衣服检查依次为上衣、裤子、内衣、内裤,每脱一件检查一件,一直到受检人全身衣服脱光。如果怀疑被查人的衣服中藏有罪证,还可将受检人全身衣服换下,再进行检查,特别要注意衣服的夹角、夹层。人体检查时,要注意查看毛发、腋下、胸部、下体、小腿等部位。为防止受检人利用身体来携带违禁物品,对于被查对象有携带违禁物品嫌疑的,要认真检查其身上容易藏匿物品的部位。检查时,检查人员先站在受检人后面,按头部—左臂—右臂—躯干两侧及后背—腰—左腿—右腿的顺序进行。检查完毕后再站到受检人面前对其上身前部进行检查。如果怀疑被查人身体内藏有违禁物品时,要对人体可藏匿违禁物品的器官进行检查,必要时可安排医用仪器对其进行检查。

(三)人身检查的注意事项

人身检查应选择在安全、保密和便于控制受检人的房间进行,并由两名与受检人同性别的检查员实施。检查过程中,一要注意语言文明,行为得当,不得损害受检人的人格尊严;二要认真细致,尽量一次检查完毕,防止多次重复检查同一部位;三要加强安全防范意识,两名检查员要分工配合,一人主检,另一人要注意观察受检人的行为举止和神态表情,确保能有效控制其反抗行为,防止出现受检人脱逃、袭击伤人、自杀或藏匿、毁灭罪证等情况。

三、枪支弹药检查管理

(一)枪支弹药检查管理的概念

枪支弹药出入境检查管理,是指包括边检机关在内的中国主管部门对入境、出境和过境的非军事系统的各种枪支弹药依法进行检查管理的行为。出入境枪支弹药检查与管理工作是边检机关的一项重要工作,对维护国家主权、保卫国家安全、维护社会治安秩序和公共安全都具有重要意义。

《枪支管理法》规定,任何单位或者个人未经许可,不得私自携带、托运枪支弹药入境、出境,同时也对批准机关作了限定。

1. 外交部

外国驻华外交代表机构、领事机构的人员携带枪支、弹药入境，必须事先报经外交部批准，携带枪支出境，应事先照会外交部，办理有关手续。具体来说，外交部礼宾司或领事司负责审批驻华外交代表机构和领事机构人员携带或托运的枪支弹药。

2. 国务院体育行政主管部门

外国体育代表团入境参加射击竞技体育活动，或者中国体育代表团出境参加射击竞技体育活动，需要携带射击运动枪支入境、出境的，必须经国务院体育行政主管部门批准，即国家体育总局负责审批外国和我国(包括港澳台地区)体育代表团参加竞技体育活动人员携带或托运的枪支弹药。

3. 国务院公安部门

以上两类人员以外的其他人员携带枪支入境、出境，应事先经国务院公安部门批准。具体来说，公安部警卫局负责审批由公安部警卫局承担警卫工作的重要外宾随身警卫人员携带或托运的枪支弹药；公安部治安管理局负责审批其他人员携带或托运的枪支弹药。

(二)枪支弹药检查管理的范围

边检机关依据《枪支管理法》《出境入境边防检查条例》等法律规定，对携带入境、出境、过境的枪支弹药实施检查和管理。

《枪支管理法》第37条规定："经批准携带枪支入境的，入境时，应当凭批准文件在入境地边检机关办理枪支登记，申请领取枪支携运许可证件……经批准携带枪支出境的，出境时，应当凭批准文件向出境地海关申报，边检机关凭批准文件放行。"

从枪支弹药本身来看，边检机关检查与管理的枪支弹药主要包括两部分：一是《枪支管理法》中所规定的"以火药或者压缩气体等为动力，利用管状器具发射金属弹丸或者其他物质，足以致人伤亡或者丧失知觉的各种枪支"和"用于枪支的弹药"；二是《海关法》及海关总署公告中规定的仿真武器，主要有各种类型的仿真手枪式电击、催泪器，各种类型的仿真枪械及弹药，具有攻击防卫性能的其他仿真武器以及上述以外的其他类似械具。依据《枪支管理法》的规定，样品和研究用枪属于边检机关检查与管理的范围，而国家进出口军用物资不属于边检机关管理的范围。

从携带枪支弹药的人员上看，所有出入境人员，不论其国籍和身份，携带枪支弹药入出我国国(边)境都必须接受边检机关的检查与管理,必须办理有关枪支弹药出入境手续。

(三)枪支弹药检查管理的方法

边检站依法对出境、入境、过境人员携带或托运的枪支、弹药实施边防检查;未经规定的有权批准携带或托运枪支、弹药出境、入境、过境的机关批准和边防检查,任何人不得携带或托运枪支、弹药出境、入境、过境。

1. 出入境人员携带枪支弹药的检查管理

(1)入境

入境人员携带或托运的枪支弹药,边检站凭规定机关的批准函件,核实枪支、弹药的种类、数量,核对当事人填写的出入境人员携带枪支(弹药)申报表,收存批准函件和申报表,为其签发由公安机关统一编号印制的枪支(弹药)携运许可证放行。

(2)出境

出境人员携带或托运的枪支弹药,边检站凭规定机关的批准函件,核实枪支、弹药的种类、数量,核对当事人填写的出入境人员携带枪支(弹药)申报表,收存批准函件和申报表放行。对携带或托运枪支弹药入境后再出境的,还应收存枪支(弹药)携运许可证后放行,如出境时弹药有消耗,边检机关还应要求其出示接待单位出具的证明。

经批准携带枪支弹药来华的外国人,出境时应将带进的枪支和剩余的弹药如数携带出境。如赠送、转让给我有关单位,应由有关单位所在地公安机关出具证明,交出境口岸边检机关查验放行。

(3)过境

对携带枪支、弹药过境一个口岸、不换乘交通运输工具的,边检站凭当事人填写的出入境人员携带枪支(弹药)申报表,核实枪支、弹药的种类、数量后,收存申报表,将枪支、弹药封存在所乘交通运输工具上;离境时,边检站检查封志并启封,核实枪支、弹药种类、数量后放行。

对携带枪支、弹药过境一个口岸、换乘交通运输工具的,边检站凭规定机关的批准函件,核实枪支、弹药的种类、数量,核对当事人填写的出入境人员携带枪支(弹药)申报表后,实施封存并代为保管,收存批准函件和申报表,同时向当事人出具收据;离境时,边检站启封,核实枪支、弹药种类、数量后,收回收据,退还枪支弹药放行。

对携带枪支、弹药过境两个口岸的,边检站按携带枪支弹药入境、出境的相关规定办理。

对托运枪支、弹药过境一个口岸的,边检站应对过境枪支、弹药监管出境;过境两个以上口岸的,边检站除在本口岸实施监管外,应通知下一口岸边检站实施监管,确保枪支、弹药安全出境。

(4)重要外宾的警卫人员携带或托运枪支弹药

来访的外国国家元首、副元首,政府总理(首相)、副总理(副首相),议会议长、副议长,最高法院院长,最高检察院检察长,特殊情况下的重要部长以及按上述规格接待的其他重要外宾的随身警卫人员可以携带武器入出境,来访外宾的先遣警卫人员一律不得携带武器入境。来访重要外宾随身警卫人员只准携带手枪入出境,不准携带步枪、冲锋枪等其他武器。武器数量应低于警卫人员数量。

公安部警卫局、治安管理局批准重要外宾随身警卫人员携带武器入境的,接待单位可持经公安部警卫局、治安管理局批准的函件(附接待单位申请准予携带武器入出境的申请函)直接与边检机关联系办理相关事宜。

给予礼遇的外国代表团入出境,边检机关应要求接待单位填写礼遇外国代表团入出境登记表,在表中申明是否携带武器。经批准携带武器入出境的,接待单位还应出具局级以上单位的函件,按照实际携带枪支弹药的情况进行申报。边检机关按规定核对实际携带武器种类、数量后,办理入出境手续。对由公安部治安管理局批准警卫人员携带武器入出境的,入境口岸边检机关为当事人签发枪支(弹药)携运许可证,办理相应的枪支出境手续,收存枪支(弹药)携运许可证。边检机关应将部局的通知和接待单位的申报函件与礼遇外国代表团入出境登记表装订归档备查。

(5)随我国党、政、军领导人出访的警卫人员携带或托运枪支弹药出入境

随我国党、政、军领导人出访的警卫人员携带或托运枪支弹药出境、入境的,边检机关可不施行核查,凭承担警卫任务的主管机关信函登记放行。

2. 进出口枪支弹药的检查管理

枪支弹药进出口需经相关部门批准并备案。进出口枪支弹药的批准机关分别为:

(1)国防工业部门进口属于生产、科研需要的枪支弹药(含经技术处理不能使用的样品)必须事先报经国务院国防工办批准,并将批准件抄送所在地

省、自治区、直辖市公安厅、局备案。

(2)非国防工业部门因特殊需要进口军用枪支弹药(含样品枪),必须事先报经主管部门批准和所在地省、自治区、直辖市公安厅、局同意。

(3)体育部门进口射击运动枪支弹药(含样品枪)必须事先报经国家体委批准和所在地省、自治区、直辖市公安厅、局同意。

(4)林业、狩猎部门进口狩猎枪支弹药(含样品枪)必须事先报经林业部门批准和所在地省、自治区、直辖市公安厅、局同意。

(5)外国人来华进行贸易洽谈等技术交流活动需要携带与业务有关的枪支弹药样品的,接待单位必须按照上述规定事先申请办理审批手续。

经批准同意进口枪支弹药的单位,应将批准文件与进口枪支弹药名称、数量和预计进口的时间,事先抄送入境口岸边检机关备查。

(四)枪支弹药检查管理的注意事项

出入境枪支弹药的检查手续应在边检机关值班科领导的组织下办理。有条件的边检机关应在勤务现场值班室设置枪支弹药保险柜,用于存放暂时封存在口岸的枪支弹药;没有在勤务现场设置枪支弹药保险柜的,应配备便携式枪支弹药保险箱。

边检站对枪支弹药进行加封和启封时,均应在当事人在场的情况下实施,加封时应采取“双人双锁”和“枪、弹分离”放置的方式,并加贴封条。加封后的枪支弹药,未经边检机关许可,任何单位和个人不得擅自启封。封存在口岸的枪支、弹药,边检站与当事人当面核对枪支、弹药的种类、数量,存入枪支弹药保险柜,填写收据(一式两份),经双方签字后一份交当事人,一份收存。

边检机关封存并代为保管枪支弹药时,应向当事人明确代管时限,并与当事人当面核对枪支弹药种类、数量,存入枪支弹药保险柜或枪支弹药保险箱。封存在口岸的枪支弹药逾期无人领取,按无主物品作收缴处理。被收缴的枪支弹药,每半年集中向所在地市级公安机关治安管理部门移交一次。

第五章　出入境交通运输工具检查和管理

第一节　出入境船舶检查、监护与管理

一、船舶的基本知识

船舶是指航行或停泊于水域内，用以执行作战、运输、作业等任务的运载工具，是各类船、舰、舢板、筏及水上作业平台等的统称。

（一）船舶的大体构造

船舶是水上运输的工具，虽有大小之分，但其结构的主要部分大同小异。船舶主要由以下部分构成：

（1）船壳。船壳即船的外壳，是由多块钢板铆钉或电焊结合而成的，包括龙骨翼板、弯曲外板及上舷外板三部分。

（2）船架。船架是指为支撑船壳所用各种材料的总称，分为纵材和横材两部分。纵材包括龙骨、底骨和边骨；横材包括肋骨、船梁和舱壁。

（3）甲板。甲板是铺在船梁上的钢板，将船体分隔成上、中、下层。大型船甲板数可多至六七层，其作用是加固船体结构和便于分层配载及装货。救生甲板上都悬挂着救生艇，里面容易藏匿人员。

（4）船舱。船舱是指甲板以下的各种用途空间，包括船首舱、船尾舱、货舱、机器舱和锅炉舱等。

(5)船面建筑。船面建筑是指主甲板上面的建筑,供船员工作起居及存放船具,它包括船首房、船尾房及船桥房。船头的建筑物叫首楼,船尾的叫尾楼。建筑物应是船体检查的重点部位之一。

(6)船头。船头一般设置工具房、锚链舱、安装锚机,悬挂船锚,也是易于藏匿人的部位。

(7)船尾。船尾一般设置有舵机室、尾尖舱、缆绳库等,安装着推进器和船舵等。

(8)起重设备。起重设备由起重机、吊杆、起重柱等组成。其中起重柱上的操纵室极易藏匿人物。

(二)船籍和船旗

船籍是指船舶的国籍。《联合国海洋法公约》第91条“船舶的国籍”规定:“每个国家应确定对船舶给予国籍、船舶在其领土内登记及船舶悬挂该国旗帜的条件。船舶具有其有权悬挂的旗帜所属国家的国籍。国家和船舶之间必须有真正联系。每个国家应向其给予悬挂该国旗帜权利的船舶颁发给予该权利的文件。”

船旗是船舶国籍的标志,一般悬挂在船舶尾部。按国际惯例,船舶无论在公海或在他国海域航行,均需悬挂船籍国国旗。船舶有义务遵守船籍国法律并享受船籍国法律的保护。一国船舶进入他国内水、港口时,应在适当位置悬挂驶入国国旗。我国《国旗法》和国务院交通部《船舶升挂国旗管理办法》规定,进入我国内水、港口、锚地的外国籍船舶,应当每日于船舶前桅或驾驶室信号杆顶部或右横桁悬挂中国国旗。

方便旗船是指在外国登记注册、悬挂外国国旗并在国际市场上进行运营的船舶。船东将船舶转移到国外进行登记,以图逃避国家重税和军事征用,自由制定运价不受政府管制,自由处理船舶与运用外汇,自由雇用外国船员以支付较低工资,降低船舶标准以节省修理费用,降低运营成本以增强竞争力等。公开允许外国船舶在本国登记的所谓“开放登记”国家,主要有利比里亚、巴拿马、塞浦路斯、新加坡及百慕大等国。

(三)船员

船员通常又叫做海员,我国《海商法》第31条规定:“船员,是指包括船长在内的船上一切任职人员。”《船舶登记条例》规定:“中国籍船舶上的船员应当由中国公民担任;确需雇用外国籍船员的,应当报国务院交通主管部门批准。”

(四)港口

港口是指具有供船舶进出、停泊、靠泊,旅客上下、货物装卸、驳运、储存等功能,具有相应的码头设施(船舶靠泊和进行装卸作业、旅客上下的必要设施,如码头),由一定范围的水域(港口所占之水面与水下以及出入港的航道)和陆域组成的区域。港口分为开放港口和封闭港口。在我国沿海,分布着几百个港口,包括商港、军港、渔港、工业港和专用港等。

(五)出入境船舶分类

按照不同的标准,可以对出入境船舶进行不同种类的划分。

(1)按照船籍划分:中国籍船舶和外国籍船舶。

(2)按照船舶用途划分:运输船、工程船、渔业船、海洋开发船、港务船等。

(3)按照检查方式划分:国际航行船舶、航行港澳小型船舶以及特种船舶。

在现行的边防检查工作中,对出入境船舶的检查主要按照第三种分类方式实施。

二、出入境船舶边防检查手续办理

(一)国际航行船舶检查

船舶入出境检查,可分为登轮办理、不登轮办理和网上办理,网上办理主要适用于船舶的预报(检)。

船舶入出境的检查,一般情况下不登轮办理,在边检站执勤点或指定的地点办理。下列船舶应登轮办理边防检查手续:

(1)不靠岸的海上作业船;

(2)载有偷渡人员或在控人员的船舶;

(3)有情报表明有违法犯罪嫌疑的船舶;

(4)携有枪支弹药的船舶;

(5)有严重违规、违法、犯罪记录的船舶;

(6)上级通知或边检站认为需登轮办理边防检查手续的船舶。

1. 不登轮办理出入境船舶手续

(1)入境手续的办理

入境船舶通常会在抵达口岸24小时前(航程不足24小时的,应在离开上一港口时)向边检站进行预(确)报,边检站勤务值班人员接到船方的预(确)

报信息后应做好记录并及时通知相关执勤科。检查科根据船舶情况确定检查方式(登轮或不登轮)。

通常情况下,为加快作业速度,减少成本,入境货船都会在抵港前向边检站提出办理预检手续的申请,船方或其代理人必须要提交总申报单、船员名单(有旅客的须提交旅客名单)。检查站根据以上单据将船舶、船员、旅客信息录入出入境边防检查信息系统进行查控,确定船舶不属于登轮检查范围的可以为其办理预检手续。手续办理完毕,应填写船舶办理入出境(港)边防检查手续情况通知单,在办理手续情况栏注明"已办妥预检手续"并通知监护巡查科。

办妥预检手续的船舶抵港后即可上下作业人员、装卸货物。同时,船方或其代理人带齐总申报单、船员名单、旅客名单(如果有)、船员物品申报单、临时入境许可(船员)申请表及船员证件到边检站办理船舶的正式检查手续。检查科将船舶、船员资料与预检信息相比对,有出入的以这次提交的资料为准进行修改并重新查控,办理船舶、船员入境手续,同时根据船方申请为船员办理临时入境许可(船员)。如是外国籍船舶还应填写外国籍船舶船员检查情况登记表。入境手续办妥后填写船舶办理入出境(港)边防检查手续情况通知单,在办理手续情况栏注明"已办妥入境检查手续"并通知监护巡查科。

(2)出境手续的办理

检查科接到船方或其代理人的船舶出境申请后,向监护巡查科了解船舶在港情况,收取总申报单、船员名单、旅客名单(如果有)、船员物品申报单及船员证件,将船舶、船员资料录入系统实施查控,办理船舶、船员出境检查手续。办理完手续后在船舶出口岸手续联系单上签注"同意",并加盖业务专用章交船方或其代理人,填写船舶办理入出境(港)边防检查手续情况通知单,在办理手续情况栏注明"已办妥出境检查手续"并通知监护巡查科。监护巡查科派人上船收回临时入境许可(船员)。如是国轮或全是我国外派船员的船舶出境时,还应检查中华人民共和国航行国际航线船舶出境自查报告表。

(3)入港手续的办理

来自国内港口的外国籍船舶抵港后,检查科应向船方收取上一港口边检站制作的"边封"(指边检站向下一港口边检站介绍外国籍船舶检查情况和船舶在港情况的密封纸质信件或电子信件,内有外国籍船舶船员检查情况登记表、船员名单,有旅客的还有旅客名单),办理船舶入港手续,填写船舶办理入出境(港)边防检查手续情况通知单,在办理手续情况栏注明“已办妥入港检查手续”并通知监护巡查科。

(4)出港手续的办理

检查科接到外国籍船舶的出港申报后,向监护巡查科了解船舶在港情况,办理船舶出港手续,制作“边封”,交船方转交(电子“边封”通过内部网络传输至)下一港边检站。“边封”内容包括外国籍船舶、船员检查情况登记表、船员名单等,有旅客的还应有旅客名单,有随船家属或随船工作人员的,也应有相应名单。纸质“边封”应使用专用信封,骑缝加盖业务专用章进行密封,由船方交至下一港边检站。电子“边封”由边检站之间通过出入境边防检查信息系统传送。在船舶出口岸手续联系单上签注“同意”并加盖业务专用章。填写船舶办理入出境(港)边防检查手续情况通知单,在办理手续情况栏注明“已办妥出港检查手续”并通知监护巡查科。

2. 登轮办理出入境船舶手续

按规定需登轮办理检查手续的船舶,检查科应根据预报信息事先对船舶、船员和旅客进行预查控,在船舶抵港后,派人携带必需的执勤用品登轮办理船舶、船员的入境手续,对与预报信息不一致的,应再次进行查控。办理完手续后应向船方交待在港期间注意事项,填写船舶办理入出境(港)边防检查手续情况通知单,直接交给监护人员。下船后,检查员应将船舶、船员和旅客资料录入出入境边防检查信息系统。

按规定需登轮办理船舶入出境检查手续的,还应注意以下方面:

(1)准备好登轮检查必备的执勤用具和用品。

(2)执勤队(科)船舶检查岗位执勤人员对预报的船舶、船员和旅客资料进行预查控。巡查监护岗位执勤人员实施重点监护。

(3)船舶检查岗位执勤人员登轮后,对船员、旅客证件进行查验,并视情进行人证对照,比对船舶资料、船员和旅客名单,遇有与预报不一致的应实施查控。

(4)船舶检查岗位执勤人员登轮办理手续完毕,向船方交待注意事项,发放登陆指南,填写船舶办理入出境(港)边防检查手续情况通知单,并注明特殊情况,当面交巡查监护岗位执勤人员。

(5)实施登轮检查后,船舶检查岗位执勤人员将船舶、船员、旅客有关出入境资料录入梅沙系统。

3. 网上办理出入境船舶手续

近年来不断发展的船舶代理制度和日臻成熟的网络技术,为边防检查手续办理的网络化、便捷化创造了有利的条件。目前,部分边检站已进行了有益的探索,初步建成网上办理船舶检查手续的工作系统和机制,收到了良好的效果。但网上办理船舶边防检查手续还只是起步阶段,主要集中在网上报检这一环节上,即船方负责人或代理人通过互联网向边检站进行申报或申请,边检站通过互联网进行信息反馈。由于信息安全的原因,目前还无法实现边检机关内部查验系统与互联网的在线连接,全面实现网上办理船舶边防检查手续还有待时日。

(二)航行港澳小型船舶检查

交通部《中国籍小型船舶航行香港、澳门地区安全监督管理规定》中把我国航行港澳小型船舶界定为"航行香港、澳门地区的1000总吨以下的机动船舶和各种非机动船舶"。按灵活性关系可分为港澳航行内地小型船舶和内地航行港澳小型船舶;按船舶种类可分为机动船舶和非机动船舶;按船舶功能可分为客船、货船和挖沙船等。

航行港澳小型船舶的出入境检查原则上参照国际航行船舶办理,具体管理办法由相关边检总站(边防总队)自行制定。执勤人员凭船方或其代理人员提交的"航行港澳小型船舶船长报告书"和船员所持出入境证件办理出入境边检手续。

(三)特殊船舶检查

1. 大型旅游船

从国外或港澳地区直接入境的大型旅游船(旅客人数1000人以上),边检站可根据旅游公司或船舶公司的邀请,报经公安部边防管理局批准后,派人出境到前一港口登轮办理旅客入境手续。在出境前,检查科应事先对船舶、船员和旅客实施预查控,出境登轮的检查员只携带必需的检查用品,不得携带涉密文件,在船舶离开外国海域后即可办理船舶、船员和旅客入境手续。

2. 不靠岸的海上作业船

在我沿海作业的外国籍工程船舶的出入境手续,边检站本着从简的原则登轮办理。首次入境和末次出境时,向船方收取相关单证、资料,查验船员和工程技术人员出入境证件,作业期间船舶出入我港口一般不进行检查。边检站可根据船方申请为外国籍和台湾地区船员签发登陆证,登陆证的有效期可根据作业需要酌定。我国人员需登该船工作的，凭主管机关开具的证明，边检总站（边防总队）为其签发随船工作证。

3. 新建船舶

在我境内建造的外国籍船舶首次出境，边检站应在船舶正式交接或更换外国国旗后，对船舶进行船体检查（军用船舶除外）。

4. 进口废旧船舶

对进口废旧船舶的入境检查，在买船单位和买船代理与外轮船长办理船舶交接手续完毕后，实施船体检查，收缴船上的武器、弹药和刑具等物品（不包括船舶航行安全所需的仪器、设备和生活用具等），填写收缴物品清单（一式两份），经买船单位和检查人员签字确认，一份交买船单位，另一份由边检站收存。

5. 军舰

军舰的入出境检查凭我国军方的函件收取人员名单办理入出境手续，不查验证件，不核对人数，不进行船体检查。在港期间由军方负责管理，边检站不实施监护。随军舰来华人员不随船出境，边检站凭其有效出入境证件和签证（互免签证国家除外）为其办理离船入境手续。

三、船体检查

（一）船体检查的范围

边检站可以进行船体检查的情形有以下几种：

（1）在我国境内建造的外国籍船舶首次出境（军用船舶除外）；

（2）进口废旧船舶；

（3）怀疑载有偷渡人员或在控人员的船舶；

（4）有情报表明有违法犯罪嫌疑的船舶；

（5）有严重违法犯罪记录的船舶；

（6）停靠在非开放码头或二类口岸的船舶；

（7）航行国际重点航线的船舶；

（8）上级通知或边检站认为需进行船体检查的船舶。

（二）船体检查的程序

（1）执勤队（科）实施船体检查时应由队（科）领导或有经验的检查员带勤。实施前应作出具体勤务部署。实施船体检查的执勤人员一般应着工作服,携带警棍、警绳、手铐等警械和手电筒、通信器材等执勤用具(不带武器)。

(2)船体检查一般分为若干个检查组,每组不少于两人,分别负责生活区、甲板和机舱等部位的检查。

(3)实施船体检查前,带勤队(科)领导向船长宣布实施船体检查的决定,如需集中船员点名,未经许可,检查期间所有船员不得擅自离开集合地点。

(4)请船长或其代理人安排人员(通常是大副、轮机长、管事)陪同检查。

(5)生活区检查的范围是船员使用的所有房间、走廊和其他公共场所,重点是仓库、衣柜、铺下、厕所及公共场所,驾驶台可作为生活区检查的范围。检查应从驾驶台开始自上而下逐层实施。两组同时检查的,另一组应从最下层开始自下而上实施,两组到中间会合。遇有未打开的加锁部位,要视情通知船方打开。

(6)机舱检查的范围是机舱及其库房和加工间,重点是烟囱、逃生孔、管隙道、踏板下、油柜、工具房及特殊设备空间等。检查开始,一名检查员由逃生孔经轴道进入机舱最底层,另一名检查员从舱门进入机舱,下至最底层。二人会合后,按照一左一右的分工自下向上逐层检查,最后从烟囱出去,并注意烟囱周围的小仓库、工具箱等,与甲板检查员会合。

(7)甲板检查的范围,是上述两部位检查范围之外的所有船体空间,重点是救生艇、货舱、前后尖舱、锚链舱、缆绳库、工具房和吊车操纵室等。装载杂货的船舶,还要特别注意货物之间缝隙及包装有异常的货物。检查开始,先从船首甲板查起,按照由上而下、由前而后的顺序向船尾推进。两组同时检查的,分别自船首和船尾甲板查起,向中间推进会合。

(8)检查期间,检查组应互通情况,检查完毕,应立即报告带勤队(科)领导。

(9)带勤队(科)领导向船长或其代理人宣布检查完毕,如集合船员的,可由船长宣布解散。填写船体检查登记表,由船长签字后存档。

四、出入境船舶监护

(一)出入境船舶监护的任务

1. 对船舶本身的监护

其主要是对船舶本身是否遵守我国的法律法规的情况进行监督,对危害船舶安全的情况进行排除,以保证船舶在港期间及在我国境内航行期间的安全和行为的受控。

2. 对上下船舶人员的监护

其主要通过查验上下船舶人员的证件,核实身份,对上下舰船人员进行控制,确保上下船舶人员按照相关规定登离船,如船员、旅客是否按要求登陆或返轮。

3. 对口岸限定区域的监护

口岸限定区域是指为确定边防检查勤务的顺利实施,维护口岸的安全和秩序,防范和打击违法犯罪活动,依据有关法规,在对外开放口岸边防检查勤务实施场所划定的由边检机关管理的一定范围的区域。

对口岸区域的监护主要通过对限定区域的警戒、巡查,阻止无关人员、车辆、搭靠船舶进入口岸限定区域,保持口岸限定区域的良好运作状态;严禁不法分子进行走私、偷渡等非法活动;及时处置区域内发生的突发事件。

(二)出入境船舶监护的方式

边检站应在对所辖港口安全防护、船舶自管等情况进行风险评估的基础上组织国际航行船舶监护勤务。在保证有效控制上下船舶人员的前提下,可根据港口和船舶安全评估结果对在港船舶采取巡查、梯口或驻船等方式实施船舶监护。其中巡查监护又包括码头巡查和锚地港池巡逻,为配合巡查监护,各港口边检站还结合港口特点,辅以卡口管理或电子监控等监护方式。与国际上大部分国家对外籍船舶的管理方式接轨,目前,我国对外轮监护的通常做法是,以巡查监护和卡口监护为主,梯口监护和驻船监护为辅,并结合船方自管和厂方协管等多种管理方式。

1. 巡查监护

除按规定可进行梯口监护或驻船监护外,对其他国际航行船舶的监护管理均应采取巡查的方式。一般情况下,对中国籍船舶和信誉好、管理严、船员全系我外派船员的外国籍船舶,可实行在港期间自管,边检站严把出入境检查、核查关。

(1)巡查监护的范围及要求

对国际航行船舶实施巡查监护的范围是本边检站所辖港区、码头,有巡逻艇的边检站应对所辖锚地和浮筒实施巡查。对停泊在锚地、港池、浮筒的船舶,边检站应该组织抽查,装备巡逻船艇的边检站对此类船舶的巡逻检查,原则上每周不少于两次。巡查可采取步行、骑自行车、摩托车、驾乘汽车或巡逻船艇等方式,巡查人员每组不少于两人,职改边检站由一名民警带班,现役边检站由一名干部带班。巡查监护岗位执勤人员应将船舶在港期间停泊管理及接、送船情况及时通报船舶检查岗位执勤人员。

在码头有国际航行船舶停靠的情况下,巡查间隔时间原则上不得超过1小时。

①在夜间或码头停靠重点船舶时应当增加巡查的次数。

②对停靠在分散岛屿型口岸的船舶,可根据实际情况确定巡查间隔时间。

③在船方自管、港区协管状况较好、经评估风险低,信息化手段能够保证执勤人员对船舶抵、离港、移泊、在港期间人员上下等情况进行实时监控,且边检站能够做到快速处警的情况下,可适当调整巡查时间和密度。

巡查监护应与电子监控和港区卡口管理相结合。船舶在港期间,电子监控岗位执勤人员必须保证24 小时对港区和船舶情况进行实时监控,发现可疑情况及时通报巡查监护岗位执勤人员快速出警处置。监控录像资料保存不少于3 个月。巡查人员应督促检查港区经营企业落实港区卡口管理制度。

(2)巡查监护的程序

①巡查监护岗位执勤人员在备勤室待勤,按部署对停靠在码头、锚地、港池、浮筒的船舶实施巡查。按照船舶入港动态或船舶检查岗位执勤人员的通知到码头接船。

②实施巡查前,巡查监护岗位执勤人员做好上勤准备,执勤队(科)值班领导检查执勤装备、用具、用品,交待注意事项。

③对靠泊的国际航行船舶,抽查上下船舶人员的证件,并视情登轮检查,随时掌握情况。

④保持与相关执勤岗位人员的通信畅通。

⑤做好执勤记录。

⑥巡查监护岗位执勤人员接警后应在第一时间到达现场进行处置,及时将处置情况报告值班队(科)领导,并反馈电子监控岗位执勤人员。

⑦巡查应不定时进行,重点时期或对重点船舶应加大巡查力度。

⑧船舶离港,执勤科(队)负责送船的巡查监护岗位执勤人员应将船舶在港情况通报船舶检查岗位执勤人员,并归入船舶档案。

2. 梯口监护

(1)梯口监护的要求

执勤点通常选择在船舷梯口下端，能够严密控制梯口、通观船舶周围情况的位置，特殊原因无法在梯口下端执勤的，执勤人员可选择在梯口上端便于控制人员上下的地方执勤，非工作需要不得进入船员生活区。勤务交接应在梯口进行，同时注意监视船舶周围情况，防止失控；有人员上下时，暂不交接勤务。被实施梯口监护的船舶出境时，执勤人员在船舶远离码头后，方可撤离哨位。

(2)梯口监护的程序

①监护人员携带执勤用品到达执勤岗位实施监护。

②梯口设有岗亭的，监护人员可在岗亭内实施监护，期间要注意对首尾船身进行巡视，必要时可登船查看船舶外舷。

③对上下船舶人员应严格查验有效的登陆、登轮证件，并做好登记。

④值班队(科)领导要落实查岗制度，24 小时内查岗不得少于 3 次，其中夜间至少 1 次。监护人员应对值班队(科)领导查岗查勤情况做好登记，注明查勤时间，并由查岗值班队(科)领导签字。

⑤下勤时，做好勤务交接。

3. 驻船监护

(1)驻船监护的范围及要求

一般情况下，驻船监护勤务每班两人，其中职改边检站至少有一名民警，现役边检站至少有一名干部，特殊情况下，可适当增派人员；执勤人员不得携带内部文件、资料上船，以防泄密；执勤人员非因工作需要不得进入船员房间，应尊重船员生活习惯、宗教信仰，不干涉船方内部事务。在船舶航行状态下进行驻船监护的，还应掌握船舶航行动态，上、下人员及搭靠等情况。

对下列情况的船舶，靠码头的应实行梯口或驻船监护，未靠码头的实行驻船监护：

①旅游船、客班轮(含客货两用船)及外国籍考察、访问船舶；

②经批准临时停靠非开放港口的外国籍船舶；

③停靠在封闭条件差或治安状况不好的港口、码头、浮筒等，自身安全管理不力的外国籍船舶；

④海事法院要求协助扣押的外国籍船舶；

⑤有严重违规违章记录的船舶；

⑥停靠期间发生案件或重大事故，公安、司法等部门要求协助看管的船舶；

⑦载有偷渡人员或不准入境人员的船舶；

⑧船籍国对我国船舶的管理有歧视性做法，需要采取对等措施的船舶；

⑨边检站决定推迟或阻止出入境的船舶；

⑩上级机关通知或边检站认为有必要进行监护的其他船舶。

执勤人员进行勤务交接时应该严密组织，并做好交接记录。交接内容为上一班的勤务情况和尚待处理的问题以及其他需要交待、移交的事项。勤务交接应全面、准确、清楚，在执勤记录本、通信和执勤用具用品等一并移交无误后，双方应在记录本交接栏签名。在对船舶实施监护期间，执勤队（科）应派出队（科）领导或带班人员不定时查岗，检查执勤情况，指导巡查监护岗位执勤人员处理问题。

（2）驻船监护的程序

①值班队（科）领导向驻船监护人员部署勤务，交代执勤要求、外事纪律等注意事项，检查执勤人员携带的执勤用品和用具。

②驻船监护人员登船后，向船长宣布对该船实施驻船监护，请其提供必要的工作、生活条件，尽快了解船舶、船员情况，熟悉重点部位。

③驻船监护的执勤位置主要位于梯口，执勤期间要注意巡视，视情开展情报调研工作，主动了解、掌握船舶情况，检查上下船舶人员，并做好登记。

④驻船监护人员要合理安排时间，轮流休息，并做好交接。驻船监护情况应每天向执勤队（科）报告一次，遇有问题立即报告。

⑤执勤队（科）值班领导要掌握驻船监护情况，视情登船查勤。

⑥驻船监护结束，监护人员要写出驻船监护情况报告，归入船舶档案。

五、出入境船舶管理

（一）出入境船舶管理的任务

出入境船舶管理是指边检机关按照有关法律、法规规定对入境、出境的船舶以及在我境内停留、移泊、航行的外国籍船舶实施管理的行为，其主要任务：

一是维护正常出入境秩序。根据《出境入境管理法》等法律法规要求对船舶及其载运人员的出入境行为实施管理,督促船舶、人员遵守我国法律法规及有关规定,并进行检查,同时积极提供各项便民、利民服务,确保通关顺畅、高效和有序。

二是确保口岸安全稳定。船舶在我国水域航行、停泊期间,对船舶本体、登陆船员、登轮人员、搭靠外轮船舶等进行检查与管理,发现、制止和打击各类违法违规行为,一方面保障港区、船舶、人员等的安全;另一方面维系口岸良好的运营状态。

三是构建良好通关环境。督促船方健全完善相关安保工作机制,自觉根据法律法规和国际公约,履行自管、协管义务,共同营造宽松、和谐、安全的口岸通关环境。

(二)出入境船舶管理的方式

1. 核查、抽查

其主要通过执勤人员的人力劳动完成,是边检站在出入境船舶管理工作中发现问题的主要手段之一,一般分为入境核查、出境核查和登轮抽查。

核对船舶及其载运人员、货物等的实际情况是否与入境或出境的申报信息相符;查验船员、旅客所持出入境证件是否真实有效;检查船舶是否存在非法载运违禁货物、枪支弹药等情况;发现有船舶实际载运人数与预报、申报不符或其他违法违规可疑情况的,及时与相关执勤岗位人员联系,上报值班科(队)领导,并按要求实施处理。

抽查船舶的值班和安全管理情况,督促有关方面做好落实;抽查上下船舶人员的证件;抽查船员所持出入境证件;视情进行人证对照抽查;按要求对发现的可疑人员、情况等进行处理。

重点、敏感时期应加大核查、抽查力度,从近几年安保工作开展情况来看,核查、抽查应做到"见船、见人"。

2. 科技辅助

科技管港是指边检机关在对出入境(港)船舶、在港外轮、上下船舶人员等实施管理的过程中,充分应用各项科技手段和方法,以实现管理工作的可视、可控,从而不断提升执勤效率和管控效能。

目前,应用最为广泛的监控设备是闭路电视监控。该设备主要设置在港区、码头等口岸限定区域内。监控岗位执勤人员通过操控监控探头对执勤区域内的船舶、人员等情况进行全天候监控,发现可疑情形后立即通知巡查等监护岗位人员前往处理，有效提升了用警效能和监护工作的针对性。

在掌握船舶动态方面，目前国际上运行较为成熟的是船舶自动识别系统(automatic identification system，AIS)。它由岸基(基站)设备和船载设备共同组成，配合全球定位系统(GPS)使用，是一种集网络技术、现代通信技术、计算机技术、电子信息显示技术为一体的数字助航系统和设备。AIS 可以提供三类数据：一是船舶静态数据，包括船名、呼号、IMO、MMSI、船舶类型、船长、船宽等；二是船舶动态数据，包括经纬度、船首向、航速、航行轨迹等；三是船舶航程数据，包括船舶状态、吃水、目的地等。不少港口边检站通过自行搭建系统或与海事等口岸单位建立联勤协作信息共享平台等方式接受此类数据。执勤人员由此可以实时掌握船舶动态、查看此前某段时间内船舶的航行轨迹等，增强了边检机关对出入境船舶实施管理的能力。

在日常查验工作方面，“二维码”技术当前已经得到了广泛应用，登轮许可证、搭靠外轮许可证等边检机关签发证件中均标有“二维码”，执勤人员通过手机扫描即可核实证件真伪、获取有关信息，从而提升查验工作效率。

3. 协助管理

协助管理简称“协管”，是指边检站与码头、港区等有关涉外企业建立协作共管机制，将企业安保力量纳入边检机关管理范畴，以“借力”的方式实现“企业力量供我所用、共创和谐稳定局面”目的。此管理方式主要具备两方面优势，一是通过适当“授权”给予企业信任，拉近了警企、警民之间距离，缓和了以往检查、管理、监护等工作中曾出现过的紧张、对立局面，从而优化了口岸通关环境；二是通过将企业安保力量转化成为开展边检勤务工作的辅助力量，进而缓解了当前执勤任务重、警力严重不足两者之间存在的矛盾。

当前较为常见的做法是：边检站与有关企业商议后达成协议，明确协管人员的岗位、职责和任务。边检执勤人员定期或不定期对企业协管员履行职责、完成任务等情况进行检查，检查结果作为协管员月度、季度或年度评定的依据，与其个人绩效奖、福利等物质收益的发放相挂钩。

4. 诚信管理

诚信管理是一种以“诚信”为核心价值规范、以等级评定为管理手段、以法律法规为实施保障的现代管理模式。

边检站根据勤务开展需要，结合口岸具体特点，针对不同类型服务对象诉求，以企业及其员工遵守法律法规、配合边检机关管理等日常情况作为依据,制定相应的等级评定标准,并在实际勤务中对不同等级的企业或个人分别给予权限范围内相应的便利措施或待遇。

通过“守信者受益、失信者惩戒”的运作方式,推动相关企业和个人在遵守法律法规、服从边检机关管理等方面由“被动型”向“主动型”转变,从而形成良性、长效的管理机制。

(三)船舶的管理

1.信息预报管理

出境、入境船舶应当在离开口岸6小时前(在口岸停泊时间不足6小时的,在办理入境预报时)、抵达口岸24小时前(航程不足24小时的,在驶离上一口岸时),按规定向边检站预报总申报单、船员名单、旅客名单等情况的信息。

2.出境、入境检查管理

出境、入境船舶应当在最后离开或者最先抵达的口岸接受边防检查。对遇有特殊情况不能在最后离开或者最先抵达的口岸办理边防检查手续,或者需要在对外开放口岸以外的地点出境入境的,应当经公安部出入境管理局(公安部边防管理局)批准。

3.船舶在我境内航行的管理

对国际航行船舶在国内港口间移泊的检查手续应当从简,入港后即可装卸作业、上下人员;外国船舶在中国境内应当按照规定的路线、航线行驶,不得驶入对外开放口岸以外地区。因不可预见的紧急情况或者不可抗力驶入的,应当立即向就近的边检站或者当地公安机关报告,并接受监护和管理。

4.对船舶出境入境业务代理单位及其人员的管理

船舶出境入境业务代理单位和人员应当提前向边检站备案。申请备案时,对于代理单位,应要求对方递交书面申请、企业法人营业执照、法定代表人身份证明等材料以及代理单位备案表;对于代理人员,应要求其通过所属单位提出申请,并递交书面申请、身份证明以及相应的业务知识、技能等证明材料以及代理人员备案表,申请材料真实齐全的,予以备案。

同一城市有多个口岸的,代理单位和代理人员在向任一口岸边检站备案后,可以在本城市各口岸代理相关业务。

船舶出境入境业务代理单位和代理人员备案后,可以在船舶负责人的委托范围内为其代办交通运输工具预报、申报以及其他与边防检查有关的事项。对未备案的单位和人员，边检站不受理其代理的业务。

边检站应当加强对代理单位和代理人员的业务指导和培训，通过信用等级评定等方式加强管理，要求代理人员严格遵守边防检查法律法规，配合边防检查工作；船舶出境入境业务代理单位和代理人员有协助他人非法出境入境等违反边防检查法律法规行为的，边检站应当依法处理。

（四）船员的管理

中国籍船员凭本人海员证等有效出境入境证件登陆、返船；港澳地区船员凭本人所持有效港澳居民来往内地通行证登陆、返船；台湾地区船员凭本人所持有效台湾居民来往大陆通行证登陆，未持有该证件的，凭能证明其台湾地区船员身份的其他证件（"台湾护照"除外）申请办理台湾地区船员登陆证；外国籍船员登陆港口所在城市的，应当向边检站申请办理临时入境手续。

1. 登陆港口所在城市的（包括在港口城市换乘其他交通运输工具出境）的船员，由船舶负责人或其代理提出申请，提交船员名单以及海员证或者其他出境入境证件，边检站可为其签发临时入境许可（船员），停留时间不超过15日，本航次在我国各港口通用。

2. 需要随服务船舶继续在港口所在城市停留的，在临时入境许可（船员）到期前应当申请办理延期手续，每次不超过15日。

3. 有在中国境内停留时需要离开港口所在城市等情形的，应当按照规定向公安机关出入境管理机构申请办理停留证件。需要在港口城市换乘其他交通运输工具或从陆地口岸徒步出境的，应当向边检站申请办理离船手续。

4. 对按双边协议享受免签政策的外国籍船员可按协议规定免签入境，在免签停留期内无须申请办理临时入境许可（船员）。截至2015年7月4日，波兰、乌克兰、俄罗斯和立陶宛与我国签订了海员证互免签证协议，该四国船员登陆时，持用本国海员证的，免办临时入境许可（船员）。

5. 对按规定需办妥我国签证方可入境的外国船员及其随行家属，未办签证的不准予临时入境；被列入不准入境人员名单或者具有《出境入境管理法》第25条规定情形之一的，不准予临时入境；不属于上述情形但近5年内有在华非法出入境、非法居留、非法就业等违法记录的，原则上不准予临时入境，如因紧急救助等人道原因确有必要临时入境的，需报经边检站站长审批。

登陆的外国籍船员在船舶开航前未返船的，边检站可同意船舶先行离港，但应要求船方出具确认文件，说明船员未按时返船，并保证已委托船舶代理处理后续事宜。

(五)登轮人员的管理

因装卸物品、维修作业、参观访问等事由需要上下外国船舶的人员,应当向边检站申请办理登轮证件。目前,由边检站签发的登轮证件主要有登轮许可证和随船工作证。

对违反边防检查相关法律、法规的持证人,边检站应按有关规定作出处理,并视情吊销为其签发的证件。

1. 登轮许可证的签发

(1)签发工作制度

①登记备案和年审制度。申请办理登轮许可证的单位应按要求向边检站备案,备案时提供备案申请函及本单位的营业执照、税务登记证明、与登轮事由相符的相关资质证明、登轮人员的劳动关系证明等材料的原件和复印件。边检站审核无误后退还备案资料原件,留存复印件。备案信息、资料发生变化时,申请单位及边检站应及时进行相应的变更操作。

②预约办理制度。对于已登记备案的登轮单位、人员,边检站可提供互联网、传真等受理方式,预先按规定程序检查后制证,在申请人领取证件时,再核对申请资料的原件,以缩短申请人的办证时间。

(2)证件种类及有效期

通常情况下,登轮许可证中的“所登船舶”分为“在港外轮”“本公司船舶”及申请的指定船舶三类;有效期分为“本航次有效”和指定有效期(最长不超过1年)两种。

近年来,随着我国对外经济交往的日趋密切,因开展业务、生产作业等原因需登外轮人员的数量较以往相比有了大幅增加,为更好地服务对外开放、便利人民群众,公安部在2012年开始施行的“十二项便民措施”中进一步放宽了对中国籍船员家属和作业人员的登轮限制:

①中国籍船员家属持在“职务栏”标注“家属”的登轮许可证可在全国任何一个对外开放港口(港区)登该船员服务船舶,并可随船在国内港口移泊,证件的有效期为该船员所在服务船舶本航次国内段有效,即船舶出境前船员家属须离船;

②对于码头工人及经过边检站培训、备案的代理、外轮供应等需登外轮工作的人员,边检站可视情为其签发有效期3个月以上的长期登轮许可证,

并在“所登船舶”栏目内填写“适用××市所有港口”，上述人员凭该证可在边检站所在城市的任一港口/港区登轮作业，即在“一市多站”的情况下，各站辖区通用。

(3)申请人所需提供材料

边检站在受理登轮许可证申请时，应要求申请人提供以下资料：

①申请人所在单位或用人单位的办证申请函及申请登轮人员名单；

②申请人身份证或驾驶证原件(首次申请还需提供复印件)；

③需经常登外轮的，首次申请时需提供所在单位或用人单位的审查材料；非本地区的申请人，需提供本地接待单位(用人单位)或派出单位出具的介绍信；

④申请登轮从事船舶供应、加油、加水、废旧物品回收、维修等业务的，需提供船长或船舶所属公司出具的允许从事相关业务的委托书；

⑤船员家属需提供船方申请及亲属关系证明；

⑥与登轮事由相关的其他证明材料。

2. 随船工作证的签发

(1)签发单位

随船工作证由公安部出入境管理局、各边检总站(边防总队)或边检站负责签发。

(2)签发权限

①随国际航行船舶出境执行任务，因无固定抵达口岸，不便办理前往国家签证的人员，由边检总站(边防总队)按规定为其签发随船工作证；

②外国籍船舶在我港口间航行时，因工作需随船至其他港口的船舶公司、代理、旅游、工程技术等单位的工作人员，由船方提出申请，经边检站站长批准，由边检站为其签发随船工作证(划去“出入境”字样后加盖边检站“证件专用章”)，有效期以满足本航次在国内港口间航行需要为限。持此证人员可随船至其他港口，继续用以上下船舶，但不得随船出境，有关情况应在边封中注明。

(3)使用要求

随船工作人员凭身份证或护照和随船工作证上下船舶(出入境)。完成任务离船时，边检站收回其随船工作证。

(六)搭靠外轮船舶的管理

中国船舶与外国船舶或者外国船舶之间需要搭靠作业的，应当由船长或者船舶代理单位向边检站申请办理船舶搭靠手续。边检站按规定为实施搭靠的船舶签发搭靠外轮许可证,对违反边防检查相关法律、法规的船舶,按有关法律法规作出处理,并视情吊销为其签发的证件。

1. 申请搭靠外轮许可证所需提供材料

(1)船舶证书;

(2)船长身份证件;

(3)搭靠外轮申请表;

(4)被搭靠外轮允许其搭靠的书面材料。

2. 搭靠外轮许可证的签发

边检站审核申请船舶递交的申请材料无误后,收存有关船舶证书复印件、船长身份证件复印件、搭靠外轮申请表和被搭靠外轮允许其搭靠的书面材料,签发搭靠外轮许可证。

3. 其他相关要求

搭靠外轮许可证的使用范围、有效期和审批权限等同于登轮许可证。

第二节　出入境飞机检查与管理

一、飞机的基本知识

飞机是指有动力装置和固定机翼的重于空气的航空器。

(一)飞机的结构

飞机主要组成部分有推进系统、操纵系统、机体、起落装置和机载设备。其中机体包括机翼、机身及尾翼。但与边防检查管理工作密切相关的主要是机体的机身部分,以下对机身作简要介绍。

机身是飞机的主体,其他各个组成部分都需要安装在机身上。机身包括驾驶舱、客舱(对客机而言)、货舱(对货机而言)和行李舱等。

1. 驾驶舱

驾驶舱是飞机的操纵部分,位于飞机最前部,内设各种仪器仪表,是驾驶员、领航员的工作场所。

2. 客舱

客舱是指载运旅客的空间部分,是客机机体的主要组成部分。从位置上可分为前舱、中舱和后舱,从级别上可分为经济舱和头等舱,有的还设有公务舱或称商务舱。有的飞机如波音747、空客A380还设有上下两层客舱。客舱内主要设有坐席、行李架以及窗户和空调、联络设备，同时在客舱内还设有卫生间、配餐室、服务间等。

3. 货舱和行李舱

货舱和行李舱，一般设在飞机的尾部或底部，是用来装载货物或旅客行李物品的部位。

（二）飞机的国籍及标志

根据《国际民用航空公约》的规定，航空器应进行登记，并依登记而具有其登记国家的国籍。航空器在一个以上国家登记不得认为有效，但其登记可以由一国转移至另一国。也即国际上不承认航空器具有双重国籍。从事国际航行的每一航空器应载有适当的国籍标志和登记标志。

我国对航空器国籍及标志进行了明确的规定。我国《民用航空法》规定：经中华人民共和国国务院民用航空主管部门依法进行国籍登记的民用航空器，具有中华人民共和国国籍，由国务院民用航空主管部门发给国籍登记证书。民用航空器不得具有双重国籍。未注销外国国籍的民用航空器不得在中华人民共和国申请国籍登记。依法取得中华人民共和国国籍的民用航空器，应当标明规定的国籍标志和登记标志。我国《民用航空器国籍登记条例》规定：中华人民共和国民用航空器的国籍标志为罗马体大写字母B；中华人民共和国民用航空器的登记标志为阿拉伯数字、罗马体大写字母或者二者的组合（如B－2371，B代表中国，2371是由国家民用航空行政管理部门确定的机号）；取得中华人民共和国国籍的民用航空器，应当将国籍标志和登记标志喷涂在民用航空器上或者用其他能够保持同等耐久性的方法附着在民用航空器上，并保持清晰可见。

二、出入境飞机的分类

（一）按飞机性质不同，出入境飞机可分为国家飞机和民用飞机

国家飞机是指执行军事、海关、警察飞行任务的飞机。民用飞机是指除国家飞机以外的飞机。

民用飞机以有无航空协议又可分为飞行协议航班飞机和飞行非协议航班飞机。

协议航班是指缔约国双方根据协定，指定空运企业在约定的航线上建立和经营的定期航班。为了加强和规范对出入境飞机的管理,世界各国都在国际航空准则的前提下,通过两国间签订双边协议,对双方建立和经营的涉及两国领土的航空运输进行规定。飞行协议航班的飞机,按照运输目的不同,主要可分为客机和货机。

非协议航班也叫作不定期航班,是指在两国之间从事不定期运输飞行的航班。各国对非协议航班的检查与管理要普遍严于协议航班。这类飞机每次飞行都需事先取得到达国的许可。根据民航总局有关规定,飞行非协议航班的飞机主要包括专机、包机和公务机等。专机是指运送国家元首、政府首脑或议会议长的飞机。此种航班一般通过政府间外交途径安排。包机是指用户(企业、事业单位、政府机构、社会团体或个人)与航空企业签订合同,包租飞机为其出行提供飞行服务的包用飞机。包机包括自用包机、综合旅游包机、社团包机或学习团体包机、货物包机等。公务机是指按单一用户(企业、事业单位、政府机构、社会团体或个人)确定时间和始发地、目的地,为其商业、事业、行政等活动提供无客票飞行服务的租用或自备的民用航空器。

(二)按经营方式的不同,出入境飞机可分为经营性飞机和非经营性飞机

经营性飞机是指根据双边协定飞行定期航班的飞机以及根据两国行政当局许可飞行不定期航班的包机。非经营性飞机是指从事经营性飞行以外的飞机,主要包括公务机、专机和军用机。

三、出入境飞机的检查

出入境飞机的检查主要包括办理飞机的边防检查手续、员工的边防检查手续和进行机体检查。由于在人员检查的章节中对员工的检查手续有专门的论述,所以本节着重介绍飞机边防检查手续的主要环节、具体流程以及机体检查。

不论是国家飞机还是民用飞机,任何飞机出入境都必须接受边防检查。在实际工作中,民用飞机的检查占据我们工作的大部分。所以我们在这里将按照民用飞机的分类方法,着重介绍飞行协议航班和非协议航班飞机的检查程序和方法。

(一)飞行协议航班飞机出入境检查手续的办理

机场航空调度部门提前对出入境航班信息汇总后,一般应在航班入境、出境 24 小时前,将航班号、航班性质、入出境时间、停靠位置等相关信息通报边检站。

对于航空公司自身管理良好、无不良记录、出入境时间间隔较短飞机，可以在办理入境检查手续时同时办理出境检查手续。

1. 入境边防检查手续的办理

(1)飞机抵港后，无特殊情况即可卸货、下客。对于客机，由民航部门负责引导旅客进入旅客检查现场，接受入境检查。

(2)飞机、机组人员的入境检查手续，可以在旅客下机的同时由机长指定专人或代理人将机组人员的出入境证件和相关申报单据送至边防检查现场办理。办理飞机及机组人员的入境边防检查手续时应提交下列单证：总申报单、机组人员名单、旅客名单、机组人员的出入境证件。外国籍飞机载有自备枪支弹药的，还应填写交通运输工具自备枪支(弹药)申报表。

飞机的总申报单一般包括下列内容：飞机名称和类别、飞机国籍、飞机登记细目、货物简要说明、员工人数及员工简要资料、旅客人数、航次简要细目、抵达或离开的日期和时间、抵达或离开的航空港、飞机在港的位置、机上人员健康状况以及机长或代理人签章。

机组人员名单一般包括下列内容：飞机名称和类别、飞机国籍、飞机登记细目、姓名、国籍、职位或等级、出生日期、身份证明的性质和号码、签证种类、抵达或离开港以及日期。

旅客名单一般包括下列内容：飞机名称和类别、飞机国籍、飞机登记细目、旅客人数姓名。飞机未载有旅客的，可以免交。机组人员的出入境证件，必要时，还应该提供其他辅助证件，如机组人员执照(或身份证)等。

(3)检查人员应询问了解飞机有无载运违禁物品、遣返人员等情况。确认飞机载客情况后，及时通知旅客检查队，并根据总申报单，查验机组人员名单及机组人员证件，了解双边航空协议情况，按照相关要求，办理飞机和机组人员的入境手续；对载有自备枪支弹药的飞机，还应该核实枪支、弹药的种类、数量，加封后交由机长自行保管，禁止带下飞机；飞机不从本口岸出境的，应将携带枪支、弹药的情况通报出境口岸边检站。检查完毕，收存总申报单、旅客名单和加盖验讫章的机组人员名单，并交还机组人员的证件。

(4)有下列情形的，检查人员应登机收取机组员工的出入境证件和相关申报单据并加以核实，必要时，可对机组人员实施人证对照检查：

①重点、敏感时期需加强边防检查的；

②航空公司以前有违反出入境管理法律、法规情形的；

③提前获悉该航班载有不准入境、非法入境人员或被遣返人员的；

④航空公司要求的。

2. 出境边防检查手续的办理

(1)客机的出境边防检查手续应在航空运输部门开始办理旅客乘机手续后办理；货机的出境边防检查手续应在飞机起飞前办理。

(2)由机长指定专人或代理人携带相关单据和证件，到边检站指定的地点申请办理飞机及机组人员的出境边防检查手续。

办理上述手续时应提交下列单据和证件：总申报单；机组人员名单；机组人员出入境证件；必要时，还应提供其他辅助证件，如机组人员执照(或身份证)等；外国籍飞机载有自备枪支弹药的，还应填写交通运输工具自备枪支(弹药)申报表。

(3)检查人员应根据总申报单，查验机组人员名单及机组人员的证件，按照要求，办理飞机和机组人员的出境手续。外国籍飞机携带自备枪支、弹药的，凭飞机负责人填写的交通运输工具自备枪支(弹药)申报表，与入境时填写的申报表核对，检查封志并启封，核实枪支、弹药种类、数量无误后放行；飞机不是从本口岸入境的，应根据入境口岸边检站通报的情况，检查封志并启封，核实枪支、弹药种类、数量无误后放行。

(4)检查完毕，在与出境旅客检查队核准验放旅客人数与登机旅客人数一致后，在总申报单上加盖验讫章，一份与机组人员名单一并收存，另一份与机组人员的证件一并交还。旅客登机结束或货物装载完毕，即可放行。

(二)飞行非协议航班飞机的出入境手续的办理

1. 专机出入境手续的办理

(1)专机出入境手续可在边检站指定地点或其他特许地点办理。

(2)为保证检查工作的顺利进行，避免延误专机和代表团的活动，有关的外事、空军(或民航)等接待部门一般会事先将专机出、入境的时间通知有关边检站。边检站接到通知后，应主动与外事、空军(或民航)等有关部门取得联系，互通情况，做好检查的准备工作。

(3)检查人员应在专机入境或出境前抵达检查现场并与相关接待单位取得联系，收取礼遇信函。专机抵达或出发时，向接待单位、航空公司或机长收取总申报单、代表团人员名单、机组人员名单和出入境证件，清点、核对后，集中办理边防检查手续。

(4)如遇专机机组人员或警卫人员携带枪支弹药的,还应核对相关的批准函件,填写出入境人员携带枪支(弹药)申报表或交通运输工具自备枪支(弹药)申报表,并按规定办理相关手续。

(5)手续办理完毕,应及时返还代表团成员和机组人员的护照、证件,当面清点数目,防止漏还、错还证件。如是外国代表团的,还应填写礼遇外国代表团入出境登记表,经签字后存档。

(6)检查过程中,如遇手续不符等情况,原则上应协商接待单位解决。

2. 包机、公务机出入境手续的办理

包机、外国籍公务机出入境手续的办理,与飞行协议航班飞机基本相同。

我国公务机出入境时按以下要求和程序办理边防检查手续:

(1)公务机公司或机场调度部门应在飞机执行国际公务飞行任务 24 小时前通报有关边检站。

(2)公务机公司在执行国际公务飞行任务时应向有关边检站出示民航总局批准飞行的文件。边检站查验机组人员出入境护照证件、核对备案机组名单无误后,办理边防检查手续。

3. 抢险、救灾飞机和军用飞机出入境手续的办理

执行急救、抢险、救灾等紧急飞行任务的,应至少提前 2 小时通报有关边检站。对于执行抢险救灾任务的出入境飞机,边检站可本着特事特办的原则,及时安排人员进行检查。在不危害国家安全和利益的情况下,可采取一定的手续简化措施。

鉴于军用飞机的特殊性,其边防检查手续的办理应充分考虑政策因素,根据上级部门的指示办理。

(三)机体检查

机体检查是边检站核实检查情况的准确性和查处违法违规行为的重要手段。边检站认为必要时,可对出入境飞机实施机体检查,以确保机上无漏检人员、未藏匿非法人员和违禁物品。

机体检查一般在下列情况下实施:怀疑载有逃避边防检查、非法出入境、危害国家安全、刑事犯罪等人员的航班;怀疑载有违禁物品的航班;上级机关要求进行机体检查的航班。

机体检查一般按照下列程序实施:

(1)入境飞机的机体检查应在旅客下机后实施,出境飞机的机体检查应在旅客上机之前实施。

(2)进行机体检查时,所有机组员工要集中到飞机前部,检查人员自机舱尾部,由后往前依次检查货仓、洗手间、客舱直至驾驶室。检查完毕后,按照申报单上机组员工的名单,对机组员工实施人证对照检查。

(3)机体检查过程中发现问题应及时请示报告,妥善处置。

四、出入境飞机的管理

1992 年经国务院批准,对出入境飞机的监护工作已移交民航部门负责。因此边检站不再承担出入境飞机监护的职责。在对出入境飞机的管理上,也根据形势的变化进行了一些改革。

(一)出入境飞机管理的范围

1. 作技术经停航班或过境航班的飞机。

2. 临时备降的航班或因机械故障等原因返航的飞机。

3. 由于不可预见的紧急情况或不可抗拒的原因,停靠对外开放口岸以外地区的飞机。

4. 重点、敏感时期需加强边防检查措施的飞机。

5. 提前获知载有被遣返人员、不准入境或非法入境人员的飞机或在检查时发现载有非法出入境人员的飞机。

6. 曾有违反出入境管理法律、法规情形的飞机。

7. 边检站认为应当实施管理的其他飞机。

(二)出入境飞机管理的内容

1. 对飞机本身的管理

其包括飞机及其员工出入境手续是否及时办妥;核实申报的各类单证是否准确;是否有违法违规情况等。

2. 对临时出入境员工的管理

其包括临时出入境员工是否携带有效出入境证件或其他辅助性证明材料;是否有违法违规情况等。

3. 对限定区域的管理

其包括阻止无关人员进入口岸限定区域,并对扰乱口岸限定区域管理秩序的行为进行处置;对企图实施偷渡或组织、运送他人偷渡的违法人员进行查处。

（三）出入境飞机管理的方式

1. 核查、抽查

遇到下列情况，应对出入境飞机、人员进行核查、抽查：

(1)旅客检查时发现实际入、出境旅客人数与申报人数不符的；

(2)重点、敏感时期需加强边防检查措施的；

(3)提前获知飞机载有被遣返人员、不准入境或非法入境人员的；

(4)对有嫌疑的入出口岸限定区域人员身份进行核实，防止不法人员混进混出；

(5)必要时，对登机人员进行身份核查和确认，防止逃避边防检查、调包偷渡等情况的发生。

2. 查处违法违规

对在检查、核查或限定区域管理过程中发现的违法违规行为应及时查明情况、固定证据，按照法律法规的规定进行处置。

第三节 出入境车辆检查与监护

出入境列车和汽车在口岸停留和办理手续期间应实施监护。监护方式视执勤条件采取电子监控、派遣监护人员或电子监控与人员相结合的方式实施监护。列车和汽车在入境后到入境检查前、出境检查后到出境前行驶距离较长且有边境停车点的，边检站应视情安排随车监护。

一、出入境列车的检查与监护

铁路车辆按规定的编挂条件、重量和长度编成车列，配有机车和乘务组，并具备规定的列车标志的称为列车。

列车一般由机车和车厢组成。

机车，俗称火车头，它的主要功能是牵引铁路客、货车。根据其动力来源不同分为内燃机车、蒸汽机车、电力机车等几种。

铁路车辆，俗称车厢。它是由机车牵引运行的运载工具。根据其用途可分客车车厢、货车车厢和特种用途车三类。

出入境列车口岸属于陆路口岸，由边界点、检查现场和国境通道三部分组成。

(一)出入境列车检查与监护程序

1. 入境列车检查和监护程序

(1)执勤人员根据预报提前进入执勤岗位,并做好清场工作。

(2)设有边境停车点的,列车在边境停车点停车后,边境停车点监护人员对列车外围进行巡视。随车监护人员登车,实施随车监护。车体检查根据工作需要由边检站决定在车站或在边境停车点实施。

(3)随车监护人员应向列车长了解列车运行途中情况,交待注意事项。

(4)列车到站后,现场监护人员开始对列车实施监护,列车和员工检查人员登车,向列车长了解列车运行途中情况(有随车监护人员的,由随车监护人员介绍随车监护情况,并将填写好的随车监护记录交现场值班室),收取铁路员工名单表和员工证件,开始办理列车和员工入境手续。对货运列车开始组织进行车体检查,对客运列车开始组织办理旅客入境检查手续。

(5)采取大厅检查通道式验放旅客的,在监护人员监护下由铁路部门引导旅客进入检查大厅接受检查,列车和员工检查人员视旅客下车情况实施车体检查。

(6)登车为旅客办理入境手续的,按每节车厢派一组(两人)进行旅客检查。一般情况下,两节车厢为一个检查单位,从两端开门,两个检查组相向检查。执勤人员携带便携式电脑、验讫章等验证器材。检查组登车后,由值班队(科)领导向列车和员工检查人员了解列车运行途中情况和载客情况,其他人员准备检查设备,开始逐个为旅客办理入境手续,办理旅客手续的同时实施车体检查。检查手续完成前,禁止无关人员上下车。

(7)登车收取证件下车集中验证的,旅客检查队(科)派出检查组(每组至少两人)登车向列车和员工检查人员了解列车运行途中情况和载客情况,实施人证对照、收取证件、避免漏检,同时进行车体检查。证件收齐、车体检查完成后,检查员携带证件下车,办理验证手续。验证完毕,检查员登车人证对照发还证件。

(8)检查完毕后,旅客检查队(科)将检查情况通报列车和员工检查队(科)。

(9)完成上述检查工作后,由列车和员工检查队(科)在总申报单上加盖验讫章,向列车长宣布入境手续办理完毕,并通知现场监护人员撤离。

2. 出境列车检查与监护程序

(1)执勤人员根据预报提前进入执勤岗位,并做好清场工作。

(2)现场监护人员开始对列车实施监护,通知列车长告诉无关人员下车,车体检查人员开始实施车体检查。

(3)列车和员工检查人员办理列车和员工出境手续。

(4)车体检查完毕,客运列车出境旅客开始登车,监护人员清点登车旅客并与旅客检查队(科)核对人数。如人数不对,应立即会同旅客检查队(科)复核。

(5)如出境旅客已在列车上,也可采取登车检查或登车收证下车验证方式办理旅客出境边防检查手续,检查程序同入境检查。如遇有通过大厅通道式检查的旅客需登同一列车出境的,应在车上旅客出境手续办理完毕后方可登车。

(6)检查完毕后,旅客检查队(科)将检查情况通报列车和员工检查队(科)。

(7)完成上述检查工作后,列车和员工检查人员在总申报单上加盖验讫章,向列车长宣布出境手续办理完毕。需要实施随车监护的,随车监护人员在列车开动前10分钟登车。列车离开站台后,现场监护人员撤离。

(8)实施随车监护的,监护人员在边境停车点下车。

(二)出入境列车车体检查程序与方法

1. 客运列车车体检查的重点部位为:旅客包厢、乘务员休息室、列车储藏室、厕所、行李架、座位下部、车厢底部、车厢结合部等。货运列车检查的重点部位包括:蓬布车厢、空调车厢、敞车内部,无铅封、铅封断裂或检货门、旁窗、烟筒口、注货口等关合不严的车体,机车的水箱、煤槽、工具箱、顶部、沙包、齿轮检修孔、行走部及机车内部和其他容易藏匿人员及违禁物品的部位。

2. 货运列车的车体检查应根据车辆的种类、情况、开往或来自国家(地区),以及不同时期的工作需要确定重点,在巡视的基础上,实施重点检查与普遍检查相结合。

3. 车体检查的顺序和方法是:列车车体检查执勤人员原则上分成两组,每组两人,从列车中部的车厢向首尾开始或由列车首尾车厢向列车中部车厢开始。

4. 采取登车检查和上车收证下车验证方式办理旅客出境手续时,列车有旅客车厢的车体检查由旅客检查队(科)负责,列车的其他部分由列车和员工检查队(科)负责。

5. 携警犬执勤的,可用于对列车车体的检查,不得用于对旅客人身及有旅客的车厢进行检查。

(三)出入境列车监护的方式、范围与任务

国家领导人乘坐的和载运危险品或军用物资等特殊货物的国际专列出入境,凭有关单位出具的证明或上级的通知,不进行车体和货物检查,原则上不实施随车监护。

1. 出入境列车监护的方式

对出入境列车的监护通常分为原地监护、随车监护和瞭望台监护三种方式。

(1)原地监护,是指监护人员在一定范围内对静止列车所做的固定哨位或游动监护,目的是维护边防检查和上下旅客期间的秩序,禁止无关人员接近车体,控制列车周围和车上可疑人员的活动,控制旅客和列车员工上下列车,防止易燃易爆物品上下列车等。

(2)随车监护,是指监护人员在列车行驶在国境通道期间,随车对其进行的监护。随车监护的目的,在于防止列车在国境通道运行期间擅自中途停车、上下人员或抛掷物品、装卸货物,掌握列车运行途中出入境旅客及员工的动态,防止列车上的人员进行非法活动,并处置发生的各类突发事件。客、货运列车在边境停车点停车的,原则上应实施随车监护。但货运列车在边境停车点办理出入境手续的,不实施随车监护。

(3)瞭望台监护,是指在固定的高架瞭望台上对列车行驶情况进行观察、监护,发现情况及时通知地面监护人员处置。在辽宁的丹东边检站、内蒙古的满洲里边检站就设置了专门的瞭望台监护岗位。

有条件的口岸,可以采取闭路电视监控,将口岸限定区域甚至国境通道都纳入监控范围,将一部分监护人员搞到监控室进行监控,另一部分监护人员负责处警等机动任务。

2. 出入境列车监护的范围

对出入境列车的监护包括以下几个时段:

(1)列车在边境停车点停留期间;

(2)列车在国境通道上行驶期间;

(3)列车停靠站台期间。

3. 出入境列车监护的任务

(1)掌握出入境列车动态;

(2)检查上下列车人员的证件;

(3)监控列车上及口岸限定区域内人员的动态;

(4)制止、处理违法违规行为;

(5)处置突发事件;

(6)完成上级赋予的其他任务。

二、出入境汽车的检查与监护

汽车是指由动力驱动,具有四个或四个以上车轮的非轨道承载的车辆,主要用于:载运人员、货物牵引载运人员、货物的车辆;其他特殊用途。边防检查查验中按照客车、轿车、货车、专用(特种)汽车来分类。

出入境汽车口岸属于陆路口岸,由边界点、孔道和检查现场三部分组成。我国的出入境汽车检查主要集中在以中俄、中蒙、中朝、中越、中哈、中巴边境以及内地和香港、澳门特区之间。

(一)出入境汽车检查与监护程序

1. 客运车辆的出入境检查和监护

(1)入境检查和监护

①边境停车点监护人员进行车体外部检查;

②需随车监护的,随车监护人员登车实施监护;

③车辆到达检查现场后,随车监护人员下车与现场监护人员进行交接,向旅客检查队(科)通报车辆运行途中情况;

④旅客在监护人员的监护下下车,进入检查现场,办理入境手续;

⑤司机、车辆通过车辆检查通道或在指定地点办理入境手续,车体检查员对车辆实施车体检查。

(2)出境检查和监护

①司机、车辆通过车辆检查通道或在指定地点办理出境手续,车体检查员对车辆实施车体检查。检查手续完成后,车辆进入出境隔离区等待旅客登车,现场监护人员对车辆实施监护。

②旅客通过旅检现场办理出境手续。办完出境手续的旅客在现场监护

人员监护下登车，现场监护人员可视情对旅客进行抽查。

③需要随车监护的，随车监护人员在与现场监护人员交接后登车，随车监护至边境停车点。

2. 货运车辆、小汽车

货运车辆、小汽车的出入境检查和监护程序可参照客运车辆实施。货运车辆除司机及押运人员外，不得搭载其他人员（使用车辆自助查验系统的，押运人员不能随车出入境）；小汽车要打开后备箱通关，晚间要开启车内灯通关，所搭载的人员原则上不得随车辆从车辆检查通道出入境。

3. 使用出入境车辆自动检查系统进行检查的程序

（1）在系统读取车辆和司机资料后，由司机进行自助操作自动进行面像、指纹等生物特征比对，比对通过后系统自动提交放行。

（2）当无法读取车牌号或仪器出现故障无法工作时，通过手工录入车牌号，从车辆资料库中调出车辆资料。

（3）若无法调出车辆或司机的资料，或者调出的资料与实际出入境的资料不一致时，不允许放行，请示值班队（科）领导处理。

4. 对特种车辆检查的程序及方法

（1）驻港澳部队车辆出入境，边检站不进行车体检查，不查验《机动车辆查验卡》。对乘车出入境的驻港澳部队人员和司机，按相应规定检查。遇有大批驻港澳部队人员出入境，凭驻港澳部队出具的名单，可集中办理人员出入境手续，不进行人证对照。

（2）救护和运送鲜活物品的车辆出入境，边检站应尽量提供方便，优先验放。

（3）对参加比赛等大型活动，集体出入境的车辆，可采取由境内主办单位提前集中交验证件及出入境车辆资料或由查验单位到境外提前查验，口岸仅进行人证、车证对照的办法实施检查，以便车辆快速通过口岸。

（4）对国家领导人（或香港、澳门特别行政区行政长官）或重要外宾（一般为副总理级以上）乘专车出入境，或港澳地区全国人大代表、政协委员集体专车出入境，边检站凭负责单位或接待单位的公函提供礼遇，集中验证，不进行人证对照，不查车体。

（5）载运军用品等特殊物资出入境的车辆，根据上级通知验放。

5. 出入境汽车车体检查的重点部位

需实施车体检查或需作进一步处理的机动车辆，应引导至专设或指定的场地检查，避免造成堵塞或其他不良影响。

(1) 货运车辆车体检查重点部位为：驾驶室、车厢、车底、整流罩、储物箱、轮胎、油箱、暗箱及夹层等。

(2) 客运车辆车体检查重点部位为：驾驶室、车厢、行李箱、座椅下方、行李架、暗箱及夹层等。

(3) 小汽车车体检查重点部位为：驾驶室、后备箱、座椅下方、备胎、暗箱及夹层等。

(二) 出入境汽车监护的方式、范围与任务

对机动车辆的检查监护，有双边或多边协议，或者国家有专门规定的按协议、规定执行。

1. 出入境汽车监护的方式

对出入境汽车的监护通常分为原地监护、随车监护和巡逻监护三种方式。

(1) 原地监护，是指汽车在边境停车点、检查现场期间，监护人员对其实施监护，目的是维护检查现场车辆、人员的秩序，防止违法违规行为的发生。

(2) 随车监护，是指汽车行驶在孔道期间，监护人员随车对车辆及随车人员进行监护。随车监护的目的，在于防止汽车在国境通道运行期间擅自上下人员或抛掷物品、装卸货物，掌握汽车运行途中车上人员的动态，防止其进行非法活动，并处置发生的各类突发事件。

(3) 巡逻监护，是指监护人员在孔道对行使在孔道内的汽车及随车人员进行监管，其目的与随车监护的目的相同。巡逻监护一般采用驾驶汽车巡逻，也可采用徒步、驾驶摩托车等其他方式进行巡逻。

2. 出入境汽车监护的范围

对出入境汽车的监护包括以下几个时段：

(1) 汽车在边境停车点停留期间；

(2) 汽车在孔道上行驶期间；

(3) 汽车在检查现场停留期间。

3. 出入境汽车监护的任务

(1) 维护口岸安全和秩序；

(2)对车辆进行车体外部检查；

(3)监控车上及口岸限定区域内人员的动态；

(4)制止、处理违法违规行为；

(5)处置突发事件；

(6)完成上级赋予的其他任务。

第六章　边防检查服务

第一节　边防检查服务理念

为贯彻落实中央关于构建社会主义和谐社会、建设服务型政府战略部署，更好地履行公安机关三大政治和社会责任，充分发挥边检机关职能作用，服务改革开放和经济社会发展，从2007年开始，全国边检机关全面开展了提高边检服务水平工作。

一、边防检查服务的渊源与发展

《公安部关于进一步提高边检服务水平的意见》（公通字〔2010〕71号，以下简称《意见》）中，明确提出"以服务为中心，坚持顺畅通关、坚持严密管控是新时期边检工作的指导方针"。新时期边检工作的指导方针的确立，对推动边检服务水平进一步提高，推动边检工作开创新局面，推动边检事业谱写新篇章，具有突出重要的意义。

（一）边检服务工作的发展历程

提高边检服务水平工作从提出发展到现在，大致可分成三个阶段：

1. 起步探索阶段（2007～2009年）

这个阶段的重要标志是：确立了新时期边检工作的指导方针，即"一个中心，两个坚持"。主要标志工作有：

(1)2007 年 1 月 7 日至 10 日孟宏伟副部长率队到香港特区考察交流,借鉴学习香港入境事务处先进服务经验。

(2)2007 年 2 月在北京召开全国边防检查工作会议,确定了提高边检服务水平工作的工作目标和近期目标,标志着提高边检服务水平工作全面启动。

(3)制定了提高边检服务水平“三步走”规划。第一步,到 2007 年年底沈阳等 35 个边检站实现近期目标;第二步,到 2008 年 6 月底所有边检站实现近期目标,上述 35 个边检站实现工作目标;第三步,到 2010 年所有边检站实现工作目标,上述 35 个边检站的边检服务水平处于世界领先地位。

(4)初步形成了提高边检服务水平工作的理论框架。确立了“一个中心,两个坚持”的新时期边检工作指导方针,提出了“人本、专业、安全”的服务理念,“更快、更亲、更严”的工作追求和“效率、亲切、严格”的工作信念,将服务理念、专业素质、职业精神确立为提高边检服务水平工作的“三大支柱”。

(5)出台了一系列提高边检服务水平工作制度规范。主要有《边防检查服务规范》《边检服务水平评价体系》《海港边检服务水平评价体系》《陆地口岸边检服务水平评价体系》《公安边防部队边防检查服务定式》《公安边防部队提高边检服务水平监督工作实施办法》《对外开放口岸边防检查现场标志》。

(6)以公安部名义推出了 18 条便民服务措施。2007 年出台“中国公民出境免填登记卡”等 12 条便民服务措施,2009 年出台“取消办理《机动车辆出入境查验卡》《登轮证》等边防检查证件工本费”等 6 条便民服务措施。

2. 实践创新阶段(2010 ~ 2012 年)

这个阶段的主要标志工作有:

(1)出台了《意见》。《意见》明确了公安边检工作的根本方向、指导思想和奋斗目标,确立了“以服务为中心,坚持顺畅通关、坚持严密管控”的新时期边检工作指导方针,对“三大支柱”进行了专门论述,提出了创新边检管理模式的总要求、总原则和重点内容,指明“正规化、专业化、职业化、标准化”是提高边检服务水平的根本途径,概括提出了边检服务长效机制建设的主要内容。可以说,《意见》初步确立了新时期公安边检工作的指导方针,是第一份全面构建公安边检专业理论框架、具有方针政策性的文件。

(2)指导提高边检服务水平工作的制度规范进一步完善。制定了《进一步提高边检服务水平工作三年规划》(2011～2013年)、海陆空港《边检站执法执勤标准化操作规程》《中国边检标准化服务手册》(2.0版)、《公安边防部队边检专家(骨干)人才库建设管理办法》(试行)。

(3)为贯彻落实公安部《意见》,部署开展了提高边检服务水平长效机制建设、职业文化建设和勤务模式创新试点工作。

(4)以公安部名义再推出"扩大边检自助查验通道适用范围"等12项便民服务措施。

(5)创造了几个第一次。2011年组织开展了现役制、职业制边检站一线科队长、业务骨干交流学习活动。2012年在全国范围内推出了边检服务品牌;主持召开了边检国际会议;在全国边检系统组织开展了包括现役制、职业制的边检岗位基本业务能力考核和比武竞赛。

3.巩固提高阶段(2013年至今)

2013年2月孟宏伟副部长在北京主持召开了全国边检工作座谈会。会议的主要任务是以党的十八大、全国政法工作电视电话会议和全国公安厅局长会议精神为指导,结合边检工作实际,找准工作的结合点和着力点,研究部署在更高起点上推动边检工作再上新台阶。会上,孟宏伟副部长结合全国政法工作会议"全国政法机关要努力为全面建成小康社会、夺取中国特色社会主义新胜利,创造安全稳定的社会环境、公平正义的法治环境和优质高效的服务环境"的要求,提出了"一个指引,四个着力点"的边检工作新思路,即在党的十八大精神指引下,深入推进边检专业化、法治化、科技信息化建设,加强边检改革创新,向改革要质量、要效率、要水平。这为提高边检服务水平工作赋予了新的内容,提出了新的要求,也标志着提高边检服务水平工作进入了一个新的阶段。会后,四局为贯彻落实座谈会精神,先后召开了公安边防部队边检工作电视电话会议和长效机制建设工作会议,对新阶段提高边检服务水平工作进行了全面部署。

2014年孟宏伟副部长在全国边检工作电视电话会议上指出:全国边检机关要认真贯彻落实中央、部党委部署要求,以群众满意为最高标准,全面改革创新,大力加强边检工作专业化、法治化、信息化建设,努力成为法治政府和服务型政府建设的先锋,使人民群众切实感到边检通关更安心、更踏实,成为改革创新的先锋。从边检事业整体发展的角度来看,专业化、法治化、信息化起着基础性、根本性、关键性的作用,这"三化"已成为推动边检管理能力现代化的新“三大支柱”。这是在新的时代背景下,对边检理论的丰富和发展。服务理念、专业素质、职业精神构成的“三大支柱”,主要针对边检人员个体;专业化、法治化、信息化构成的“三大支柱”主要针对整个边检机关。这两个“三大支柱”都是全面深化改革、建设法治政府和服务型政府对边检工作的内在要求,是让人民群众通关更踏实、更安心的根本保证。

(二)服务是新时期全部边检工作的中心

《意见》指出,“要坚持将服务置于全部边检工作的中心地位”,并强调“以服务为中心处于统领地位,决定了新时期边检工作发展的方向”。

1. 以服务为中心,是建设服务型政府的必然要求

建设服务型政府的核心是强化政府的服务理念和服务职能,为人民群众提供高效、优质、全面的服务。在我国,相关的理论研究与实践探索从来没有停止过。我们党的根本宗旨就是全心全意为人民服务。毛泽东思想突出强调密切联系群众,一切为了群众,一切依靠群众;邓小平理论鲜明地提出,要把人民群众是否满意作为检验工作成效的根本标准;“三个代表”重要思想着重强调,党要始终代表中国最广大人民的根本利益;科学发展观中,突出强调其核心就是以人为本。这一系列重要论述,都蕴含着对党和人民关系的科学准确的定位,事实上也强调了政府服务在党群关系及社会建设中的重要性。20 世纪 90 年代中期,我国理论界提出了“服务行政”这一概念,也有学者将社会行政史的演进定义为从“统治行政”到“管理行政”再到“服务行政”的过程。2004 年温家宝同志在中央党校省部级主要领导干部树立和落实科学发展观专题研究班上,首次提出“要努力建设服务型政府”。2007 年党的十七大将“建设服务型政府”写进党的工作报告。这表明,建设服务型政府已经成为全党意志和政府改革的目标。在西方,对政府服务的研究也有着较为深厚的基础。在卢梭的《社会契约论》中,认为政府的权力本源来自被统治者即公民的让渡与认可;亚当·斯密在其《国富论》中,认为在市场机制下政府是公众的“守夜人”。20 世纪 70 年代逐步形成的新公共管理理论认为,政府是受顾客驱使的,应当奉行顾客至上的价值理念,其职能是掌舵而不是划桨;而其后出现的新公共服务理论则认为,政府的作用是服务而不是掌舵,强调为公民服务而不是为顾客服务,更加注重建设政府与公民之间、公民与公民之间的信任与合作关系。从以上可以看出,人们对服务型政府的认识是逐步深入的。

从我国建设服务型政府的部署来看,新公共服务理论已为我国的决策者

所接受。但是,长期以来,受特定的历史渊源和社会政治环境的影响,包括边检机关在内的我国政府部门习惯了以“管理者”自居,“我讲你听,我管你从”,没有真正把人民群众当作服务对象。在理念上存在“服务主导”还是“管理主导”的错位,在职能上存在“有限政府”还是“全能政府”的争论,在定位上存在“民本位”还是“官本位”的混淆。服务理念的确立和服务型政府建设,仍然是一个长期渐进的过程,需要付出极大努力。自提高边检服务水平开展以来,边检机关坚持以服务为中心,大胆实践,取得良好的社会效果,受到社会各界高度关注和充分肯定。这充分说明边检机关在建设服务型政府中坚持以服务为中心是完全正确的,是必然选择。

2. 以服务为中心,是加强社会管理创新的必然要求

社会建设与人民幸福和谐息息相关。在我国社会建设领域问题矛盾突出、社会管理任务艰巨的形势下,边检机关立足深化服务工作,推进社会管理创新,服务社会建设进程,既是现实需要,也是职责所在。

(1)创新社会管理,要求边检工作应以满足人民群众需求为第一选择

当前,我国社会管理呈现出一系列新的阶段性特征,发展不平衡、不协调、不可持续的问题比较突出,新旧矛盾交织叠加,群体性事件多样多发。干群关系、警民关系比较紧张。究其根本,就是政府的工作还未完全做到以服务为出发点和落脚点。要解决这一问题,就必须真心实意地为人民群众提供良好服务,来回应人民群众对保障合法权益、维护公平正义、共享发展成果的诉求。反映在边检工作中,我们必须努力为人民群众提供更加便捷、舒适、安全的通关服务,让群众感到被尊重、有尊严。

(2)创新社会管理,要求边检工作应以服务经济社会发展为第一要务

我国仍处于并将长期处于社会主义初级阶段,发展仍是解决我国主要问题和矛盾的关键。在《中共中央关于制定国民经济和社会发展第十二个五年规划的建议》中,提出我国要统筹国内国际两个大局,把握好在全球经济分工中的新定位,积极创造参与国际经济合作和竞争新优势,进一步提高对外开放水平。随着加快实施“走出去”等一系列国家发展战略规划,在今后相当长时间内,人流、物流等生产要素会更加密集地出入口岸。同时,随着进一步扩大我国公民出境旅游“个人游”范围、进一步便利公民申办出国境证件、进一步优化简化出国境手续等便利政策的出台实施,出入境领域“大进大出,快进快出”的趋势会更加明显,促进对外开放、服务人员和经贸文化往来以及新兴

出入境形态的任务会越来越重。

边检机关处在国门一线,服务水平体现着国家文明程度,也反映着社会建设和社会管理水平。无论是满足人民群众需求这个第一选择,还是服务经济社会发展这个第一要务,都迫切要求边检机关牢牢地把服务置于中心位置。无论是制定边检法规政策、出台便利通关措施、确定勤务管理模式等方面,还是完善服务设施、安排执勤办证时间、设置检查柜台等细节,都应当设身处地考虑服务对象的切身感受和社会发展的需求,从是否有利于保障出入境人员的合法权益与需求,是否有利于便利通关与促进和谐,是否有利于服务社会建设和社会管理大局的高度,来安排和布置边检服务工作,而不能把是否有利于我们的管理和操作作为首选。这就需要边检机关在服务问题上必须形成这么一种共识、一种制度、一种氛围、一种整体环境,一切以服务为中心。

3. 以服务为中心,是边检机关执法为民的本质要求

公安执法的本质是服务人民。随着国家加快依法治国进程,人民群众的法治观念、权利意识、监督和参与意识明显增强,对政府服务的要求和标准越来越高。处在国家对外开放口岸,边检机关每天查验上百万出入境人员,是公安机关联系人民群众最广泛、接触人民群众最频繁的窗口之一。边检人员的一举一动,时刻处于社会各界的监督评判之下。特别是在快速发展的当今社会,方方面面的期望值越来越高,边检人员必须秉持以人为本、执法为民的理念,给予每一名出入境人员充分的尊重和体恤,做到精益求精、规范高效、一视同仁,提供同样优质的服务;做到精确管控,确保秩序良好,确保出入境人员通关安全有序。实践表明,只要时刻把广大出入境人员的需求与感受放在心上,在态度上尊重他们、在情感上贴近他们、在工作上真诚地服务于他们,就能赢得他们的认可。

(三)坚持顺畅通关和严密管控两个基本点

在突出服务的中心地位和统帅作用的同时,《意见》强调,“坚持顺畅通关、坚持严密管控是保证边检机关圆满完成各项工作任务,推动边检工作健康发展的基本点”。《意见》确立的这一指导方针,进一步赋予了“两个坚持”更为丰富的内涵,使指导方针更加完整、更具指导性。

1. 顺畅通关是人民群众对边检机关的第一需求,是衡量边检机关工作水平的基本指标

边检机关的服务对象最大的需求就是顺畅出境、入境,这是深入调查了

解、科学分析得出的结论。在执勤现场,曾经有旅客向检查员发脾气、投诉甚至找茬闹事,其实多数都是在长途旅行、奔波劳累的情况下,由于现场拥堵、排长队、心气不顺导致的。近几年,边检机关采取了一系列简化手续、便利通关的措施,类似的问题就得到极大缓解。例如,取消中国公民填写出入境登记卡,大致估算平均每年就能为出入境旅客节省 800 多万小时的候检时间和 10 多万小时的手续办理时间;实行船舶预检、到港即可作业的举措,平均每年就能为船方节省 10 多亿美元的靠泊费。这些便利措施,较好地满足了出入境人员、口岸经营企业对顺畅通关的需求,也为他们带来了实实在在的好处。因此,保证顺畅通关是解决执勤现场问题、化解群众怨气的关键所在。将其定位为人民群众对边检机关的第一需求,是人民群众的呼声,也是边检机关落实以人为本、服务为先的必然要求。

边检工作的评价权交给人民群众,以人民群众是否满意作为衡量边检工作的根本标准。边检机关曾委托北京美兰德咨询公司作过一次深入的社会民意调查,结果显示,出入境人员对边检工作最为关注的就是通关的速度、质量、效率。据此,在其后研究制定的《边检服务水平评价体系》及《服务质量评价标准》中,多数项目也是围绕顺畅通关来设定标准、实施评价的,内外效果很好,从而使顺畅通关作为衡量边检工作的基本指标得以逐步确立。

对如何实现和保证顺畅通关,《意见》进一步强调,"要保证通关的便捷、规范、舒适和安全,为出入境对象提供良好的通关服务"。便捷、规范、舒适、安全是顺畅通关的四项基本要求。

便捷是出入境人员通关的主要需求。近年来边检机关一直在提升查验能力,优化通关手续,缩短通关时间,很好地兑现了"确保 95% 以上的旅客等候办理边检手续不超过 25 分钟"的服务承诺。但这个标准并不高,特别是与一些做得好的国家比,还有差距。当前我国"大进大出"的形势和"快进快出"的需求,对边检机关提出了新的要求,所以边检机关必须在优化边检政策措施、深化勤务模式改革、提高检查人员专业素质,以及信息科技应用等方面,付出更大的努力,进行大胆探索创新。

舒适是通关中的人性化感受。顺畅通关,不仅是快速通关,还要注重提供人性化的真诚服务,从现场候检、实施查验、答复咨询、询问疑点、处理个案以及服务设施等诸多方面,充分体现对出入境人员的尊重和体恤,让服务对象更有尊严、更为舒适地通关,真正让服务对象感受到边检人员的善意、真诚与人性化制度安排，感受到边检人员"尊重旅客、公平公正"的职业操守和"自信开放、亲和体恤"的职业文化。

规范是顺畅通关的有效保障。没有规范的程序、标准和方法，就无法保证服务的效率和质量，无法实现"让每一名服务对象在任何时间、任何岗位都能得到同样优质高效的服务"的工作要求。要进一步完善边检服务工作规范和标准，统一边检政策，统一执法程序，统一执行标准，形成长效机制，长期坚持下去。

安全是顺畅通关的基本前提。例如，莫斯科机场的爆炸事件，造成重大人员伤亡，给口岸安全工作敲响了一记警钟。边检机关必须进一步加强口岸限定区域管理，从日常巡查、技术监控、部门协作以及处突应急预案、专业力量配备、处突设施等多个环节入手，切实维护口岸正常出入境秩序，确保服务对象安全通关。

2. 严密管控是边检机关履行政治和社会责任的基本要求

(1)服务发展是第一要务，维护稳定是第一责任

从法定职能来讲，边检机关依法对出入境人员及其行李物品、交通运输工具及其载运的货物、口岸限定区域等实施检查、监护、警戒；从政治和社会责任来讲，边检机关履行上述职能，目的就在于维护国家的安全、主权和社会秩序，更好地服务经济社会发展、服务广大人民群众。离开了严密管控，国家安全、社会稳定、口岸秩序就无从保障。因此，将严密管控定位为边检机关履行政治和社会责任的基本要求，是法定职能的体现，也符合服务经济社会发展和人民群众对边检工作的必然要求。

(2)我国面临的安全稳定形势所决定的

当前我国社会稳定形势呈现出境内因素与境外因素相互交织、传统安全因素与非传统安全因素相互交织等新特点，再加上近年来我国重大活动频繁，出入境领域影响国家安全和社会稳定的突发事件、涉外案(事)件呈高发态势，口岸查堵的涉恐人员、"民运"和境内外敌对分子等不断增加，边检维稳形势更加错综复杂，管控任务更为艰巨繁重。

(3)把握好管控尺度

落实管控工作，必须做到"不该出去的一个不能出去，不该进来的一个不能进来，并最大限度地避免影响旅客正常通行"。在反恐形势严峻、敏感特殊人员活动频繁以及打击"三非"外国人、非法出入境活动任务日益繁重的形势

下，实现这样的目标，需要边检机关很好地把握管控的重点、力度和方法、技巧，否则服务和管控都做不好。北京奥运会、世博会、亚运会安保期间，先后采取了注册人员背景审查、国际航班旅客信息预报、船舶预检及港区GPS定位监控等措施，既保证了正常通行，又最大限度地降低了管控风险，效果很好。不同时期，随着国际国内形势变化以及重大专项安保活动的开展，管控重点及要求也会相应调整，我们必须认真总结分析规律特点趋势，综合利用情报信息和技术手段，有针对性地采取管控措施，快速反应，果断处置，提高管控效率和质量，同时，应避免普遍撒网，平均用力，将对通关的影响降到最低。

3. 准确把握顺畅通关与严密管控的关系

(1) 两者都是边检工作的基本职能，不能偏废

没有顺畅通关，“大进大出”就不可能实现；没有严密管控，国门就形同虚设。任何一个方面做不到位，都满足不了国家经济社会发展需要。所以，哪一方面都不能忽视，必须同时做好。这就要求边检机关在制定政策、采取措施时，要很好地兼顾两方面的需求。比如，边检机关向社会推出出入境船舶网上报检、口岸旅游团以及国际航班旅客信息预报等措施，出发点是为服务对象提供事前服务，减少其口岸等候时间，最大限度地提高通关效率，但也充分考虑了管控的因素，努力将关口前移，提前掌握信息、排查重点、防范风险，效果就很好。所以，作为基本职能，顺畅通关和严密管控都非常重要，不能偏废。

(2) 两者紧密联系，不能割裂

强调严密管控就忽视顺畅通关，强调顺畅通关就弱化严密管控，其根子就在于割裂了两者的内在联系，走入片面、孤立、静止的认识误区。在顺畅通关中加强管控，有利于保证通关服务水平；在严密管控中融入通关服务，也有利于提高管控效果，两个职能是一体的，统一于边检工作全过程，在任何时候都是不能割裂的。比如，为打击非法出入境活动，一些边检站主动为航空公司授课，讲解伪假证件识别知识，提高值机、乘务人员发现伪假证件的能力，这种措施既强化了管控合力，减少了我们查验工作的负担与风险，又有效降低了航空公司的载运风险及运营成本，促进了双赢互动，有效实现了管控与通关的融合统一。

二、边防检查服务的内涵

提高边检服务水平是在“构建社会主义和谐社会、我国经济社会快速发展、维护国家安全稳定、国际化发展趋势对边检工作提出了更高要求”这样的历史背景下提出的。近10年来,公安边防部队各级边检机关努力实践,不断创新,提高边检服务水平工作取得了显著的成绩,充分发挥了边检机关职能作用,服务改革开放、服务经济社会发展。

(一)边检服务的含义

1.服务的含义

几乎每一个人对“服务”一词都不会陌生,但如果要回答“什么是服务”,相信没有几个人能说得清楚。“服务”和“管理”一样,很多学者都给它下过定义。但由于它是看不到摸不着的东西,而且应用的范围也越来越广泛,难以简单概括,所以直到今天,还没有一个权威的定义能为人们所普遍接受。

服务是一个含义非常模糊的概念。服务是帮助,是照顾,是贡献,服务是一种形式。服务是服务人员与服务对象之间的一种交往,主体是服务人员,客体是服务对象,服务是通过人际关系实现的,这就是说没有服务人员与服务对象之间的交往就无所谓服务了。服务是一种态度,是一种想把事情做的更好的欲望,时时站在服务对象的立场,设身处地为服务对象着想,及时去了解与提供服务对象之所需。服务也可以是一项活动或一项利益,即一方能够向另一方提供的任何一项活动、过程和结果。服务的产生,可与某一实体产品有关,也可能无关。

长期以来,尽管人们无处不享受各种服务,但不知服务为何物。这主要是因为对服务的实质缺乏研究,认为服务不是技术,服务没有“核心技术”。现在到了必须重新认识“服务”实质的时候了。在传统意义上,我们把提供劳动、智力等无形“产品”的过程称为服务。实际上,服务是指通过提供必要的手段和方法,满足接受服务对象的需求的“过程”。即服务是一个过程,在这个过程中服务的供应者,通过提供任何必要的手段和方法,满足接受服务对象的需求。在这个定义中,所谓必要的手段和方法,既可通过直接接触,也可通过间接接触;既包括非物质手段和方法,如劳动或体力、智慧、知识和软技术手段(如咨询或劝告、组织、管理、调解和仲裁等),也包括物质手段,如货物、有形工具、机器、设备等一切必要的自然物和制造品。当然,上述物质手段必须通过非物质手段和方法才能满足接受服务的对象需求。

所谓服务接受者的需求包括获得他们在解决问题的时候所需要的有形的工具和手段（包括货物、设备、机器或其他）；获得他们解决问题所需要的无形的工具和手段（经验、智力、知识、信息或其他能力）；使他们直接获得所需要的帮助或照顾；使他们感觉到方便、舒服、愉快和满足。前两者是使服务对象获得解决问题的能力，以便可以独立解决问题；后两者是由服务主体直接帮助被接受服务的对象解决问题。

由此，广义上讲，服务是以满足服务对象的需求为宗旨，因而不仅包括提供有形产品和无形"产品"的过程，还包括提供软硬技术相整合而形成的产品之过程。即，服务就是解决（满足）服务对象之需求的过程。因此，服务的实质是满足服务对象需要的一系列特征的总和，是以满足人类物质需求、精神和心理需求，提高解决问题能力之需求为目的的软技术，一种过程技术。

总之，服务的定义可概括为：为他人做事，并使他人从中受益的一种有偿或无偿的活动，不以实物形式而以提供劳动的形式满足他人某种特殊需要。服务有两个基本特征：一是程序特征，指提供产品和服务的方法和程序；二是个人特征，指在与服务对象打交道时采用怎样的态度、行为和语言技巧。

服务是社会中人们生活生产相互依存的自然行为。从长远看，服务是人类社会历史发展长河中产生的一种理念和行为。

2. 边检服务的含义

边检机关作为国家行政执法队伍，所涉及的业务工作从本质上来讲也属于一种服务行为。广义上讲是响应国家创建"服务型社会""服务型政府"的号召，为国家经济建设及地方经济发展而服务；狭义上讲是为了保障每一名出入境旅客的顺利通关而提供相应的服务措施与方法。

所以，边检服务是指边检机关在出入境边防检查过程中，遵照出入境人员的意愿和要求，为满足出入境人员的需要而提供相应满意活动的过程。

边检服务过程中包括两方：一方是边检人员，另一方是出入境人员。边检机关是为出入境人员提供服务活动的一方，在服务过程中处于被支配地位；出入境人员是边检人员的服务对象，在服务过程中处于支配地位。

（二）边检服务的特征

1. 执法服务

社会主义法治理念的基本内涵是要坚持依法治国、公平正义、执法为民，服从大局、党的领导。而执法为民就是一切为了群众,从群众中来,要有群众观念,服从维护稳定,促进和谐的大局,要讲求政治效果、法律效果和社会效果的统一。这就是执法服务,既有执法之道,又蕴涵服务之道。边检机关是执法机关,而且是涉外的行政执法机关。作为执法机关,从意识上讲,都与服务息息相关。执法者必须具有人权保障意识。边防检查执法的特点,是要充分尊重和保障人权,这是宪法的要求,也是边检机关以服务为中心的理念依据所在。保护公民合法权利和捍卫人的尊严是法律本质要求,社会主义法律尤其如此,因此我们的执法活动要体现保障和尊重人权,满足群众的期待和要求。

我们的服务对象对我们最大的要求是快,又快又好又亲切当然更受欢迎,口岸的最大功能是便利人员及交通工具的通行,因此快捷安全成为服务对象的最大需求。这也与执法时效性的特点相切合。边防检查执法依据的法律是国家政策的体现,我们执法活动是为维护绝大多数人的安全利益服务,对于极少数危害国家安全及利益人员的打击和控制是我们的神圣职责,是国家和人民的根本利益所在。

2. 公共服务

作为公安机关的一个组成部分,边检机关的服务是为公共利益服务的,应坚持以人为本、追求公平效率、讲求社会效益。这也是政府等公共组织与营利性组织的根本不同。边检机关在利益面前没有个人利益,只有公共利益。被公众需求、为公共利益服务的核心价值观要求我们增强执法为民的意识,主动服务、自觉奉献,这也是我们实现自身价值的途径。

公共服务讲求公平和效率,如果工作不讲效率是对公共资源的一种浪费,因此从这个意义上来说,公共服务是最讲效率的。边检机关,好的服务就是高效率、优质服务,就是旅客满意的服务。

3. 窗口服务

人总有向外展示最优秀一面的需要,这就是窗口意识。边检机关是公安机关的涉外窗口,是我们中华民族文明素质的窗口。提高边检服务水平工作目标明确提出——边检站成为文明国家的窗口,边防检查员成为中华民族的文明使者。这是对我们服务工作的要求。

窗口服务最能体现一个单位、一个团队乃至于一个人的素养,正因为如此,窗口服务成为各国家、各领域、各行业所重点关注的对象。窗口服务要求全员业务化，要有窗口意识，要对外展示最优秀的一面。归纳起来就是内强素质外树形象，提高边检服务水平也是从规范服务言行、服务仪表做起，通过外在形象的固化进而转变人的思想。当然这样做也有很大的难度。比如，微笑，窗口服务中的微笑反映一个人的修养，反映一个人的心态，反映一个人的综合素质，微笑应该是发自内心的，是会心、贴心、诚心、真心的。微笑能体现出尊重，是与检查对象最好的沟通手段。

4. 规范服务

只有规范的服务才是有长久生命力的服务。要切实提高边检服务水平，确保服务规范和服务措施落到实处，边检站必须建立明确的现场执勤操作标准、现场服务设施标准和细节服务标准“三大标准”，为执勤人员的服务提供依据和标尺。为全面贯彻落实2008年全国边防检查工作电视电话会议精神，推动提高边检服务水平工作向更高层次发展，先后制定印发了《陆地口岸边检服务水平评价体系》《海港边检服务水平评价体系》以及《评分细则》，通过制定统一的服务评价体系，来引导服务规范。通过深刻领会提高服务水平工作的丰富内涵以及边检工作面临的新任务、新要求，准确把握工作重心，统筹兼顾处理好管控和服务的关系，在确保口岸安全的基础上努力提高边检服务水平。

第二节　边防检查服务方法

一、边防检查服务之礼仪

2012年年初按照孟宏伟副部长提出的“让每一名服务对象在任何时间、任何岗位都能得到同样优质高效的服务，做构建和谐警民关系的模范”的总要求，为更好地贯彻落实《意见》，进一步统一全国边检机关的服务标准和操作流程，推进边检服务工作的正规化、专业化、职业化、标准化建设，公安部出入境管理局、边防管理局共同编写并下发了《中国边检标准化服务手册》(2.0版)。该手册规范了个体操作和服务效果，明确了岗位含义、工作任务、服务目标和服务流程，使每个岗位的人员都能够清晰地掌握应当做什么、怎么做以及应当达到什么样的标准。

提高边检服务水平工作千头万绪、包罗万象，但最直接反映在旅客面前的就是我们每一名坐在验证台内的检查员，我们的形象就是中国边检的形象,我们的一举一动彰显出国家的态度,竖立着国家的威严。因此,无论是仪表、言谈还是举止,我们都必须拥有统一的标准与要求,并不折不扣的贯彻执行。只有这样,呈现在出入境旅客乃至全世界人面前的中国边检才称得上是一支专业的执法队伍。

(一)仪表标准

仪表标准主要针对边防检查员在工作时的外在形象,进行统一的标准化的规范。这不仅是作为一名警察的职业要求,也是作为边防检查员的职业规范之一。为出入境旅客服务,就要呈现和保持良好的仪容仪表,干练专业的职业形象。要让每一名旅客在来到检查台前都能看到标准化的形象,得到专业化的服务。

为了对每一名边防检查员的仪表形象进行标准化统一,我们要做到以下几个方面:

1. 形象端庄,态度亲切

这是要求检查员在工作时要时刻保持精神饱满、全神贯注,执勤动作流畅,有条不紊,给人以真诚、自信、敬业、干练的感受。

2. 着装规范,洁净合体

着装是仪表形象的核心,怎样将警服穿出风采,穿出中国边防检查员的良好形象是每一名检查员都应该考虑的,也是必须要做到的。

3. 警容严整,仪表整洁

除了着装,检查员个人的仪容也需要格外注意。在上岗前要仔细检查并修正自己的仪容仪表,保证让自己呈现最好的状态。

(1)执勤人员上岗前应检查警容风纪,执勤中保持警容严整。

(2)检查员的发型要端庄、大方。根据性别不同有不同的要求:

男检查员发型应简洁、整齐、精干;不得剃光头或留怪异发型。

女检查员发不过肩或长发统一使用深色发网盘发。刘海应高于眉线,要合理使用发卡,以保证低头工作时刘海和两耳侧头发不遮掩面部为宜。不得留超短发、碎发及怪异发型。

(3)女检查员可适当化淡妆,化妆应庄重、淡雅、适度。补妆时应避开服务对象视线。

(4)保持良好的个人卫生习惯,头发清洁,口气清新,身体无异味。

4. 禁忌行为

在执行统一的仪表标准时，还有些个人形象细节需要特别注意，以下就是列举出的一些禁忌行为：

(1)警容不整，不修边幅。

(2)男检查员留长发、卷发、大鬓角或剃光头，蓄胡须。

(3)佩带手链、项链、手镯、戒指、耳坠、耳钉等饰物。留长指甲，异色涂染、彩绘指甲。

(4)纹身，异色染发，浓妆艳抹。

(二)言谈标准

边防检查员的工作性质决定，其每天都会和各种各样的出入境旅客打交道，语言是最常用的交流工具。因此，在与服务对象进行沟通时，就需要注意使用标准化职业化的语言。需要做的以下几个方面：

1. 问候得体，尊重服务对象

(1)提倡主动问候服务对象，当服务对象先行问好或微笑致意时应礼貌回应。

(2)问候方式既可问好，也可点头致意。

(3)问候时应注视对方，语气真诚，语音清晰。问候语一般用“您好”。如遇节日则可用“新年好”“节日快乐”等。

2. 聆听专注，说话和气

(1)聆听服务对象的陈述时应耐心、专注，以示尊重。如未听清或听懂，应礼貌请其重复，或请其他执勤人员帮助，以免服务对象误解。

(2)与服务对象交谈时应掌握技巧，要态度诚恳，语调平和，音量适中，表达准确，使用“请”“您”等文明用语。

(3)询问违法违规嫌疑人时，应依法办事，不得使用侮辱性或歧视性语言。

3. 致谢致歉，真诚适度

(1)遇有服务对象主动协助、配合工作或对工作提出合理化建议时，应向服务对象表示感谢。

(2)致谢应及时、真诚，使用“谢谢”“非常感谢”等文明用语。

(3)给服务对象造成不便的，应向服务对象致歉，给予恰当解释。

(4)致歉时应态度诚恳，不卑不亢，注意礼节礼貌，使用“对不起”“请原谅”“很抱歉”“给您添麻烦了”等文明用语,争取服务对象的谅解。

4. 禁忌行为

无论发生什么情况,作为检查员,切记不可发生以下几种情况:

(1)态度、语气生硬,指责、挖苦服务对象。

(2)对服务对象品头论足,当面评论服务对象的籍贯、相貌或生理特征、宗教信仰、风俗习惯等可能涉及服务对象禁忌的情况。

(3)在服务对象情绪激动或发牢骚时,教训、反驳、斥责服务对象。

(4)在事件未处理前擅自向当事人讲述可能的处理结果。

(5)擅自回答服务对象提出的敏感性问题。

(6)在执勤现场高声喧哗。

(三)举止标准

在与出入境旅客交流时,除了语言,我们还有很多规范化、标准化的职业动作,这些肢体语言一方面是我们执勤的需要,另一方面也体现出对旅客的尊重。具体有以下几个方面的要求:

1. 神情自然,举止得体

(1)执勤人员应以自然和善的目光注视服务对象,用善意的眼神迎送服务对象。与服务对象交谈时,目光宜采用“散点柔视”的方式,即落在服务对象颈部以上不同部位。

(2)执勤人员工作时,提倡用微笑给服务对象留下良好的心理感受,缩短双方的距离,形成融洽的交往氛围。微笑应自然大方,可伴随点头致意,给人以亲切、和善的感觉。

(3)尊重服务对象宗教信仰和风俗习惯。如对使用左手接递物品有忌讳的国家或民族,应视情使用右手。

2. 姿态端正,保持风度

(1)坐姿要端正。上身保持正直或略向前倾,头正肩平,身体与检查台的桌面距离适度自然。

(2)站姿要挺拔。执勤时的站姿有四种,分别是:侧放式、前腹式、跨立式、丁字式。

①侧放式:两腿并直,脚跟并拢,脚掌分开呈 V 字型,双手自然垂放在腿部两侧,手指稍弯曲,呈半握拳状。

②前腹式:两腿并直,脚跟并拢,脚掌分开呈 V 字型,双手相交放于小腹部。

③跨立式:两腿分开,两脚平等,与肩同宽,双手背后轻握,放在后腰处。

④丁字式:一脚在前,将脚跟靠于另一脚内侧,两脚尖展开 90°,呈斜向丁字型,双手轻握,放在腹前,身体重心在双脚(此式限女性)。

非敬礼状态时,站立姿势可以变换。但不得将身体倚靠在物体上,不可双手抱胸或叉腰。

(3)行姿要矫健。执勤人员行进时,应挺胸、抬头、步伐矫健,体现出朝气蓬勃、积极向上的精神面貌。队伍出入执勤现场时,应在值班科(队)领导的带领下,两人成行、三人成列,列队齐步行进。

3. 手势准确,明白易懂

(1)引导或指示手势

引导或指示方向的手势为五指并拢,掌心向上,手掌微向内倾与水平线呈 45°角左右。引导或指示方向时,用胳膊的屈伸代表指示方向和距离的远近,距离较远,将胳膊伸直,距离较近,胳膊肘弯曲,并目视指示方向。

(2)示意受检手势

手臂顺势向旅客方向平伸,五指并拢,掌心向内,手背与验证台面呈 45°角。

4. 禁忌行为

在执勤过程中,检查员的任何一个细小的不雅动作都会破坏边检的形象。因此,检查员要时刻注意自己的言行,避免以下情况的发生:

(1)检查员在台内执勤时,用肘部支撑检查台桌面或趴伏在桌面上,翘二郎腿、分腿、抖动腿,身体仰靠、斜靠在椅背或检查台上。双臂或单臂搭在检查台外面。

(2)站立时,姿态歪斜,倚靠在墙壁等物体上,背手、袖手或将手插入衣裤兜内。

(3)行走时勾肩搭背、挽臂揽腰,将手插入衣裤兜内。

(4)当众搔头、抓痒、擤鼻涕、挖鼻孔、掏耳朵、剔牙齿、修指甲等。

(5)用手指指点服务对象或勾手指招呼服务对象。

(6)对服务对象交谈时采用审视、蔑视、逼视、敌视等不友好眼神。

(四)常用礼仪标准

除了以上介绍的仪表、言谈和举止外,边防检查员作为国家形象的代言人,还有许多礼仪规范要学习和遵守。不同场合下,面对不同的服务对象,应该适情表现出良好的礼仪修养和职业规范。

1. 敬礼礼仪

敬礼方式主要有举手礼、注目礼和立正致礼。举手礼是执勤人员着装时，在规定情况下使用的礼节；注目礼和立正致礼则是在规定不行举手礼的场合和情况下使用的礼节。行举手礼时应着装整齐，呈立正姿势；右臂向外抬起，与身体呈90°，肘部向内弯曲，腕部伸直；右手五指并拢、伸平，上举至头部右侧太阳穴处，手心朝下偏前方；双目平视前方或注视受礼人，保持3秒钟。行注目礼时应呈立正姿势，目光随受礼者移动，时间视情况而定。立正敬礼时应原地起立，目光平视，不必注视受礼人。

晋见或者遇见上级党政领导、上级机关领导时，着警服的执勤人员应当行举手礼；因携带武器装备或者执行任务需要，不便行举手礼时，应当行注目礼。晋见或者遇见本单位经常接触的领导和其他同志时，应当互相致意。不同单位的执勤人员因公接触时，应当主动致意。边检人员在外事活动场合与外宾接触时，应当主动致意；边检人员因公与非边检人员接触时，应当主动致意。

执勤人员交接岗时，应当互相敬礼；纠正违规行为时，应当先敬礼。

2. 握手礼仪

公务接待握手时的四个基本要求是：目视对方、面带笑容、稍事寒暄、稍许用力。向他人行握手礼时应起身站立，以示尊重；握手时双方彼此之间的最佳距离为1米左右；相握的手(右手)各向侧下方伸出，相握后形成直角；握手的时间应在3秒钟左右。

公务场合握手时伸手的先后次序主要取决于职位、身份；社交和休闲场合握手时伸手的先后次序主要取决于年纪、性别、婚否。并遵循尊者决定原则——在两方握手时，“尊者决定”即应由握手双方之中的身份较高者首先伸出手来，位卑者只能在此后予以响应，而绝不可贸然先伸手，否则是失礼的。职位、身份高者同职位、身份低者握手时，职位、身份高者先伸手；女士同男士握手时，女士先伸手；长辈同晚辈握手时，长辈先伸手；主人待客时应先伸手以示欢迎客人的到来；客人告辞时应先伸手表示对主人的感谢。

3. 电话礼仪

给领导同志打电话时，应从尊重领导的角度考虑，如果与领导在同一层楼办公或与领导办公室距离很近时，尽量不要用电话联系，应直接当面请示或汇报工作。打电话时要称呼领导职务，然后通报自己的部门、职务和姓名。要把需要请示或汇报的内容简洁、准确地说明。领导的指示或意见应记录准确、全面，通话结束时应主动询问领导还有什么指示或要求，并主动说再见。通话完毕后应待领导放下电话后自己再挂上电话。

给下级打电话时，态度要谦和，不要居高临下打官腔。重要事项的通知，应记录受话人的姓名、职务和部门，以便日后查询。

给外单位或个人打电话时，态度要友好，应主动自我介绍，确定对方身份后应礼貌问候并简要说明去电意图，重要事项应记录对方的姓名、职务、部门以及事项内容和对方表态，以便日后查询。

接到打错的电话，态度要友好，应礼貌地告诉对方，这里不是其要找的单位或号码，请其拨打正确的号码，不应不加解释地将电话挂断。如有可能的话，可帮助对方将电话转接至其所要的部门。如果被叫人不在，应主动询问是否需要转达，如需要，则记录对方口信、联系方式等内容。

4. 汇报礼仪

下级向上级领导汇报工作时应按约定的时间到达。过早到达，会使上级因准备未毕而难堪；迟迟不到，则又会让上级等候过久而失礼。当到达上级的办公室后，应喊“报告”或敲门，待听到上级招呼后再进门。汇报工作时要注意自己的举止，做到站有站相，坐有坐相，文雅大方，彬彬有礼。

上级边检机关或领导同志听取下级汇报时应遵守约定时间，如有可能则应稍微提前一些，并做好准备。汇报人到达后，应及时招呼其进门入座；不可居高临下，盛气凌人，摆官架子。听取下级机关代表汇报时，应与之目光交流，配之以点头等表示自己认真倾听的体态动作，对汇报中不甚清楚的问题可及时要求汇报者重复、解释，也可以适当提问，但要注意所提的问题合乎逻辑，不至于打断对方汇报的思路。

5. 陪同礼仪

领导视察工作时如果对现场环境并不熟悉，陪同人员应很好地起到引领的作用。引领时应稍侧身走在领导左前方，与领导保持 1 ~ 1.5 米左右距离，并适时以手示意（掌心向上），一面交谈，一面配合领导的脚步。不可独自在前，背对领导。

6. 迎送礼仪

对待来访客人要一视同仁，热情相迎，亲切招呼；送客要等客人起身后自己再起身相送，切不可在送客时先“起身”或先“握手”，免得有厌客之嫌。迎客时主人应走在前面，送客时应客人走在前面。主人送客时，对年长的客人或上级，应送至楼下，握手道别，并目送客人离去。

7. 外事接待礼仪

(1)外事活动中双方都应遵时赴约，主方人员应提前到达会见地点以迎候客人。迎候时可以站在大楼正门，也可以在会客厅门口等候。当客人到达时，应主动上前行礼表示欢迎，并引导客人入座。

(2)外事活动中，要注意仪表、仪容。衣着要整洁大方，谈话的表情应自然、诚恳，面带笑容。谈话态度要诚恳，谈自己的观点时要谦和；他人发言时要认真聆听，不要随意插话；对原则性问题需要坚持和拒绝时，注意态度上不要激烈，可做耐心的解释和婉拒。

(3)外事活动时，双方一般围桌而坐，通常使用长廊形、椭圆形或圆形桌子，宾主相对而坐。座位的排列，以门为准，主宾、主人席安排在面对正门的位置。若多边会谈，座位可摆成圆桌，按礼宾次序依次就座。礼宾次序的排列常用的有以下三种：

①按身份与职务高低安排。一国代表团，按其成员的职位高低安排；多国代表团，按团长身份职位高低安排。由于各国的国家体制不同，部门之间的职务高低不尽一致，所以要根据各国的规定，按相当的级别和官衔进行安排。

②按字母顺序安排。在多边活动中，常采用按参加国国名起首字母顺序安排，一般以英文字母排列居多。东道国一般排在最后。

③按时间先后顺序安排。东道国对同等身份的外国代表团，可按代表团抵达活动地点的时间先后顺序安排，也可按应邀复函日期先后顺序安排。

二、边防检查服务之沟通

人本、专业、安全是边防检查服务理念，而“以人为本”又是边检服务理论的核心与关键。怎样做到急旅客所急，想旅客所想，除了要有积极的工作心态和职业素养外，基本的工作方法也是必不可少的。要想真正从旅客的角度出发，真诚服务于每一名出入境旅客，就要做到“一看二笑三听四做”。一看：看有无需要帮助的旅客；二笑：微笑对待每一个人；三听：倾听旅客的合理需求；四做：认真做好每一件事。要想做到这些，首先要做到的是了解旅客需求，然后运用合理有效的沟通方式是与旅客进行真诚沟通，最后才能实现为旅客提供优质高效服务的目标。

（一）服务对象需求

服务对象需求是指服务对象在通过边防检查时，对通关环境、效率、服务态度等的期望。清楚地了解服务对象的需求，是为服务对象提供满意服务的前提。

服务需求的提出有些是主动的，有些则属于被迫的。主动服务需求的提出有较大的随机性和选择余地，它集中表现在享受型、消遣型消费需求方面。而被迫服务需求的提出在大多数情况下则具有谋求解困的性质，如要求教师、律师、医生、警察提供的服务都属于此类。此类服务虽然也有一定的选择余地，但由于服务效果可能要待一段时间后才得以显现，供求双方必须建立一定的信任委托与合作甚至是默契的责任性关系才能达到服务目的，所以除服务作用明显无效或失败等原因，中止或变更供求关系的可能性就会相对小一些。政治服务需求也是被迫性的，因为人民需要权力性政府维持社交秩序以保证生活稳定。从这方面来看，边防检查工作同属于被迫服务需求和政治服务需求。

既然供给与需求是无法根本解决的矛盾，是否可以认为矛盾就不用解决了，或解决矛盾也是无效劳动呢？回答是否定的。市场经济规律就是要求开拓者和经营者们必须致力于缓解这一矛盾。缓解的重要措施就是使消费者满意。

（二）服务对象的期望

服务对象的期望是指服务对象心中服务应达到和可达到的水平。一般服务对象在接触边防检查之前，总会自觉不自觉地设想边防检查工作是什么样的，及对边防检查的过程有一种期待和想象，这就是服务对象的服务期望。按照期望水平的高低分理想的服务、适当的服务、容忍的服务。了解服务对象的期望，有助于边检站确定服务质量的标准；有助于边检站进一步提高检查员的服务素养；有助于边检站服务质量的定位；有助于检查员与服务对象进行沟通。

服务期望的形成受到三个因素影响，分别是别人的口碑、宣传暗示和自己的主观判断。在不同的情境下，会按影响因素重要性高低的顺序进行排列。

1. 服务对象的个人需要

它可以是自身已经觉察到的,也可能是在外部因素的刺激下而激发出来的。服务对象的个人需要越强烈,对服务质量的期望值越大。如果服务对象有一定的关于服务提供的个人理念,那么他们对边防检查的理想服务期望将会提高。

2. 边检站明确的承诺

边检站通过广告、宣传、沟通方式向服务对象公开提出的承诺,直接影响服务对象期望的形成。

3. 边检站暗示的承诺

服务对象对高品质的边防检查服务有较高的期望值。边检站可以通过检查员的服务素养和服务环境向服务对象暗示对边防检查服务质量的承诺。这种暗示的承诺同样也影响着服务对象期望的形成。

4. 服务对象过去的经验经历

不同经历的服务对象有不同的期望。比如,一个高级白领以前经常出入国边境,走过很多的国家,各国的边防检查会给他留下不同的印象和产生不同的感受。他就会从以前的经历来看正在通过的边检站的检查工作及检查环境,他觉得不是很好。假如是一个普通农民,从来没有出入境的经历,第一次经历边防检查,他会觉得边防检查服务质量很好。服务对象的期望随其经验水平的变化而变化,经验越丰富的服务对象越抱有更高的期望。

5. 口碑传播

人们的口碑中,某边检站服务质量的好环,直接反映的是整体边防检查队伍,而不是针对某边检站的评价。

(三)服务沟通

沟通是人与人之间、人与群体之间思想与感情的传递和反馈的过程,以求思想达成一致和感情的通畅。沟通包括输出者、接受者、信息、沟通渠道等因素。

沟通是人类组织的基本特征和活动之一。没有沟通,就不可能形成组织和人类社会。家庭、企业、国家,都是十分典型的人类组织形态。沟通是维系组织存在,保持和加强组织纽带,创造和维护组织文化,提高组织效率、效益,支持、促进组织不断进步发展的主要途径。

有效的沟通让我们高效率地把一件事情办好,让我们享受更美好的生活。善于沟通的人懂得如何维持和改善相互关系,更好地展示自我需要、发现他人需要,最终赢得更好的人际关系和成功的事业。

1. 沟通的种类与基本模式

在沟通过程中,根据沟通符号的种类分别有语言沟通和非语言沟通,语言沟通又包括书面沟通与口头沟通;根据是否是结构性和系统性的,沟通分为正式沟通和非正式沟通;根据在群体或组织中沟通传递的方向分为自上而下沟通、自下而上沟通和平行沟通;根据沟通中的互动性分为单向沟通与双向沟通;从发送者和接收者的角度而言,包括自我沟通、人际沟通与群体沟通。

(1)语言沟通

语言是人类特有的一种非常好的、有效的沟通方式。语言的沟通包括口头语言、书面语言、图片或者图形。口头语言包括我们面对面的谈话、开会议等;书面语言包括我们的信函、广告和传真,甚至现在用得很多的 E-mail 等;图片包括一些幻灯片和电影等,这些都统称为语言的沟通。在沟通过程中,语言沟通对于信息的传递、思想的传递和情感的传递而言更擅长于传递的是信息。

(2)肢体语言的沟通

肢体语言包含得非常丰富,包括我们的动作、表情、眼神。实际上,在我们的声音里也包含着非常丰富的肢体语言。我们在说每一句话的时候,用什么样的音色去说,用什么样的语气语调去说等,这都是肢体语言的一部分。

我们说沟通的模式有语言和肢体语言这两种,语言更擅长沟通的是信息,肢体语言更善于沟通的是人与人之间的思想和情感。

2. 服务沟通的技巧

所谓沟通技巧,是指管理者具有收集和发送信息的能力,能通过书写、口头与肢体语言的媒介,有效与明确地向他人表达自己的想法、感受与态度,亦能较快、正确地解读他人的信息,从而了解他人的想法、感受与态度。沟通技能涉及许多方面,如简化运用语言、积极倾听、重视反馈、控制情绪等。虽然拥有沟通技能并不意味着成为一个有效的管理者,但缺乏沟通技能又会使管理者遇到许多麻烦和障碍。沟通的技巧分为语言沟通技巧和非语言沟通技巧两种。

(1)语言沟通技巧

说对话才能做对事,无论是在战略执行中,还是在商务谈判中,甚至同事关系的处理方面,良好的沟通是前提。“沟者,构筑管道也;通者,顺畅也”。

沟通的目的是让对方达成行动或理解你所传达的信息和情感,即沟通的品质取决于对方的回应。良好的沟通是要说对方想听的,听对方想说的。要想达到这个目的就必须进行有效的编码、解码与反馈。所以,真正的沟通力是100%的责任沟通,不是“一个巴掌拍不响”的理解,将“对牛弹琴”沟通责任彻底归于弹琴者。

提高沟通要弄清楚听者想听什么,通过认同、赞美、询问需求的方式实现,并以对方感兴趣的方式表达,如幽默、热情、亲和、友善。同时,在适当的机会和场所中,依据需求变化场所。倾听时,用对方乐意的方式倾听,积极探询说者想说什么,设身处地、不要打断并积极回应、鼓励表达;控制情绪适时回应与反馈,最后确认理解,听完后澄清异议。

(2)非语言沟通技巧

非语言沟通技巧包括面部表情、身体距离、姿势、动作、眼神、声调音量、仪表服饰、身体接触,甚至你所布置的环境等。

①表情

面及眼是身体上最易引起注意的部位,是非常复杂的表情管道,因为产生出来的实在太多,而表情的变化也实在太快。面部表情基本上可以分为惊讶、害怕、生气、嫌恶、伤心,亦可同时多种结合在一起。若你对对方或当时的情况了解的话,你可能很正确地判断出对方面部表情所代表的情绪。

与人交往时,面部表情宜生动吸引,并要配合说话内容,而笑容亦是面部表情的重要一环,一个友善的笑容,表示友善,愿意开放与人交往。别人接收了这个友善的信息后,也较愿意接近及与你交往。

②眼神接触

如果你避免注视某个人,别人将猜测你是焦虑的、不诚实的,或比较有兴趣于你的眼神正在看着的事物。眼神交流过多,如瞪视,会令人不自然。

适当的接触是敬意和注意的有力象征。眼神接触能有力地表示出你的态度,如服从、胆怯、愤怒,亦是开放话语的重要技巧。眼神接触要自然,不要过频密或逃避眼神、或以敌视的眼望着对方。

与人交流时不需全时间望着对方眼睛,可不时转移至对方面部的其他地方,如鼻子或唇部,这样会较自然。

③身体姿态(包括坐姿,站姿)

身体的姿态可以表明希望和别人建立什么样的交往关系、对对方所说的事有无兴趣等。双手交叉或双腿交叠得太紧是封闭式的姿势,显示紧张的心绪或没有兴趣和别人交往;双手不交叉,双腿交叠而方向指向对方或微微张开,都是开放式的姿态,被理解成精神放松而且愿意和别人保持交往;面向别人并向前倾斜是非常重要的姿势,显示敬意和投入。

④其他动作

说话时可以适当地配合手势的运用,加强内容表达和感染力,不过要注意手势运用适宜和自然,不要太夸张。不经意的咬着指甲、耍玩原子笔等都表达出坐立不安的情绪。紧张的人会手握拳,或扳折手指关节等。当一个人想表达他的友谊时,常常是张开手臂。点头是聆听技巧的一种,表示正聆听及明白对方说的话。

动作要清楚、自然。简单的动作能有助表达,加强说服力。动作过大令人觉得神经质。

⑤声线

声线包括调、声调、清晰程度及流畅程度。

语调要恰当,并且高低抑扬,给人有亲近感。声量要适中,不要过大声或过细声,大声令人有凶恶的感觉;过细声令人听得困难。

说话尽量要清晰及流畅,不要过于简略或含糊。

⑥距离

人与人之间维持距离的远近,表示不同的意义。不同的场合及熟悉程度有不同的距离标准。每个人都有无形的私人领土,若自己的领土被人入侵就会有不舒服的感觉。

距离又分为亲密距离、私人距离、社交距离,不同的人所需要的不同。

⑦外表

外表包括发型、衣着等,对人的第一印象产生影响。

外表可以显示某种角色,亦可作为隐藏角色的工具。

有时人会特意以穿着来传送某些有关个人的信息,亦会根据外表来评价他人,尝试去判断其个性、态度等,但不宜抱有固有的看法,这些判断有时也未必准确。不同的非语言技巧组合会达成不同的效果,其中包括微笑、开放的姿势、倾前的坐姿、点头、适度的眼神和身体接触等。

第三节　边防检查服务评价与监督

一、边防检查服务质量

（一）服务质量的定义

质量是现代管理学中基本的概念，也是很难定义的概念之一，最早用来评估有形产品。在相当长的一段历史时期内，人们普遍认为质量就是符合性，即产品符合设计要求，达到设计要求就等于产品合格，质量过关，这似乎已成为一条定律。随着社会生产力的极大发展，买方市场的形成，这种质量观念的局限性日益暴露，已越来越不能顺应当今社会经济生活的需要，原因在于它较多地站在供方立场上考虑问题，而对用户的利益和感觉缺少关心。在有形产品的买方市场中，企业的生存与发展依赖于市场，要想赢得顾客，提高市场竞争力，就必须摆脱符合性质量观的束缚，正确认识和理解质量的内涵和特性。从顾客的角度出发，质量意味着产品或服务达到或超过顾客期望的程度。国外学术界给质量下了许多定义，其中国际标准中对质量的表达被认为最为恰当。

在国际标准中，对质量作出了明确的定义，质量是指"反映实体满足明确和隐含需要的能力的特性的总和"。定义中"实体"的概念十分广泛，是指"可单独描述和研究的事物"。实体可以是活动或过程，可以是产品，可以是组织、体系或人，也可以是以上各项的组合。定义中的"需要"，一般指顾客的需要，也可指社会的需要及第三方的需要。所谓"明确需要"，一般指在合同环境中，特定顾客对实体提出的明确需要，这种需要常以合同契约等方式予以规定。此外，"明确需要"还包括相应法规的约束，如标准化要求，环境保护要求，安全卫生要求等。所谓"隐含需要"，是指顾客对实体的期望，或指那些虽没有通过任何形式给以明确规定，但却是为人们所普遍认同的，无须事先申明的需要。

人们对有形产品质量的认识大体有四个方面，一是无瑕疵；二是符合某种规范和标准；三是对顾客需求的满足程度；四是"内部失败"和"外部失败"的发生率。由于服务本身具有无形性、不可储存性、差异性、不可分离性，因此使"什么是服务质量"成为一个复杂的话题。服务产品属于行为表现，通常是在服务对象面前提供。因此，服务质量在很大程度上是一种体验的主观感受,而不是对实物产品的客观检验。服务质量是由服务对象确定的,服务质量意味着服务对象得到与所支付的对等的价值,是一种"符合期望"的质量。目前对服务质量的定义主要从服务对象对服务质量的满意度出发,认为当服务对象对服务的期望与服务对象所感知的服务一致时服务是有质量是满意。所以服务质量是指服务能够满足规定和潜在需求的特征和特性的总和,是指服务工作能够满足服务对象需求的程度。借鉴此理论,边防检查服务质量可定义为边防检查工作中所提供的服务工作能够满足服务对象需求的程度。

服务质量是服务对象的预期服务质量同其感知服务质量的比较。预期服务质量即服务对象对边检机关所提供服务的预期满意度,感知服务质量则是服务对象对边检机关提供的服务的实际感知水平。如果服务对象对服务的感知水平符合或高于其预期水平,则服务对象获得较高的满意度,从而认为边检机关具有较高的服务质量;反之,则会认为其服务质量较低。

预期服务质量是影响服务对象对整体服务质量的感知的重要前提。如果预期质量过高,不切实际,则即使从某种客观意义上说他们所接受的服务水平是很高的,他们仍然会认为边检机关的服务质量较低。边检机关的对外宣传和对外承诺对服务对象的预期服务质量的高低有直接的影响。如果边检机关过分夸大自己所能提供的服务,导致服务对象心存很高的预期质量,然而,当服务对象一旦接受具体服务并发现其所提供的服务质量并不像宣传的那样,便会使服务对象对其所感知的服务质量大打折扣。所以边检机关在对外宣传和承诺时必须切合实际,不可过低亦不可过高。

好的服务质量不一定是最高水平,边检机关在对外宣传或对外承诺前应首先明确自己所要追求的服务水平,当一项服务满足其目标服务群的期望时,服务质量就可认为是达到了优良水平。为达到"为人民群众提供安全、舒适、高效的通关服务"这一服务标准,边检机关先后作出的"确保旅客快速通关,保证95%以上的旅客等候办理边防检查手续不超过25分钟。""公正执法,礼貌待人,佩戴执勤证件,接受监督。对各类投诉,自接到之日起30日内答复处理情况。""坚持实行24小时通关服务,保证出入境船舶随到随检。""推行一次性手续办结服务。对符合条件的,在规定的时限内一次性办结各类边防检查手续;对手续不符的情况,填写《回执单》,告知应补齐的材料,确保第二次办结。"等对外承诺,构成了边检机关对自己工作的最基本的要求,也构成了服务对象对边检机关服务工作的最低预期服务质量。

根据服务对象的预期服务质量确定了服务标准后，便是在具体的服务过程中根据目标服务群（即那些由于他们的期望或需要而要求得到一定水平服务的人）的服务需求提供必要的服务。同时在追求相应的服务水平的同时不可忘记重要的一点——好的服务质量应具有一定的连贯性，它要求服务提供者在任何时候、任何地方都保持同样的优良服务水平。我国目前的边防检查工作是两种体制并存，加之边检站遍布全国各地，各口岸类型、功能、自然条件、社会环境、建设水平等方面存在较大差异，各边检站的规模、体制、机制也不尽相同，要保持服务水平的一致性很难。因此，制定统一的服务标准并加以监督实施显得尤为重要。《中国边检标准化服务手册》（2.0 版）的出台就是保证边检服务连贯性的最有效举措。它能为边检机关实现“让每一名服务对象在任何时间、任何岗位都能得到同样优质高效的服务”提供有利保证。

（二）服务质量的构成

服务质量既是服务本身的特性与特征的总和，也是服务对象感知的反应，因而服务质量既由服务的技术质量、职能质量、形象质量和真实瞬间构成，也由感知质量与预期质量的差距所体现。

1. 技术质量

技术质量也称产出质量，是指服务的结果，即服务对象从服务过程中所得到的东西。这是服务所要达到的最终结果，也是服务对象对服务作出评价的最主要因素。例如，宾馆为旅客休息提供的房间和床位，饭店为顾客提供的菜肴和饮料，航空公司为旅客提供的飞机、舱位等。边检机关的服务的技术质量主要指边检机关为旅客提供的安全、舒适、高效的通关服务，具体包括通关环境、通关效率、通关的后续保障机制等。对于技术质量，服务对象容易感知，也便于评价。

2. 职能质量

职能质量也称过程质量，是指服务过程中服务对象所感受到的，服务人员在履行职责时的穿着、仪表、行为、态度等所带来的利益和享受。职能质量完全取决于服务对象的主观感受，难以进行客观的统一评价。但对于某一特定的服务主体，服务对象对此都会有一个相对统一的或约定俗成的评价标准。例如，到餐馆吃饭，希望服务员衣着干净整洁、笑脸相迎、态度热情；坐飞机时愿意看到空姐穿着统一的制服、希望得到微笑服务、期望空乘人员能够态度友好地解决疑惑等。服务对象对边防检查服务工作中检查员的穿着、仪表、行为、态度也有着一定的期望,边检机关根据边检工作特点,结合大众对边防检查员的认识,将检查员在履行职责、提供服务过程中在穿着、仪表、行为、态度等方面应达到的标准在《中国边检标准化服务手册 2.0》中作了明确的规定(详见手册第二章"服务礼仪")。与此同时,"手册"对边防检查员在不同岗位为服务对象提供服务过程中的服务标准和服务流程也作出统一和细致的规定。全国各边检站的检查员均按照此标准开展工作,从而使边检机关所能提供的职能质量保持了一致性和连贯性,同时让服务对象感受到尊重,感受到边检机关对其合理需求的关注和满足。服务技术质量与职能质量构成了感知服务质量的基本内容。

3. 形象质量

形象质量是指边检机关在社会公众心目中形成的总体印象。边检机关品牌的确立和推广从视觉识别、理念识别、行为识别等系统多层次地向公众展示了边检机关形象。适时地对真实的边防检查工作进行常态化的正面宣传,可使服务对象真正地从边检机关的组织结构、行为方式等多个侧面认识边检机关的形象。形象质量是服务对象感知服务质量的过滤器。如果边检机关拥有良好的形象质量,一些小的失误也会赢得服务对象的谅解,反之如果失误频繁发生,也必然会破坏边检机关的整体形象;但如果边检机关在服务对象心目中的整体形象本来就不佳,则任何细微的失误都会给服务对象留下很坏的印象,从而影响其对边检机关服务质量的整体评价。

边检机关一直以来不太被服务对象所了解,因此边检机关在服务对象中的形象质量存在很大的可提升空间。加强宣传,进行品牌推广是边检机关对外明确位置、树立形象的有效方法。一方面可以进一步厘清老百姓心中对边检与海关等相关单位的模糊认识,让服务对象真正了解边检机关是做什么的,从而明确哪些工作是边检机关的职责,哪些是边检机关的真实形象。另一方面可以让服务对象看到边检机关在服务方面的努力,进一步了解边检机关的服务举措。只有在公众心中有了清晰的形象,才能让服务对象更好地理解和感受我们的服务。

4. 真实瞬间

真实瞬间是服务对象与边检机关进行服务接触的过程。这是服务对象感知服务质量的过程,对服务质量的好坏有着最直接的影响。这个过程是一个特定的时间和地点,也是边检机关向服务对象展示自己服务质量的有限时机。一旦时机过去,服务接触结束,边检机关将无法改变服务对象对服务质量的感知。如果在这一瞬间我们所提供的具体服务质量出了问题,一切都将无法挽回。真实瞬间是服务质量构成的特殊因素,我们的一切努力都是为了在这一瞬间向服务对象展示我们最好的技术质量、职能质量。

服务质量的技术质量(通关环境、通关效率、服务保障)和职能质量(检查员的穿着、仪表、行为、态度)都在服务的真实瞬间展现并被服务对象所感知。职能质量是服务对象感知的边防检查员乃至边检机关的具体印象,需要检查员在日常的工作中进行发挥。技术质量是服务对象对边检机关的最终的质量要求,相对于职能质量而言对服务对象的影响更大。

(三)服务质量的特点

服务质量是服务对象感知的对象,而不是设计者和服务主体所感觉的质量的好与坏。服务质量更多地要按服务对象的主观认识加以衡量和检查。且不同的时间、不同的服务主体所提供的服务是不同的,即使同一个服务主体在不同的时间提供的服务质量也会有差异,同时,不同的服务对象,乃至同一个服务对象在不同的时间对服务质量的感知也是不同的,因此服务对象感知的服务质量具有差异性。服务对象感知服务质量是由服务对象所追求的结果质量(技术质量)和"过程质量"(职能质量)两个方面组成的,两者相辅相成、不可或缺,忽视任何一个方面都会给服务质量带来不可估量的后果。如果服务产品的技术质量是可以接受的,那么,过程质量在总的感知中常常比产出质量重要的多。无论接受什么服务,能够让人印象深刻的总是服务过程,服务主体与服务对象的实际接触是最具有影响力的因素。总的来说,服务对象在接受服务过程中的需求可分为精神需求和物质需求两部分,因此从服务对象的这两方面需求来分析,服务质量有五个方面的特点。

1. 专业性

专业性是边检机关提供的服务所具备的作用和效能方面的特点,是服务质量特点中最基本的一个。边防检查服务的技术质量就是其专业性的体现。边防检查服务要求边检机关"在服务中实施管理,在管理中体现服务",既要防止在履行边检职责过程中该提供的服务没有提供,又要防止超出职责权限越位服务;既要防止执勤人员高高在上对待服务对象,把服务看作施舍,又要防止执勤人员片面追求"旅客至上",一味迁就,从而影响执法的形象和效果。如何正确处理服务与管控的关系,让服务对象真正得到安全、舒适、高效的通关服务,需要每一个边防检查人员发挥其专业特长。因此边防检查服务具有很强的专业性,边防检查员必须不断提升自身的服务素质和能力,实现在言行举止、待人接物等方面给服务对象以专业、规范、干练、亲切的感受。

2. 安全性

安全性是指边检机关保证服务过程中服务对象的生命不受危害,健康和精神不受到伤害,利益不受到损失。由此可见,安全性也包括物质和精神两方面,而关注安全性重点在于物质方面。合理的场地设施(如明确的引导标志、方便的通道设置等)、合理的勤务组织、合理的业务流程等是服务质量的安全性这一特点对边防检查服务提出的要求。

3. 时间性

时间性是指服务工作在时间上能否满足服务对象的需求,时间性包含了及时、准时和省时三个方面。边检机关所提供的优质服务必须能够保证服务对象在最短的时间内完成各项检查,不耽误服务对象的出行,因此我们的服务承诺中有很多是对时间标准的界定,而服务对象的预期服务质量中对时间的要求也是很重要的组成。

4. 舒适性

在满足了专业性、安全性和时间性等方面的需求的情况下,服务对象期望服务过程舒适。因此边检机关一直注重对服务环境的建设。为给服务对象提供舒适的候检环境,边检机关在建设检查现场环境时,需达到以下要求:检查现场空间满足检查需要,不发生拥堵,并满足紧急情况下的疏散要求;检查现场卫生整洁,无明显污渍、垃圾,各种设施设置安全、有序;室内检查现场温度适宜,空气清新,通风、空调设备正常运行,无明显异味,无憋闷感;室内检查现场光线适宜,利于执勤人员开展工作等。

5. 文明性

文明性属于服务过程中为满足精神需求的质量特性。服务对象期望得到一个自由、亲切、受尊重、友好、自然和谅解的气氛,在一个具有和谐的人际关系的条件下来满足服务对象的物质需求,这就是文明性。边检机关要求边防检查员在提供服务过程中要精神饱满、全神贯注,执勤动作流畅,有条不紊,给人以真诚、自信、敬业、干练的感受,从而为服务对象提供自由、亲切、和谐的通关氛围。

二、边防检查服务评价

“评价”一词在汉语词典中解释为评定价值高低,此处所说的服务评价,即是指服务对象对边防检查服务质量的高低评定。服务质量应被服务对象所识别,服务对象认可才能有质量。服务对象对服务质量的评价不仅仅考虑服务的结果,而且会涉及服务的全过程。

(一)评价原则

服务对象对服务质量的满意可以定义为,将对接受的服务的感知与对服务的期望相比较,当感知超出期望时,服务被认为具有特别质量,顾客会表示非常满意;当服务没有达到期望时,服务注定是不可接受的,顾客会表示不满意;当期望与感知一致时,质量是满意的。服务对象是边检服务的接受者,边检服务质量和标准的高低最终需要由服务对象作出评判,因此服务质量评价带有很强的服务对象的主观性。

1. 及时

及时,是指服务质量的评价时机要及时。服务质量的评价是在服务传递过程中进行的。因此有效的服务质量评价必须具有及时性。在服务的真实瞬间,服务对象对感知服务质量有着最直接、最真实的体会,因此在服务过程中作出的评价往往要比事后作出的评价更具有参考价值。

2. 科学

科学,是指服务质量评价的方法要科学。科学服务质量测定一般采取评分量化的方式进行,评分标准及问卷设计必须科学才能保证质量评价的科学。

3. 合理

合理,主要是指对服务质量评价结果的合理应用。了解服务对象对服务质量的评价最终目的是进一步推进边防检查服务工作向前发展,因此对评价结果进行合理的应用是关键的一步。应用评价结果首先要对其进行全面的统计和分析,了解影响服务对象对边检机关服务质量评价的方面。接着分析产生这些影响的主客观因素并作出恰当的改进工作的设想。最后结合进一步的调研形成切实可行的改进边防检查服务工作,提升服务质量的有效措施。

(二)评价要素

20 世纪 80 年代英国剑桥大学的 Parasuraman、Zeithaml 和 Berry 三位教授

提出了服务品质概念模式，简称 PZB 模式，是目前分析服务质量的主要方法，其中心概念为服务对象是服务质量的决定者。该模式提出了影响服务质量的五项缺口，服务主体要满足服务对象的需求，就必须要弥平此模式的五项缺口。前面提到服务质量的认知结果是起源于服务对象期望和服务主体实际表现之间的差距，因此不能仅从服务结果评估服务质量的优劣，还必须包括服务传达过程的评估。

模式中的五项缺口，一是服务对象期望与服务主体之间的认知缺口，当服务主体不了解服务对象的期待时，便无法提供让服务对象满意的服务；二是服务主体与服务规格之间的缺口（标准缺口），服务主体可能会受限于资源及客观条件，无法达成标准化的服务，而产生服务质量的管理缺口；三是服务质量规格与服务传达过程的缺口，服务人员的素质或训练无法标准化时或出现异质化，便会影响服务对象对服务质量的认知；四是服务传达与外部沟通的缺口，例如做过于夸大的宣传，造成消费者期望过高，使实际接受服务不如预期时，降低其对服务质量的认知；五是服务对象期望与体验后的服务缺口，是指服务对象接受服务后的知觉上的差距。根据此模式提出了服务质量的评价要素，确定了服务对象按相对重要性由高到低用来判断感觉中的服务质量的五个基本方面：可靠性、响应性、保证性、移情性和有形性。

1. 可靠性

可靠性是可靠地、准确地履行服务承诺的能力。可靠的服务行为是服务对象所期望的，它意味着服务以相同的方式、无差错地准时完成。可靠性实际上是要求边检机关避免在服务过程中出现差错，能够依照服务承诺准确、及时地办理各项检查手续。

2. 响应性

响应性是指帮助服务对象并迅速有效提供服务的愿望，是服务对象感觉到的服务主体的态度，即服务主体随时准备为服务对象提供快捷、有效的服务。对于服务对象的各种要求，边检机关能否给予及时的满足将表明边检机关的服务导向，即是否把服务对象的利益放在第一位。让服务对象等待，特别是无原因的等待，会对质量感知造成不必要的消极影响。而当服务出现失败时，迅速解决问题会给质量感知带来积极的影响。因此边检机关服务承诺中就有关于服务对象等待时间的内容，如“坚持实行 24 小时通关服务，保证出入境船舶随到随检”。这形成了服务对象的预期服务质量，同时也是对边检服务的响应性的要求。

研究表明,在服务传递过程中,服务对象等候服务的时间是关系到服务对象的感觉、服务对象印象、边检机关形象以及服务对象满意度的重要因素。所以,尽量缩短服务对象等候时间,提高服务传递效率将大大提高边检机关的服务质量。

3. 保证性

保证性是指检查员所具有的知识、礼节以及表达出自信和可信的能力。它能增强服务对象对边检机关服务质量的信心和安全感。当服务对象同一位友好、和善并且专业的检查员打交道时,他会获得信心和安全感。友好态度和胜任能力两者是缺一不可的。检查员缺乏友善的态度会使服务对象感到不快,而如果他们的专业知识懂得太少也会令服务对象失望。保证性包括完成服务的能力、对服务对象的礼貌和尊敬、与服务对象有效的沟通、将服务对象最关心的事放在心上的态度。

4. 移情性

移情性是指设身处地地为服务对象着想和对服务对象给予特别的关注。移情性主要包括接近服务对象的能力、敏感性和有效地理解服务对象需求。服务具有了移情性就可以把服务靠前,化被动为主动,这样的服务则更具有生命力。

5. 有形性

有形性是指有形的设施、设备、人员外表以及服务中与服务对象的实体接触等有形证据。由于服务是无形的体验,本质上是一种行为过程而不是某种实物,具有不可感知的特性。所以,服务对象在很大程度上借助这些与服务有着密不可分关系的有形设施设备、环境美化与卫生、服务人员等来把握服务质量的高低,从而作出自己的评价。另外,有形的服务要素也是服务主体对服务对象更细致地照顾和关心的有形体现。对这方面的评价可延伸到包括其他正在接受服务的服务对象的行动。因此充分利用好有形性,不但可以提供有关服务质量本身的有形线索,还可直接影响服务对象对服务质量的感知。

服务对象从这五个方面将预期的服务和接受到的服务相比较,最终形成自己对服务质量的判断,期望与感知之间的差距是服务质量的量度。从满意度看,既可能是正面的也可能是负面的。

（三）评价标准

服务对象对服务质量的评价不仅要考虑服务的结果，而且涉及服务的过程。边检机关通过对服务对象感知服务质量的调研、测算和认定，结合服务质量评价标准制定《中国边检标准化服务手册 2.0》确保服务提供规范，质量控制规范，对提供服务的所有阶段的服务质量进行有效的控制、评价和改进。从服务质量评价角度出发，优质服务必须符合以下六个标准。

1. 规范化和技能化

服务对象相信边检机关，检查员及检查机关具有提供相应服务所必需的知识和技能，能够公平、合法、合理地处理问题，能够规范高效地解决服务对象疑难问题。具体来说就是要求边检机关能够提供方便快捷、安全畅通的通关环境和公平公正的执法环境。

2. 态度和行为

服务对象能感到检查员用友好的方式主动关心照顾他们，并以实际行动为旅客排忧解难。具体要求边防检查人员在服务过程中能够做到警容形象严整、言谈举止得体、回应服务对象需求主动。

3. 可亲近性和灵活性

服务对象认为边检机关的服务环境、服务时间、检查员和检查程序的设计和操作便于服务，并能灵活地根据服务对象的合理要求随时加以调整。这要求边防检查在提供服务的过程中能够真正了解服务对象的需求，并给予积极回应。

4. 可靠性和忠诚感

服务对象确信，无论发生什么情况，他们能够依赖边检机关。边检机关能够遵守承诺，尽心竭力满足服务对象的最大利益。

5. 自我修复

其主要是指服务对象知道，无论何时出现意外，边检机关将迅速有效地采取行动，控制局势，寻找新的可行的补救措施。

6. 名誉和可信性

服务对象相信，边检机关可以依赖。这主要依靠边检机关的自我宣传，通过品牌推广活动不断地让大众了解并认可边检机关所提供的专业的服务。

在六个标准中规范化和技能化与技术质量有关，名誉和可信性与形象有关，它可充当过滤器的作用。而其余四项标准：态度和行为、可接近性和灵活性、可靠性和忠诚感、自我修复,都显然与过程有关,代表了职能质量。

(四)评价方法

在服务质量评价过程中要做到严谨、科学,要根据具体服务工作的特点及评价的需要选择合适的评价方法。服务质量的评价方法主要有统计调查表法、分层法、排列图法、因果分析图法、直方图法、控制图法和相关图法等。每一种方法都针对不同的评价需要发挥不同的作用,在边防检查服务质量评价中比较适合使用统计调查表法,即利用专门设计的统计表对质量数据进行收集、整理和粗略分析质量状态的一种方法。

根据统计调查表法的特点,评价时首先是测定服务对象的预期服务质量。通过对边防检查服务工作各个环节的深刻调研和分析,结合服务质量的构成与特点,选取科学的评价标准,根据各条标准在边防检查服务工作中的地位确定权数,对每条标准设计4~5道具体问题并制成问卷。然后是测定服务对象的感知服务质量。发放问卷,请服务对象逐条评分,由此了解服务对象感知的服务质量。最后是确定服务质量。对问卷进行综合统计,按照权数公式计算感知服务质量与预期服务质量的差距值。

边检机关依据服务质量评价的要素和标准设计相应的服务质量评价表,定期不定期地对服务对象进行调查,了解服务对象在不同时期对边防检查服务质量的实际评价。目前边检机关使用的是《中国边检服务水平调查问卷》,分为供出入境人员填写、供服务单位填写和供协作单位填写三种,其中供出入境人员填写的表格还制作了中英文版。

(五)提高服务质量的方法

服务质量是服务对象感知的对象,边检机关服务工作的最高目标是让服务对象满意,进行服务质量评价的目的是了解服务对象对边防检查服务的实际感受,从而进一步提高边防检查服务质量。根据PZB模式,要提高服务对象对服务的满意度,关键是要尽量地缩小五个缺口的差距。其中服务对象期望与体验后的服务缺口是由服务对象决定缺口大小的,而前四个缺口是可以透过管理与评量分析以提高服务质量的。

第一是要深入了解服务对象所需,缩小认知缺口。边防检查人员在向服务对象提供专业、安全、舒适的服务的过程中,倾听服务对象的抱怨是了解服务对象需求的一个重要途径。因为服务对象的抱怨可以提供更具体的信息,但要想真正提高服务质量一定要及时处理服务对象的抱怨。

第二是合理设定服务规范,缩小标准缺口。在掌握了服务对象的期望和实际感受后,边检机关要利用这些信息制定适当的标准和建立相应的系统提供让服务对象满意的服务。在设定服务质量标准时,一是要尽可能地体现出管理层对服务对象服务期望的认识;二是服务规范要尽可能地清晰和具体,因为只有清晰具体的标准才让检查员更好地理解和接受;三是运用服务规范进行服务质量评估,只有不断地评估服务质量才能确保服务标准的实现。2010 年出台的《中国标准化服务手册 2.0》就是依据这一要求制定的服务规范。

第三是要准确提供标准服务,缩小服务质量规格与服务传达过程的缺口。《中国标准化服务手册 2.0》是边防检查员向服务对象提供服务的最基本的准则,要达到或超越手册中设定的服务标准,必须要求检查员具备相应的知识和技能,同时要对他们提供物质和精神上的支持,向他们提供信息,让他们了解服务对象的需求,使他们能够在自己的职责范围内自主地向服务对象提供相应服务。

第四是要坦诚进行服务沟通,缩小服务传达与外部沟通的缺口。除了进行真实的服务宣传和服务承诺外,在提供服务传达过程中也要注意必要的沟通。有时服务问题是由服务对象自身导致的,所以在服务沟通时应尽量帮助服务对象了解自己在接受服务过程中所承担的角色和责任,同时告知服务对象遇有服务问题时正确的处理措施和程序,以便在问题出现时可以得到理解。

三、边防检查服务监督

监督,即对现场或某一特定环节、过程进行监视、督促和管理,使其结果能达到预定的目标。边检机关服务监督主要是指对边检机关向服务对象提供服务的全过程进行的监督和管理,以保证边检机关严格按照《中国边检标准化服务手册 2.0》的要求履行服务职责,实现服务目标。

(一)内部监督

内部监督是指在出入境边检机关内部上下级以及同级之间,针对边防检查官兵依法履行职责、行使职权和边防检查服务工作进行监督的措施。主要通过此内部监督机制保证能够及时发现服务过程中出现的问题并有效纠正,从而保障边检勤务工作安全、有序开展,促进官兵依法改造职责,热情服务,确保"更快、更亲、更严"边防检查服务工作目标的实现。

内部监督在服务监督中有其无可替代的优势，一是监督主体与监督对象工作职能性质接近，有机会和条件更多地了解监督对象的活动，使监督更具有直接性和针对性，容易实现监督的理性化；二是内部监督有利于减少中间环节，能够凭借权利的合理分配，提高监督工作的效率，降低监督的成本，进而取得最佳的效益。但是内部监督也有一定的缺陷，一是内部监督是检查机关内部的自然约束、自我监督，是单向性的、一维的监督，其根本特点是它的内部性和封闭性；二是对监督发现的问题，依靠自我约束机制进行处理，及时发现和及时纠正的能力差；三是监督者与被监督者均受相同权力核心的领导和控制，自我修正的机会较低；四是内部监督对权力核心的监督不够，缺少对领导者权力的约束，易出现监督的空白地带。在实际服务工作中，要充分发挥内部督察的优势和避免其劣势，关键是要作坚持以事实为依据，以法律、法规为准绳，遵循实事求是、客观公正，文明执勤、严格执法，严肃查纠、热情服务的工作原则。

内部监督分为一般监督、警务督察和考评考核三类。

1. 一般监督

一般监督是指基于出入境边检机关层级约束关系和职能指导关系开展的监督，包括上下级机关之间的层级监督和两级业务主管部门的职能监督。一般监督是边检机关内部监督体系中最重要的部分，也是最为广泛的一种监督。主要通过实时监控、随机倒查等形式对边检服务过程中的勤务审批记录、监控录像录音、梅沙系统记录、旅客满意度评价记录、服务工作总结分析报告等内容进行监督。对好的做法及时总结提炼，推广学习；对不规范行为及其存在原因及时进行综合分析，及时纠正。从而保证边防检查服务工作正常有序地保持较高水平发展。

一般督察具有直接性、经常性和广泛性等特点，是对边防检查服务工作的全面督察，实施主体可以是直接上级也可以是其他上级机关或业务职能部门，因此统一督察的标准很重要。不论是哪一级机关、不论是哪一个职能部门，对边防检查服务工作必须要有一个统一的认识。同时对督察中发现的情况（无论是好的做法还是不规范的行为）都必须经过细致的调查和认证，力争对督察结果作出客观公正的判断。

2. 警务督察

警务督察指通过专门警务督察机构，对执勤单位及其执勤人员依法履行职责、行使职权、遵守纪律和提供服务情况进行监督、检查,保障和维护其依法履行职责、行使职权的合法权益,维护其整体形象和执法权威。

警务督察的主要方法有现场督察(包括明察暗访、模拟设置警情等)、网上督察、投诉核查等。对于现场督察或网上督察过程中发现的边检服务工作中存在的问题和隐患,及时进行纠正和制止,对需要整改的,通过跟踪了解,落实整改情况。警务督察的主要工作方式有:定期、不定期组织开展形式多样、内容丰富的思想政治教育活动,使边检官兵保持清醒头脑;通过建立科(队)领导、现场勤务值班室、监督部门等多级投诉受理机制,公开三级投诉电话、网络投诉电子邮箱地址、投诉信件邮寄地址,在执勤现场设立意见箱等方式,定期收集整理各种投诉,并依职权作出受理及相应反馈;定期、不定期到执勤一线对检查人员的服务方法、服务流程、服务仪表等进行实时的监督、检查,并通报督察情况;对检查员在执勤工作中服务不规范、不到位的现象及时纠正,必要时进行内部曝光,并按照相应考评办法,记入个人量化考核成绩;依托监控设施和"梅沙系统",设立同步监督检查平台,对检查人员的服务技能、服务水平等服务工作开展情况进行全程的实时监督。

警务督察必须在边检机关内部设立专门的督察机构,使督察部门能独立地开展工作,并使其具有一定的权威性和威胁力。督察工作的指导思想是"立足防范、着眼服务、强化监督、体现保障"。督察不是亡羊补牢,而是防患于未然;督察不仅仅是监督和管理,同时要发挥积极的保障功能,为业务建设、队伍建设服务,为促成边防检查优质服务质量提供保障。

警务督察必须培养和任用合格的督察人员。由于督察部门对边防检查工作进行全方位的监督,其中重点之一就是对具体边防检查服务工作的监督,因此作为督察人员应具备比一般检查员更加扎实的业务知识和更加强的处理问题的能力。

警务督察必须客观公正,无论是现场督察(包括明察暗访、模拟设置警情等)、网上督察,还是投诉核查都必须以监督发现的客观现实为依据,不走过场、不走人情,不得以个人情绪影响督察的结果,不得以领导的好恶改变或隐藏督察的事实。

3. 考评考核

服务质量的评价主要是从服务对象感知服务质量的主观感受为出发点进行的质量评估,而此处的考评考核主要是指边检机关内部对自身服务质量的全方位的评估。考评考核指边检机关内部通过开展阶段性考评考核,对执勤执法等边检服务工作进行事后监督的工作措施。考评考核主要包括年度执法质量考评、服务水平评价、每月绩效考评三种方法。其中服务水平评价以《空港边检服务水平评价体系》《海港边检服务水平评价体系》《陆地口岸边检服务水平评价体系》三个评价体系及《评分细则》为评价依据,从服务效果、服务态度、服务环境、服务保障、服务监督和服务创新等方面对边检站的具体服务工作进行评价。考评中为提高工作效率,保证评价的科学、公正,需针对承担不同业务的边检站制定相应的便于评分的表格。

(二)外部监督

外部监督是指来自出入境边检机关系统外部的服务对象、协作单位、其他行业组织等组织和个人,对边检工作进行的监督。通过此外部监督机制服务对象可充分享有监督的权利,通过畅通的监督渠道,提出合理意见、建议,从而促进官兵依法履行职责,热情文明服务,推动和促进边检工作质量和服务水平向更高层次方向发展,并得到广大服务对象的认可。

外部监督与内部监督一样也有其固有的优劣势,其优势一是外部监督是多维的监督,可以避免和减少监督的空白地带;二是监督的范围广泛;三是监督主体是独立自由的,没有领导与被领导的关系。其劣势主要有一是不受证据规则的调整和限制,合理监督界限难以界定,异化的外部监督行为会严重损害检查机关服务工作的独立运行;二是外部监督主体大多缺少相应的专业知识,致使在监督过程中遇到复杂情况时会缺少准确的判断,监督的理性化目标难以实现。

外部监督主要有警务公开、警务评议和特邀监督员三种方式。

1. 警务公开

边检机关根据工作的需要,通过现场执勤公告栏、触摸屏、宣传册、互联网等多种形式向社会各界公开边防检查法律法规、收费标准、注意事项、手续办理流程等信息。使服务对象了解边检服务工作内容及标准,从而对边检服务工作进行合理的监督。

2. 警务评议

边检机关定期走访口岸协作部门,开展服务对象问卷调查,邀请服务对象、协作部门、新闻媒体、党政机关等座谈,对边检执勤执法、遵守纪律等情况进行综合评议。主要通过个别访问、问卷调查、座谈评议等形式,向相关人员及单位了解边检机关及边检人员在执勤服务、执法工作时的态度、工作效率和工作业绩及履行职责和遵守纪律的情况，对评议中发现的问题进行督促整改；对评议中发现的先进典型给予肯定和表彰奖励，并总结推广先进经验。

3. 特邀监督员

为拓宽社会监督渠道，主动接受社会各界人士对边检服务工作的监督，更好地发挥社会监督的作用，促进官兵依法履行职责，热情文明服务，推动边防检查服务工作向更高层次发展，边检机关聘请地方党政、人大、政协、新闻媒体、社会团体、口岸协作单位、经营单位和经常出入境的人员，对边检工作进行监督，提出改进意见。

特邀监督员的聘请有规定的程序。必须依据代表性、广泛性和关联性的原则，由站纪委发出邀请并推选出拟聘请的特邀监督员名单，提交给站党委审议同意后，以边检站的名义向特邀监督员发聘书，并通过各种渠道进行公示。被聘请的特邀监督员应担负起宣传边检政策、法规，监督边检机关落实服务承诺情况，监督边防检查人员服务标准落实情况等职责。

边检机关通过定期召开特邀监督员座谈会，通报边检工作和队伍建设情况，对特邀监督员所提意见、建议的采纳情况进行反馈，同时及时了解、听取特邀监督员的意见、建议和要求。同时特邀监督员在履行职责过程中可随时向站里了解边检工作有关政策规定，可以参加或列席站里召开的边检服务工作会议，可以随时向站纪检部门了解所提出的工作意见和建议或转递投诉等事项的办理情况，可以要求边防检查人员协助和配合其监督工作。

第七章 出入境边防检查行政执法办案

第一节 出入境边防检查行政执法办案概述

出入境边检机关基于法定的职权和职责,对出入境行为进行有效的管理,这种行政管理必须通过行政执法来实现。出入境边防检查行政执法办案是边检机关行政执法活动的重要组成部分。

一、出入境边防检查行政执法办案的概念与特点

(一)出入境边防检查行政执法办案的概念

出入境边防检查行政执法办案是指出入境边防检查行政主体依照法定职权、程序和有关法律、行政法规及规范性文件的规定,对行政相对方出入境活动中的违法违规与手续不符问题进行处置,对查获的违法行为人进行调查取证、实施处罚或依法处理的行政执法活动。

(二)出入境边防检查行政执法办案的特点

出入境边防检查执法办案活动兼有一般性公安行政管理和出入境边防检查两种法律制度的特点,在主、客体和执法环境等方面具有一定的特殊性。

1. 边检执法权属于中央事权

边检机关所作出的行政行为代表的是国家的意志，是以国家的名义做出的，是国家主权的象征。边检机关担负着维护国家安全的任务。因此，从法理上看，对于边检执法权的授予或者其在执法过程中的法律依据只能是法律和行政法规，而部门规章只能在上位法有规定或者授权的情况下才能对执法权的具体操作问题作出规定，以规范边检执法权的运行。

2. 边检执法权具有涉外性

边检机关作为国家外事工作的重要组成部分，使边检执法权具有较强的涉外性。同时，从边检执法权指向的对象——出入境人员和交通工具等来看，它所管理的对象不仅包括中国公民还包括出入我国国（边）境的外国人和无国籍人。这就决定了边检执法权的行使不仅应遵守国内法还应考虑到相关的国际惯例和我国所签署的国际条约。

3. 结果罚与行为罚并重性

结果罚也称实质罚，以发生事实结果为构成违法行为的要件；行为罚也称形式罚、情形罚，不论结果与否，只要当事人具有法定情形，便构成违法行为。公安行政处罚中，以结果罚的情形居多，即当事人的违法行为必须达到一定程度或者造成了一定后果才予处罚，甚至其主观上还须有故意。而在边防检查行政处罚中，不仅包括结果罚，也包括一些形式罚，即只要当事人在客观上有违法行为即可以处罚。

除此之外，边检执法原则还具有政策性、时限性、保密性等特点。

二、出入境边防检查行政执法办案的原则

出入境边防检查行政执法办案原则是指导和规范整个边防检查行政执法过程的基本精神和准则。

（一）处罚法定原则

行政处罚依序依法进行。首先，必须由法定的执法主体即出入境边检站实施处罚，而不能由出入境边防检查总站、边防总队及其处、科、队等内设机构实施处罚，且实施处罚的人员必须具有执法资格；其次，必须在法定的职权范围内行使行政处罚权，不得超越或者滥用职权；再次，实施处罚必须有法定的依据，即当事人必须具有法律明文规定应予处罚的行为，且处罚的种类、幅度必须在法律规定的范围以内；最后，实施处罚的程序必须符合《行政处罚

法》等法律及规范性文件的规定,违反法定程序的,行政处罚无效。

(二)以事实为依据原则

查明违法事实是行政处罚得以成立的前提条件。根据《行政处罚法》,当事人违法事实不清、证据不足的,行政机关不得给予行政处罚。因而,在案件查处工作中,执法人员应将主要精力放在收集、查证当事人违法行为的证据上,而不能仅凭口供或靠推断定案。收集证据必须采取合法手段,力求做到客观、准确、充分。同时,对获取的证据应进行必要的查证,以避免主观、片面、失实,确保其法律价值。

(三)公正、公开原则

公正原则是处罚合法原则的必要补充,其核心要求是公平、正义,做到法律面前人人平等。遵循这一原则,执法中应着重注意三个问题:一是对所有当事人应一视同仁,在违法性质和情节相同的情况下,不论其身份、地位等有何不同,都应一样处理,而不能根据个人好恶、亲疏而厚此薄彼、畸轻畸重;二是要根据立法的根本目的与特定目的,正确行使自由裁量权,既要符合自由裁量的法定幅度,又要符合裁量结果过罚相当的原则,以保证行政处罚的合理性、公平性,而不能不分情节,一律按高限或底限处罚,以及情绪化操作、裁量标准反复无常;三是作出行政处罚决定前,应当告知当事人拟作出处罚决定的事实、理由和依据,依法给予其陈述、申辩的机会,以保证处罚的客观性、公正性。

公开原则是合法原则、公正原则的外在表现形式。根据这一原则,首先,执法人员的身份要公开;其次,处罚的依据要公开;最后,处罚、听证的过程和结果要公开。

(四)过罚相当原则

即对当事人违法行为课以的罚种和处罚幅度要与其违法程度相适应,既不能轻过重罚,也不能重过轻罚,既要合法合规,又要合情合理。同时也要防止对涉嫌犯罪的当事人降格处理,以行政处罚代替刑事处罚。为此,实施处罚时,首先,要全面了解、掌握案件的基本情况,正确认定当事人违法行为的性质。如当事人的行为是否构成违法、是否应予行政处罚、是否应由本单位管辖,当事人有无责任能力、违法行为是否超过法定追溯时效、违法证据是否充分与确凿,当事人的违法情节是轻是重、有无依法应从轻或从重处罚的情节等。其次,要根据对该违法行为的定性,正确适用法律、法规,并把握好适用条文的针对性、准确性。最后，要正确行使自由裁量权，根据案件的综合情况，以及当时的形势背景和政策要求，在法定的处罚幅度内，确定适当的处罚尺度，避免畸轻畸重、显失公正。

（五）处罚与教育相结合原则

行政处罚既是制裁违法行为的手段，也是教育人们遵纪守法的一种形式。其目的包括"惩"和"戒"两个方面，一是对违法行为人进行惩罚；二是通过惩罚使其受到教育；三是在社会上形成警戒作用，使人们认识到违法行为的危害，培养自觉守法的意识，从而达到预防违法的目的。遵守这一原则，体现为执法人员在实施处罚时，要对当事人讲清其行为的违法性和危害性，使其从内心认识到错误，以及对当事人违法情节轻微、依法可以课以警告处罚的，不应一律给予罚款处罚。

（六）一事不再罚原则

由于法律规定的重复性、交叉性和互涉性，在行政管理中，当事人的一个违法行为可能会同时违反两个以上法律、法规的规定，受两个以上行政机关的管理，或者构成两个以上的行政违法行为。为解决这种法律规定、行政职权和违法行为发生重合的问题，防止对当事人的同一违法行为进行多头处罚或重复处罚，以维护国家法律制度的公正性，《行政处罚法》第 24 条规定："对当事人的同一个违法行为，不得给予两次以上罚款的行政处罚。"其基本精神是：对当事人的同一个违法行为，行政机关不能以同一个理由多次给予处罚；而两个以上行政机关可以以不同的理由分别给予处罚，但其中只能罚款一次。其中，同一事实指违法事实只具有一个违法行为的特征；同一理由指处罚所依据的是同一条法律依据。一事不再罚原则是将刑法中的法条竞合规则引入了行政处罚领域。但因行政处罚的罚种之间不像刑罚那样具有鲜明的轻重等级，故而将"不再罚"落实到了罚款上。所以，一事不再罚原则，实际上是要求一事不再罚款。

（七）处罚救济原则

处罚救济原则也称无救济无处罚原则，是一种通过救济途径，对行政机关实施行政处罚的行政行为进行审查和补救，以保证行政处罚的合法、公正实施，维护当事人合法权益的法律制度。从狭义上看，处罚救济的途径包括行政复议、行政诉讼和行政赔偿等事后补救措施；而从广义范围来讲，当事人的陈述、申辩、申诉和要求举行听证等事先维权措施也包括在内。根据《行政处罚法》的规定,行政机关及其执法人员在作出行政处罚决定之前,不向当事人告知给予行政处罚的事实、理由和依据,或者拒绝听取当事人的陈述、申辩的,行政处罚决定不能成立。因此,执法人员在实施处罚时,应当认真履行各项告知义务,充分听取当事人的意见,并对其提出的事实、理由和证据进行复核,能够成立的予以采纳。不得因当事人申辩而对其加重处罚。

三、出入境边防检查行政执法的类型与内容

根据出入境边防检查法律法规的授权,边防检查行政执法包括以下内容:

(一)出入境边防检查行政许可

出入境边防检查行政许可是指出入境边检机关根据公民、法人或者其他组织的申请,经依法审查,准予其从事特定活动的行为。出入境边防检查行政许可是边检机关对出入境边防检查事务实行监督管理的一种重要手段,具体行政许可行为包括:停留许可、临时入境许可、进入口岸限定区域许可、枪支弹药携运许可、搭靠外轮许可、登轮许可、台湾船员登陆许可、随船工作许可等。

(二)出入境边防检查行政强制

出入境边检机关在办理违反出入境法律法规案件中采取行政强制措施,具体包括以下内容:

1. 限制人身自由,包括限制活动范围、继续盘问、传唤、拘留审查、遣送出境。

2. 扣押财物,包括扣押违禁物品(枪支、弹药、军械、管制刀具、易燃易爆品、腐蚀性物品、危险溶液及涉及国家秘密文件资料等)、扣押交通运输工具及作为办案证据的物品。

(三)出入境边防检查行政处罚

出入境边防检查行政处罚的种类,按其性质划分,大体可分为三类:声誉罚、财产罚、人身自由罚。具体包括警告、罚款、没收违法所得、没收非法财物、行政拘留、限期出境、驱逐出境等。

1. 声誉罚。又称申诫罚,是指对违法者的名誉、荣誉、信誉或精神造成一定损害的行政处罚。这类处罚的具体形式主要有警告、通报批评、剥夺荣誉称号等。边检机关声誉罚的种类仅限于警告。警告一般适用于那些违反出

入管理法律法规较轻微、对社会危害程度不大的行为。

2. 财产罚。财产罚是使被处罚人的财产权利和利益受到损害的行政处罚。这种处罚在于使违法者缴纳一定数额的金钱或者是剥夺其一定财物,并不影响违法者的人身自由和进行其他活动的权利。其具体形式主要有罚款、没收、销毁违禁物品等。边检机关财产罚种类主要有罚款、没收非法所得和没收非法财物。罚款是指行政处罚机关强制违法行为人承担一定的金钱给付义务,要求违法者在一定期限内交纳一定数量货币的处罚。它是边检机关使用最广泛的一种处罚形式。没收违法所得是边检站依法将违法行为人的非法收入和所得收归公有的处罚形式。边检站没收非法所得只适用于协助他人非法出境、入境,情节轻微尚不构成犯罪,且有非法所得的情况。没收非法财物是指边检站将违法者非法占有的财产,用于违法的工具、物品和违禁品等收归国有的处罚形式。

3. 人身自由罚。人身自由罚是对违法公民的人身自由权进行限制或剥夺的行政处罚。人身自由罚只能适用于公民。人身自由罚是行政处罚中最严重的一种形式。人身自由罚的主要形式为行政拘留,还包括对外国人的限期出境、驱逐出境。

边检机关裁决的行政拘留,是边检机关依法对违反出入境管理法律法规的人,在短期内剥夺其人身自由的一种处罚形式。边防检查人身自由罚中的拘留只限于"依照有关法律处以拘留",即边检机关只有行政拘留的裁决权,而没有执行权。

限期出境是指公安机关对从事与停留居留事由不相符活动或者有其他违反中国法律、法规规定,不适宜在中华人民共和国境内继续停留居留情形的外国人,限定其在一定期限内离开中华人民共和国国境的出入境管理处罚。

驱逐出境是指公安部对违反出入境管理法律情节严重、尚不构成犯罪的外国人,强迫其离开中华人民共和国国境的出入境管理处罚。

(四)出入境边防检查行政处理

出入境边防检查行政处理指行政机关在行使行政管理职权时,针对具体事件,依职权单方面作出的具有直接法律效果的行政行为,以及应相对人的申请,办理涉及特定相对人权益的行政事务的行为。

边防检查行政处理具体包括:羁束性行政处理,如不准出境、遣送出境、拒绝入境、收缴出境入境证件、收缴或追缴物品、移交处理等;裁量性行政处理,如登记放行、补办放行、放行补办等。

第二节 出入境边防检查行政执法办案程序

一、出入境边防检查行政执法办案的管辖

出入境行政执法管辖是行政执法主体在行使职权过程中的权限划分和分工,即确定对某一具体的行政执法事务是否应当由行政机关来行使执法权,以及应当由哪一级的哪一个行政机关来行使执法权。其实质是国家对行政执法权的分配。

(一)管辖的原则

边检行政执法实质上是边检机关维护出入境秩序,为出入境人员提供服务的行为。因此,确定边检行政案件办理的管辖权应当尽可能遵循便于边检机关行政管理和方便相对人的原则。这样,才能提高边检行政管理工作的效率,确保边检机关及时行使执法权,作出具体行政行为,实现行政管理的目标。以此为原则,边防检查行政案件一般由违法行为发生地的边检机关管辖。

(二)管辖的分类

行政执法管辖一般分为职能管辖、级别管辖、地域管辖、特殊管辖四类。

1. 职能管辖

职能管辖是指行政机关进行执法活动的职权分工,确定职能管辖的依据是法律的规定。法律、法规授权的才是行政机关能做的。《出境入境管理法》第6条规定:国家在对外开放的口岸设立出入境边检机关。出境入境人员和交通运输工具应当接受出境入境边防检查。出入境边检机关负责对口岸限定区域实施管理。

2. 级别管辖

级别管辖是指上下级行政机关行使执法权的权限划分,它是哪些行政权由哪一级执法主体行使的问题。在边防检查工作领域,边检站是具有执法主体资格的行政机关。虽然部分较重或涉外的行政处罚由边检总站或边防总队审批,但这种审批权限的划分并非级别管辖。

3. 地域管辖

地域管辖是指具有相同行政职能的同级行政机关或法律、法规授权的组

织,对某类具体的行政管理事务行使执法权的划分,即确定行政执法主体行使执法权的地域范围。一般地,地域管辖以行为发生地为依据,或以公民户籍所在地、住所地、法人登记地为依据,或以物之所在地为依据确定。为方便管理和方便相对人,边防检查执法一般以违法行为发生地为确定地域管辖的依据。涉及境外遣返人员的行政案件,一般由接收遣返人员的边检机关管辖。必要时也可以移交给违法行为人居住地的公安机关管辖。

4. 特殊管辖

特殊管辖根据管辖方式的不同可分为指定管辖、移送管辖、共同管辖等几种方式。边防检查执法涉及的特殊管辖主要是移交管辖,主要有:(1)对边检工作中发现的涉毒、走私等违法犯罪行为,边检站应分别移交缉毒、缉私等部门处理;(2)对口岸限定区域内发生的刑事案件或治安案件,边检站应移交当地公安机关处理;(3)对公路口岸限定区域内发生的交通事故,边检站应通知当地公安交通管理部门处理;(4)对出入境列车实施检查或监护期间发生的各种刑事、治安案件,边检站应通知铁路公安部门处理。

有些案件边检机关和其他公安机关均有管辖权,主要包括中国公民被境外遣返;携带或者载运违禁物品;非法携带涉密文件、资料;扰乱口岸管理秩序等。

二、出入境边防检查行政执法办案的法律适用

出入境边防检查行政执法办案的法律适用,是指边防检查执法办案中对各类法律原则的适用。出入境边防检查行政执法办案的法律适用主要是出入境边检机关在行政执法过程中的行政处罚的适用。

(一)出入境边防检查行政处罚的时效

其也称行政处罚追诉时效,是指行政处罚实施机关追究当事人行政处罚责任的法定期限。《行政处罚法》第 29 条规定的时效期限是 2 年,边防检查行政处罚的适用时效也是 2 年,即在 2 年内违法行为未被发现或查处的,不再给予行政处罚,但法律另有规定的除外。

行政处罚的期限从违法行为发生之日起计算,违法行为有连续或者处于继续状态的,从行为终了之日起计算。

(二)行政责任能力

行政责任能力是指公民、法人或其他组织对自己的行政违法行为独立承担法律后果的能力。

1. 行政责任年龄

行政责任年龄指当事人对自己的行政违法行为负法律责任必须达到的年龄。

(1)责任年龄的类型。年满18周岁的人为完全行为能力人,具有完全行政责任能力,有行政违法行为的,应依法给予行政处罚;已满14周岁不满18周岁的人为限制行为能力人,不具有完全行政责任能力,有行政违法行为的,应依法从轻或减轻行政处罚;不满14周岁的人为无行为能力人,不具有行政责任能力,有行政违法行为的,依法不予行政处罚,应责令监护人加以管教。

(2)责任年龄的计算。责任年龄应以周岁计算,临界点为出生日期次日零时,同时应以当事人实施违法行为的时间,而不是实施处罚的时间为准。

(3)年龄真实性核实。通常以出入境证件上载明的出生日期认定当事人的年龄。必要时进行年龄核实,如查验身份证件、通过公安网查询户籍信息、向当事人户籍地派出所核实等。

2. 精神病人的责任能力。

《行政处罚法》第26条规定:"精神病人在不能辨认或者不能控制自己行为时有违法行为的,不予行政处罚,但应当责令其监护人严加看管和治疗……"

(三)从重、从轻、减轻和不予处罚

从重、从轻、减轻处罚和不予处罚,是行政机关对具备法定量罚情节的违法人员进行处罚、处理的重要适法原则,是行政执法活动客观、公正性要求的具体表现。

1. 从重处罚

从重处罚是相对于从轻处罚而言的,指在法定的处罚方式和幅度内,对违法行为人在数种处罚方式中适用较严厉的处罚方式,或者在某一种处罚方式允许的幅度内适用上限或较接近于上限的处罚。有下列情形之一的,应当从重处罚:(1)违法行为有较严重后果的;(2)教唆、胁迫、诱骗他人实施违法行为的;(3)对报案人、控告人、举报人、证人等打击报复的;(4)一年内因同类违法行为受到两次以上行政处罚的。

2. 从轻、减轻处罚

从轻、减轻处罚是出入境边检机关对有行政违法行为并具备法定量罚情节的行政相对人作出的低于正常处罚水平的行政处罚。其中,从轻,是指出入境边检机关在法定的处罚方式和处罚幅度内,依法对行政相对人给较轻的处罚。而减轻处罚是指在法定处罚的最低限度以下,依法对行政相对人给予的行政处罚。

根据《行政处罚法》的规定,法定的从轻或减轻情节有:主动消除或者减轻违法行为危害后果的;受他人胁迫实施违法行为的;配合边检机关查处违法行为有立功表现的;尚未完全丧失辨认或者控制自己行为能力的精神病人有违法行为的,已满 14 周岁不满 18 周岁的人实施违法行为的;主动投案,向边检站如实陈述自己的违法行为的;其他依法从轻或减轻处罚的。

3. 不予处罚

不予处罚是指因有法律、法规所规定的法定事由存在,边检站对某些形式上虽违法但实质上不应承担违法责任的人不适用行政处罚。根据《行政处罚法》的规定,法定的不予处罚情形有:精神病人在不能辨认或者不能控制自己行为时实施违法行为的(间歇性精神病人在精神正常时有违法行为的,应当给予行政处罚);不满 14 周岁行为人实施违法行为的;违法行为轻微并及时纠正,没有造成危害后果的。

4. 不执行拘留处罚

不执行拘留处罚的情形有:不满 16 周岁的;70 周岁以上的;孕妇或者正在哺乳自己不满 1 周岁婴儿的妇女;患有严重传染性疾病的。一人有两种以上违法行为的,分别裁决,合并执行。

三、出入境边防检查行政执法办案程序

(一)出入境边防检查行政处罚的简易程序

1. 边防检查行政处罚简易程序适用的条件

简易程序是指边检机关对边防检查行政违法情节轻微、事实简单并有法定依据的案件,当场进行处罚的行政处罚程序。

当事人违反出入境管理法律、法规事实清楚,情节简单,并有法定依据,出入境边检机关对违反出境入境管理行为人处以 500 元以下罚款或者警告的,适用简易程序,执法办案人员经边检站执勤科领导批准后,可由一名执法办案人员作出行政处罚决定。

2. 边防检查行政处罚简易程序适用的方法

(1)调查取证

执法办案人员向违法行为人表明执法身份,调查并指明其违法事实。边

防检查人员应当向违法行为人表明身份，即证明边检机关具有法定的行政处罚主体资格，享有处罚权。当场发现行为人有此类边防检查行政违法行为时，边防检查人员在制式着装的情况下，应首先向违法行为人讲明自己代表的处罚单位（××边检站），明示自己佩戴的执勤牌号码或者其他法定证件，以表明对该边防检查行政处罚行为的后果承担法律责任。

核实违法行为人身份。边防检查人员要查看违法行为人有效的相关证件，以核实其真实身份。对违法事实进行调查，收集相关证据。

（2）处罚前告知

以口头方式告知违法行为人拟作出处罚的事实、理由、法律依据和依法享有的权利，并告知违法行为人依法享有的陈述权和申辩权。边检机关在对违法行为人作出行政处罚决定之前，应当告知违法行为人作出行政处罚的事实、理由及依据，并告知违法行为人依法享有的权利。

充分听取违法行为人的陈述和申辩。边检机关必须充分听取违法行为人的陈述，违法行为人提出的事实、理由和证据与边检机关掌握的情况有出入的，应当进行复核；违法行为人提出的事实、理由或者证据成立的，边检机关应当采纳。边检机关不能因为当事人申辩而加重处罚。

（3）决定行政处罚

办案人员提出当场处罚意见，报执勤科领导批准。同时办案人员填写《当场处罚决定书》一式两份，由办案人员和被处罚人签名或者盖章后，一份当场交付被处罚人，一份交所属出入境边检机关备案。

（4）执行

当场收缴罚款，同时填写罚款收据，交付被处罚人；被处罚人携有违禁物品的，可以当场收缴，并在《当场处罚决定书》中注明。

执法人员将当场作出的行政处罚决定在24小时内报站备案，并将案件信息录入梅沙系统。

（二）边防检查行政处罚一般程序

一般程序是指法律特别规定应当适用简易程序或听证程序以外的行政处罚通常所适用的程序。边检机关在作出处罚决定时，除符合简易程序和听证程序适用条件的处罚案件外，对相对人处以罚款、拘留、没收违法所得、没收非法财物等都应当适用一般程序。在边防检查实践工作中，绝大多数的案子都属于此类程序的案件。

边防检查行政处罚一般程序内容包括立案、调查取证、处罚前告知、审批、裁决等。

1. 立案

立案是指边检机关对于公民、法人或者其他组织的行政违法行为决定成立行政案件并对其进行调查处理的工作。立案是边防检查行政处罚一般程序的开始,立案的主要目的是通过对所获材料的审查,发现违法事实,追究违法行为的行政责任。

(1)立案的条件

边检机关受理行政违法案件后应当进行审查,符合下列条件的,应当立案:有明确行为人,违法行为人可以是公民、法人,也可以是其他组织;有违反边防检查行政法规范的事实;依照行政法规范的规定,应当追究违法者的边防检查行政责任。

(2)立案程序

根据我国的行政诉讼制度,边防检查行政处罚立案一般有以下程序:

①受理。对于边防检查人员查获的违反边防检查行政法规范行为的案件,边检机关应当受理,并应该填写《发现问题审查处理登记表》,经站值班领导批准后,由执勤科立案。

②审查。边检机关对受理的案件,依法对违法嫌疑人限制活动范围并进行调查或继续盘问,听取知情人和有关单位及群众的意见,认真进行审查,以确定是否符合立案条件。限制活动范围的时间一般不得超过48小时,遇有特殊情况,经省、自治区、直辖市边防总队批准,可延长到72小时。审查的内容包括案件材料所反映的情况是否属实;主要违法事实及违反的法律条文;承办人的意见;值班站领导的意见。经审查后,认为不符合立案条件的,不得立案,要通知现场交办的值班科(队),并同时报告值班站领导。对已经批准立案的重大案件,要及时上报省边防总队或边防检查总站。

2. 调查取证

调查是指边检机关为了正确实施处罚而采取的对公民或组织的有关事项的直接或间接的调研、询问和检查等手段,以获得边检机关所需要的证据或事实根据。对立案调查的案件,边检机关应当全面、客观、公正地进行调查,收集有关证据。需要调查的案件事实包括违法嫌疑人的基本情况;违法行为是否存在;违法行为是否为违法嫌疑人实施;实施违法行为的时间、地点、手段、后果以及其他情节;违法嫌疑人有无法定从重、从轻、减轻以及不予处罚的情形及与案件有关的其他事实。

调查人员一般不少于两人。被指定的调查人员在调查过程中,如发现自己与本案有利害关系,应当主动向上级报告,申请回避,在上级未作出是否同意回避的决定前,不能停止调查工作。

调查的程序为:

(1)表明身份。办案人员调查案件,不得少于两人。办案人员调查取证时,应当出示证件。

(2)传唤。传唤是指边检机关命令违反边防检查行政管理的行为人,在指定的时间内到指定地点接受询问而采取的一种行政措施。

使用传唤证传唤违法嫌疑人接受调查,需经站长批准;现场发现的违法嫌疑人,执法办案人员经出示工作证件,使用口头传唤,并在询问笔录中注明违法嫌疑人到案经过、到案时间和离开时间。在违法嫌疑人被传唤到案后和询问查证结束后,应当由其在传唤证上填写到案时间和询问查证结束时间并签名,拒绝填写或者签名的,办案人员应当在传唤证上注明。要及时将传唤原因和处所通知被传唤人家属。被传唤人拒不提供家属联系方式或者有其他无法通知情形的,可以不予通知,但应当在询问笔录中注明。

执法办案人员在允许的时限内及时对被传唤人询问查证,并制作询问笔录,不得以连续传唤的形式变相拘禁违法嫌疑人。

(3)限制活动范围。对符合《出入境边防检查条例》第15条规定的情形,需要对违法嫌疑人限制活动范围进一步调查的,经站值班领导批准后,可对违法嫌疑人采取限制活动范围的措施。其中,对外国人和我国香港特区、澳门特区、台湾地区居民以及华侨限制活动范围的,应当报经站长批准。

边检站对违法嫌疑人限制活动范围进行调查询问的时间一般不得超过24小时。对案情复杂的,经站值班领导批准,限制活动范围的时间可以延长至48小时。特殊情况下,经公安边防总队批准,限制活动范围的时间最长可以延长至72小时。限制活动范围的地点,一般为执勤现场询问室或者监管室;需要带离执勤现场的,可以安排在招待所、宾馆、酒店等场所,但须安排两名以上同性别人员监管。

(4)收集证据。收集能够证实违法嫌疑人是否违法、违法情节轻重的证据。依照法定程序收集物证和书证、证人证言、当事人陈述和申辩、鉴定意见、检测结论、勘验检查笔录、现场笔录、视听资料、电子证据等证据。严禁刑讯逼供和以威胁、引诱、欺骗等非法手段收集证据。以非法手段取得的证据不能作为定案的根据。证据查证属实,作为定案的根据。

向有关单位和个人收集、调取证据时,应告知其必须如实提供证据。生理上、精神上有缺陷或者年幼,不能辨别是非、不能正确表达的人,不能作为证人。对涉及的国家秘密、商业秘密或者个人隐私,应当保密。

(5)询问违法嫌疑人。询问同案的违法嫌疑人,应当分别进行。首次询问违法嫌疑人时,应当问明违法嫌疑人的姓名、出生日期、户籍所在地、现住址、身份证件种类及号码、出入境证件种类及号码、出入境方式,是否曾受过刑事处罚或者行政拘留、劳动教养、收容教育、强制戒毒、收容教养等情况。同时,还应问明其家庭主要成员、工作单位、文化程度等情况。违法嫌疑人为外国人的,首次询问时还应当问明其国籍、签证种类、入境时间、入境事由等情况。同时,还应问明其在华关系人等情况。询问不满 16 周岁的未成年人时,应当通知其监护人或者教师到场。如果确实无法通知或者通知后未到场,应当在询问笔录中注明,但有同行的成年人员的,也可通知其同行的成年人到场。对不通晓当地通用语言的被询问人,应当为其配备翻译人员,并在询问笔录中注明翻译人的姓名、住址、工作单位和联系方式。询问聋哑人应当有通晓手语的人参加,并在询问笔录中注明被询问人的聋哑情况以及翻译人的姓名、住址、工作单位和联系方式。对于不通晓我国语言文字的外国人,应当为其提供翻译,经边检站批准,也可由其自聘翻译,并自行承担费用;如其通晓我国语言文字而不需要翻译的,应当出具书面声明。

询问中,告知被询问人对询问有如实回答的义务,以及申请回避、对与本案无关的问题有拒绝回答的权利。办案人员应当认真听取违法嫌疑人的陈述和申辩,并认真核查。询问要围绕着查清违法事实与过程来进行,重点是违法行为发生的时间、地点、经过等方面。同时要把握好询问的方式,防止泄露案件调查的秘密,并为举报人、知情人、证人等提供的证据保密。

询问笔录应当交被询问人核对。对没有阅读能力的,应当向其宣读。记录有误或者遗漏的,应当允许被询问人更正或者补充,并要求其在修改处捺指印。被询问人确认笔录无误后,在询问笔录上逐页签名或者捺指印。拒绝签名和捺指印的,办案人员应当在询问笔录中注明。询问时,在文字记录的同时,要进行录音、录像。

办案人员在询问笔录上签名(有翻译人员的,也要签名)。

(6)询问证人。询问同案的证人,应当分别进行。询问证人可以到证人所在单位、学校、住所或者其居住地居(村)民委员会进行。必要时,也可以通知其到边检站提供证言。询问未成年的证人,可以通知其监护人或者教师到场,确实无法通知或者通知后未到场的,应当在询问笔录中注明。对不通晓当地通用语言的证人,应当为其配备翻译人员,并在询问笔录中注明翻译人的姓名、住址、工作单位和联系方式。证人为聋哑人的,应当有通晓手语的人参加,并在询问笔录中注明证人的聋哑情况以及翻译人的姓名、住址、工作单位和联系方式。如果证人为外国人,不通晓我国语言文字的,应当为其提供翻译,并在询问笔录中注明证人情况以及翻译人的姓名、住址、工作单位和联系方式;通晓我国语言文字而不需要翻译的,应当出具书面声明。

询问前,应了解证人身份及证人和违法嫌疑人之间的关系。询问时,应告知证人的相关权利义务,并不得向证人泄露案情或表示对案件的看法。询问笔录应交证人核对。对没有阅读能力的,应当向其宣读。记录有误或者遗漏的,应当允许证人更正或者补充,并要求其在修改处捺指印。证人确认笔录无误后,在询问笔录上逐页签名或者捺指印。拒绝签名和捺指印的,办案人员应当在询问笔录中注明。询问时,在文字记录的同时,要进行录音、录像。

办案人员在询问笔录上签名(有翻译人员的,也要签名)。

(7)当事人陈述。违法嫌疑人或者其他证人请求自行提供书面材料的,应当准许。必要时,办案人员也可以要求违法嫌疑人或者其他证人自行书写。违法嫌疑人或者其他证人在其提供的书面材料的末页上签名。办案人员收到书面材料后,在首页右上方写明收到日期,并签名。

(8)检查。根据办案需要对与违法行为有关的交通运输工具、物品、人身进行检查。为收集证据和出于安全考虑,边检站对被限制活动范围的违法嫌疑人应当进行人身和物品检查。进行人身、物品检查,须经值班科领导批准。

检查时,执法人员不得少于两人(其中人身检查必须是与被检查人同性别的执法人员),并出示工作证件。检查中,应当尊重被检查人的人格,不得以有损人格尊严的方式进行检查。检查交通运输工具或者物品时,应当注意避免对被检查物品造成不必要的损坏。检查交通运输工具时,应当有员工在场。检查结束后,制作检查笔录。检查笔录由检查人员、被检查人或者见证人签名;被检查人不在场或者拒绝签名的,应当在检查笔录中注明。

(9)证件鉴别。为查明案情,需要对出入境证件、印章等的真伪进行鉴别的,边检站应指派两名以上具备证件鉴别专门知识的非本案调查人员进行。

鉴别人鉴别后,出具出入境证件鉴别意见书。办案人员及时将鉴别意见告知违法嫌疑人。违法嫌疑人或者被侵害人对鉴别意见有异议的,可以在3日内提出重新鉴别的申请,经边检站值班领导审查批准后,重新安排鉴别人员或邀请上级单位鉴别人员进行重新鉴别。重新鉴别以一次为限。当事人是否申请重新鉴别,不影响案件的正常办理。

边检站认为必要时,也可以直接决定进行重新鉴别。证件鉴别具有下列情形之一的,应当进行重新鉴别:鉴别人不具备鉴别所需专门知识的;鉴别意见明显依据不足的;鉴别人故意作虚假鉴别的;鉴别人应当回避而没有回避的;其他应当重新鉴别的情形。

(10)辨认。为了查明案情,在办案人员的主持下,让违法嫌疑人或者证人对与违法行为有关的物品、场所或者违法嫌疑人进行辨认。

组织辨认前,首先应向辨认人详细询问辨认对象的具体特征,但应当避免辨认人见到辨认对象。多名辨认人对同一辨认对象进行辨认时,应当分别进行。辨认时,应当将辨认对象混杂在其他对象中,不得给辨认人任何暗示。辨认违法嫌疑人时,被辨认的人数不得少于7人;对违法嫌疑人照片进行辨认的,不得少于10人的照片。对违法嫌疑人的辨认,辨认人不愿意暴露身份的,可以在不暴露辨认人的情况下进行,办案人员应当为其保守秘密。辨认经过和结果,应当制作辨认笔录,由办案民警和辨认人签名或者捺指印。辨认人对违法嫌疑人照片的辨认,应当在所确认照片的四个边角处捺指印、签名。

(11)扣押。根据办案需要,边检机关对与案件有关的需要作为证据的物品,可以扣押。对与案件无关的物品,不得扣押。对已经扣押的物品,经查明与案件无关的,应当立即解除扣押。扣押物品时,首先会同被扣押物品的持有人查点清楚,对可以作为证据使用的录音带、录像带、电子数据存储介质进行检查,记明案由、内容以及录取和复制的时间、地点等。查点清楚后,当场开列扣押物品清单一式两份,写明扣押的理由,被扣押物品的名称、规格、数量、特征,由办案人和被扣押物品的持有人签名后,一份交被扣押物品的持有人,一份附卷。有见证人的,还应当由见证人签名。

对于扣押的物品，应当妥善保管，不得挪用、调换或者损毁。对不宜入卷的物证，应当拍照入卷，原物在结案后按照有关规定处理。扣押期限为30日，案情重大、复杂的，经公安边防总队批准可以延长30日；法律、法规另有规定的除外。对扣押物品需要进行鉴定、检测、检验的，鉴定、检测、检验期间不计入扣押期间，但应当将鉴定、检测、检验时间告知当事人。逾期不作处理决定的，边检站应当将被扣押物品退还当事人。案件变更管辖时，与案件有关的财物及其信息应当随案移交。移交时，由接收人、移交人当面查点清楚，并在交接单据上共同签名。

(12)先行登记保存。在证据可能灭失或以后难以取得的情况下，经办案科领导批准，先行登记保存。

登记保存证据时，首先会同证据持有人查点清楚，对证据的名称、数量、特征等进行登记，必要时还应当对登记保存的证据进行拍照。同时，告知证据持有人或保管人在证据登记保存期间不得损毁或者转移证据。登记完成后，当场开列证据登记保存清单一式两份，由办案人员和证据持有人双方签字，有见证人的，还需见证人签字。证据持有人拒绝签名的，办案人应当在证据登记保存清单上注明。先行登记保存的物品，需在7日内作出处理决定。逾期不作出决定的，视为自动解除。

3. 作出处理决定

(1)审批决定内容。审批权限划分：拘留，对外国人(含无国籍人)和我国香港特区、澳门特区、台湾地区居民的拘留处罚应经公安边防总队批准；对内地居民的拘留处罚由站长决定。罚款，2000元以下的罚款，由站值班站领导批准；2000元(不含)以上5000元以下罚款，由站长批准；5000元(不含)以上罚款，由公安边防总队批准。没收违法所得、非法财物，违法所得、非法财物价值在2000元以下的，由站值班领导批准；价值2000元(不含)以上5000元以下的，由站长批准；价值5000元(不含)以上的，由公安边防总队批准。

(2)审批决定流程。一是根据处罚种类和处罚额度，将案件交由有审批权限的领导进行审批。二是有审批权限的领导根据行政案件的不同情况分别作出如下处理决定：确有违法行为，应当给予行政处罚的，根据其情节和危害后果的轻重，作出行政处罚决定；确有违法行为，但有依法不予行政处罚情形的，作出不予行政处罚决定；有违法所得和非法财物的，应当予以追缴或者收缴；违法事实不能成立的，作出不予处罚决定；违法行为涉嫌构成犯罪的，转为刑事案件办理或者移送有权处理的主管机关、部门办理，无须撤销行政案件。公安机关已经作出行政处理决定的，应当附卷；发现违法行为人有其他违法行为的，在依法作出行政处罚或者其他行政处理决定的同时，通知有关行政主管部门处理。

(3)按照一般程序作出行政处罚决定和其他行政处理决定，办案人员在宣告后将决定书当场交付被处理人，同时告知有申请行政复议、提起行政诉讼等救济权利。被处理人拒绝签名和盖章的，由办案人员在附卷的决定书上注明。作出行政拘留处罚的，及时将处罚情况和执行场所通知被处罚人家属。被处罚人拒不提供家属联系方式或者有其他无法通知情形的，边检站可以不予通知，但应当在决定书中注明。对县级以上的各级人民代表大会代表予以行政拘留的，作出处罚决定前应当经该级人民代表大会主席团或者人民代表大会常务委员会许可。

4. 说明理由，告知权利和听取陈述与申辩

边检机关在作出行政处罚决定之前，由执法人员向当事人出示《边检站行政处罚告知书》，告知当事人作出行政处罚决定的事实、理由及依据。同时，检查人员还应当听取被处罚人就处罚的事实根据、法律依据以及法律适用等问题提出的反驳意见及申辩。

5. 送达处罚决定书

告知后，执法人员应向当事人出具《公安行政处罚决定书》等法律文书。《公安行政处罚决定书》上应当载明当事人的姓名或者名称、地址，违反法律、法规或者规章的事实和证据，行政处罚的种类和依据，行政处罚的履行方式和期限，不服行政处罚决定，申请行政复议或者提起行政诉讼的途径和期限，作出行政处罚决定的边检机关名称和作出决定的日期。并且应当盖有作出行政处罚决定的边检机关的印章。当事人不在处罚决定现场的，边检机关应当在7日内依照《民事诉讼法》的有关规定，将《公安行政处罚决定书》送达被处罚人。

6. 结案

(1)结案的基本要求。边检机关对作出不予处罚决定的、作出行政处罚等处理决定且已执行的或违法行为涉嫌构成犯罪且转为刑事案件办理的，应当予以结案。对经过调查，发现没有违法事实、违法行为已过追究时效、违法嫌疑人死亡或其他需要终止调查情形的，经站值班领导批准，可终止调查。

违法嫌疑人已被采取行政强制措施的,应当立即解除。

(2)结案流程。对符合结案条件或者符合终止调查条件的,作出结案处理。

结案后,具体办案科(队)在办理行政案件过程中形成的文书材料,按照一案一卷原则建立完整的行政案件案卷。行政案件的案卷应当包括下列内容:发现问题审查处理登记表、证据材料、决定文书、在办理案件中形成的其他法律文书。行政案件的法律文书及定性依据材料应当齐全完整,不得损毁、伪造。涉及偷越国(边)境的行政案件案卷保管期限为长期,其他一般行政案件的保管期限为10年。

7.边防检查行政处罚一般程序的审核审查

(1)边防检查行政案件审核内容

对当事人的违法事实、证据等查清后,执法办案科(队)将案卷交由法制干部进行审核。对使用简易程序作出处罚决定的,不需审核。

(2)边防检查行政案件审核流程

①边防检查法制干部对行政案件进行审核,内容包括违法嫌疑人的基本情况;案件事实是否清楚,证据是否确实充分;案件定性是否准确;适用法律、法规和规章是否正确;办案程序是否合法;拟作出的处理决定是否适当。

②边检站法制员进行审查后,提出审核意见:

对符合办案规范要求的,签署拟同意承办部门意见,根据处罚金额,报有审批权限的站领导审批;对事实清楚、证据充分,但适用法律不当或者处理意见畸轻畸重的,签署变更意见,报有审批权限的站领导审批;对违法嫌疑人漏处或降格处理的,提出整改意见,退回执法办案人员纠正;对采取强制措施不符合法定条件的,提出整改意见,退回执法办案人员纠正;对办案程序违法、法律手续不完备的,提出整改意见,退回执法办案人员纠正。

(3)集体议案流程

对于影响大、情节复杂或者重大违法行为(属听证范围)给予较重处罚的行政案件,应当组织集体议案。集体议案由站值班领导根据需要召集并主持,参加对象包括边检站部门以上领导、执勤业务科领导、站法制干部。集体议案时,要指定专人进行记录。集体议案记录做到一次一录,专门存档备查。

集体议案流程:一是由主持人阐明议题。二是由办案人员就案件基本情况进行介绍,内容包括:案件性质;当事人的基本情况;案件事实部分;目前案件进度情况；当事人具备哪些法定或酌定的从轻、减轻、从重、加重以及免予处罚的情节；案件的争议点、分歧点；拟提出的处理意见以及法律依据。三是议案人员就阅卷情况及法律适用发表意见。四是主持人对审议情况进行总结，在综合每名议案人员意见的基础上，按照少数服从多数的民主集中制原则作出最终决议。五是在议案完毕后，制作集体议案记录，参加议案的人员在议案记录上签名。

（三）出入境边防检查行政处罚的听证程序

1. 边防检查行政处罚听证的概念

听证程序是指边检机关为了查明案件事实、公正合理地实施行政处罚，在作出行政处罚决定的过程中通过公开举行由有关各方利害关系人参加的听证会，广泛听取意见的活动的方式、方法和制度。

2. 边防检查行政处罚听证的基本要求

（1）听证适用范围：边检机关对个人作出6000元以上、对单位作出10000元以上罚款的行政处罚决定之前，应当告知违法嫌疑人有要求举行听证的权利。

（2）边检机关法制部门为听证受理部门，不得因违法嫌疑人提出听证要求而加重处罚。听证人员应当就行政案件的事实、证据、程序、适用法律等方面全面听取当事人陈述和申辩。

违法嫌疑人不要求听证的，办案人员应当在公安行政处罚告知笔录上注明。违法嫌疑人3日内未提出听证申请的，视作自动放弃。违法嫌疑人放弃听证或者撤回听证要求后，处罚决定作出前，又提出听证要求的，只要在听证申请有效期限内，应当允许。

违法嫌疑人要求听证的，应当在边检机关告知后3日内提出书面申请，并留下确定的联系地址。边检机关收到听证申请后，应当在2日内决定是否受理。认为听证申请人的要求不符合听证条件，决定不予受理的，应当制作不予受理听证通知书，告知听证申请人。逾期不通知听证申请人的，视为受理。

（3）听证设听证主持人一名，负责组织听证；记录员一名，负责制作听证笔录。必要时，可以设听证员一至二名，协助听证主持人进行听证。听证主持人由边检站站长指定，一般应当由从事法制工作的人员担任。本案调查人员不得担任听证主持人、听证员或者记录员。

听证主持人在听证活动中行使下列职权:确定举行听证的时间、地点;确定听证是否公开举行;要求听证参加人到场参加听证,提供或者补充证据;决定听证的延期、中止或者终止;主持听证,并就案件的事实、理由、证据、程序、适用法律等组织辩论;维持听证秩序,对违反听证纪律的行为予以制止;决定其他听证员、记录员的回避;依法享有的其他职权。

记录员应当将举行听证的情况记入听证笔录。听证笔录应当载明下列内容:案由;举行听证的时间、地点和方式;听证人员的姓名、职务;听证参加人的姓名、单位或者住址;办案人陈述的事实、证据和法律依据以及行政处罚意见;听证申请人或者其代理人的陈述和申辩;第三人陈述的事实和理由;办案人、听证申请人或者其代理人、第三人质证、辩论的内容;证人陈述的事实;听证申请人、第三人、办案人的最后陈述意见;其他事项。

(4)听证参加人包括:当事人及其代理人;本案办案人员;证人、鉴别人、翻译人员;其他有关人员。

当事人在听证活动中享有的权利包括申请回避的权利;委托一至二人代理参加听证的权利;进行陈述、申辩和质证权利;核对、补正听证笔录权利;依法享有的其他权利。

与听证案件处理结果有直接利害关系的其他公民、法人或者其他组织,作为第三人申请参加听证的,应当允许。为查明案情,必要时,听证主持人也可以通知其参加听证。听证参加人应当按时到达指定的地点出席听证会,遵守听证纪律,如实回答听证人员的询问。

听证参加人和旁听人员应当遵守听证会场纪律。对违反听证会场纪律的,听证主持人应当警告制止;对不听制止,干扰听证正常进行的旁听人员,责令其退场。

(5)听证应当在边检站收到听证申请起10日内举行。除涉及国家秘密、商业秘密、个人隐私的行政案件外,听证应公开举行。听证申请人不能按期参加听证的,可以申请延期,是否准许,由听证主持人决定。两个以上违法嫌疑人分别对同一行政案件提出听证要求的,可以合并举行。

(6)听证过程中,遇有下列情形之一,听证主持人可以中止听证:需要通知新的证人到会、调取新的证据或者需要重新鉴别或者勘验的;因当事人提出回避申请,致使听证不能继续进行的;其他需要中止听证的。中止听证的情形消除后,听证主持人应当及时恢复听证。

听证过程中,遇有下列情形之一,应当终止听证:听证申请人撤回听证申请的;听证申请人及其代理人无正当理由拒不出席或者未经听证主持人许可中途退出听证的;听证申请人死亡或者作为听证申请人的法人或者其他组织被撤销、解散的;听证过程中,听证申请人或者其代理人扰乱听证秩序,不听劝阻,致使听证不能正常进行的;其他需要终止听证的。

(7)听证报告书应当包括下列内容:案由;听证人员和听证参加人的基本情况;举行听证的时间、地点和方式;听证会的基本情况;案件事实;处理意见和建议。

(8)听证后,拟改变行政处罚决定的事实、理由、依据或者处罚的种类、幅度的,在作出处罚决定前,应当重新告诉违法嫌疑人,但可不再举行听证。

3. 边防检查行政处罚听证的内容

违法嫌疑人在 3 日内提出听证书面申请。边检站收到听证申请,并受理听证后,在举行听证的 7 日前将举行听证通知书送达听证申请人,并将举行听证的时间、地点通知其他听证参加人。

听证开始时,听证主持人核对听证参加人;宣布案由;宣布听证员、记录员和翻译人员名单;告知当事人在听证中的权利和义务;询问当事人是否提出回避申请;对不公开听证的行政案件,宣布不公开听证的理由。听证开始后,首先由办案人提出听证申请人违法的事实、证据和法律依据及行政处罚意见。办案人提出证据时,应当向听证会出示。对证人证言、鉴别意见、勘验笔录和其他作为证据的文书,应当当场宣读。听证申请人就办案人提出的违法事实、证据和法律依据以及行政处罚意见进行陈述、申辩和质证,并可以提出新的证据。第三人可以陈述事实,提出新的证据。

听证过程中,当事人及其代理人有权申请通知新的证人到会作证,调取新的证据。对上述申请,听证主持人应当当场作出是否同意的决定;申请重新鉴别证件的,按照证件鉴别的有关规定办理。听证申请人、第三人和办案人围绕案件的事实、证据、程序、适用法律、处罚种类和幅度等问题进行辩论。辩论结束后,听证主持人听取听证申请人、第三人、办案人各方最后陈述意见。

听证记录员制作听证笔录,交听证申请人阅读或者向其宣读。听证笔录中的证人陈述部分,交证人阅读或者向其宣读。听证申请人或者证人认为听证笔录有误的,可以请求补充或者改正。听证申请人或者证人审核无误后签名或者按捺指印。拒绝签名和按捺指印的,由记录员在听证笔录中记明情况。听证笔录经听证主持人审阅后,由听证主持人、听证员和记录员签名。听证结束后,听证主持人应当写出听证报告书,连同听证笔录一并报送边检站站长。站长根据听证情况,作出处理决定。

第三节　出入境边防检查行政执法救济

行政救济是法律救济的一种。所谓行政救济,指行政主体的具体行政行为对公民、法人和其他组织的合法权益造成侵犯,法律、法规规定的一系列补救制度的总和。只要对行政相对人的权益带来影响,均有可能启动行政救济程序。行政救济的方式包括程序上的救济和实体上的救济两种。前者是对违法或不当的行政行为本身给予补救,包括撤销、部分撤销或者变更具体行政行为,以及责令重新作出具体行政行为、责令限期履行法定职责等;后者系针对具体行政行为的侵权结果实施的救济,主要方式是经济赔偿,也包括恢复原状、赔礼道歉等。实际工作中,两种救济方式有时会交叉适用。

出入境边防检查行政救济主要包括行政复议、行政诉讼和行政赔偿制度等。

一、出入境边防检查行政复议

(一)出入境边防检查行政复议概述

出入境边防检查行政复议是指边防检查相对人认为边检机关及其工作人员履行职务的行为侵犯了其合法权益,依照法定的程序和条件,请求其上级边检机关对该具体行政行为进行审查并作出裁决的活动。它是行政活动的一种,具有以下特征:

1. 边防检查行政复议的申请人是相对人。这里的相对人是边检机关具体行政行为涉及的公民、法人或其他组织。这里的公民,不仅指具有我国国籍的自然人,同时也包括出入我国国(边)境的外国人和无国籍人。

2. 边防检查行政复议的被申请人是边检机关。这里的边检机关是指作出了某种具体行政行为的边检机关。

3. 复议申请必须向有管辖权的行政机关提出。边防检查行政复议管辖是指复议机关受理复议案件的权限和分工。复议管辖不仅涉及行政机关行政复议权的明确,而且涉及边防检查相对人对复议申请权的保障。根据行政复议的规定,结合边防检查行政复议的具体情况,边防检查行政复议管辖仅有隶属管辖。

隶属管辖也称职权管辖,依据我国《行政复议法》的规定:对实行垂直领导的行政机关和国家安全机关的具体行政行为不服的,向上一级主管部门申请行政复议。边检机关的上一级主管部门是其所隶属的各省、市、自治区的公安边防总队或边防检查总站。即对边检机关的具体行政行为不服申请的复议,由上一级边检机关管辖。

4. 出入境边防检查行政复议必须是相对人认为边检机关的具体行政行为侵犯其合法权益而提起的。这里边检机关对行政相对人的侵犯权益行为可能是实际存在的,也可能是申请人主观上"认为",而实际上并不存在的。这里的"具体行政行为"是指边检机关针对特定的公民、法人或其他组织行使行政权力,并涉及该公民、法人或其他组织权利义务的单方面行政行为。

5. 复议机关应对边检机关行政复议案进行审理,并作出决定。复议机关对正确的具体边防检查行政行为予以维持,对违法的具体边防检查行政行为予以撤销,对不当的具体边防检查行政行为予以变更。

6. 出入境边防检查行政复议活动具有程序性和救济性。复议机关要按照法律规定,根据行政相对人的请求,按照行政程序解决行政争议,对违法或不当行政行为进行法律补救。

(二)出入境边防检查行政复议的范围

边防检查行政复议的范围是指边防检查行政行为引起的行政争议可以通过行政复议的方式解决。我国《行政复议法》明确地界定了行政复议的范围,从可以提起复议申请的具体行政行为和不能提起复议申请的行政行为两个方面作了具体规定。

根据我国《行政复议法》的规定和边防检查工作实际,可以请求行政复议的边防检查行政行为有:

(1)对拘留、罚款、吊销许可证、没收违法所得、没收财物等行政处罚不服的。

(2)对限制人身自由(继续盘问、拘留审查、限制活动范围、遣送出境)、扣押财物(包括扣押违禁物品、交通运输工具及作为办案证据的物品)等行政强制措施不服的(《出境入境管理法》第64条规定);

(3)对认为符合法定条件,申请边检机关颁发登轮、搭靠作业等许可性证件,停留许可、临时入境许可、进入口岸限定区域许可、枪支弹药携运许可、交通运输工具通关代理资质证件等的边防检查行政许可,边检机关没有依法办理,或者对边检机关作出上述证件变更、中止、撤销的决定和暂扣措施不服,以及申请边检机关审批、登记有关事项,边检机关没有依法办理的;

(4)认为边检机关违法要求履行义务的;

(5)认为边检机关侵犯其他人身权、财产权的;

(6)法律、法规规定可以提起行政诉讼或者可以申请复议的其他边防检查行政行为。

(三)边防检查行政复议的程序

边防检查行政复议程序是指边防检查行政复议必经的法定阶段的步骤。根据我国《行政复议法》的规定,边防检查行政复议程序共有申请、受理、审理、决定四个阶段。它是保证边防检查行政复议活动合法和高效的重要法律制度。

1.复议申请

边防检查行政复议是以行政相对人一方当事人提出申请为前提条件的。在此阶段,有以下步骤和要求:

(1)边防检查申请复议的期限

复议申请的申请人提出边防检查复议申请必须在法定期限之内,超出法定期限就丧失边防检查申请复议的权利。在我国,提出边防检查复议申请的法定期限一般为在知道具体行政行为之日起60日内。

(2)边防检查申请复议的条件

申请复议应当符合下列法定条件:申请人是认为边防检查具体行政行为直接侵犯其合法权益的管理相对人;有明确的被申请人;有具体的复议请求和事实根据;属于申请复议范围。凡超出法定复议范围的行政争议,不能提出复议申请。

(3)边防检查复议申请书

申请人提出复议申请时,应向边防检查复议机关递交边防检查复议申请书。申请书内应载明下列内容,作为提起复议申请的法律文书:申请人的姓名、性别、年龄、职业、住址,法人或其他组织的名称、地址、法定代表人的姓名,被申请人的名称、地址,申请复议的要求和理由,提出复议申请的日期。

2. 边防检查复议申请的受理

边防检查复议机关在收到复议申请书后，依法应于收到之日起 5 日内，对复议申请分别作出以下处理：

(1) 对于符合边防检查申请复议的条件，并且没有向人民法院起诉的复议申请，依法作出予以受理的处理；

(2) 对于不符合边防检查申请复议条件之一的复议申请，依法作出不予受理的处理，并告知其理由；

(3) 对于边防检查复议申请书不符合法定要求之一的复议申请，依法作出发还申请人、限期补正的处理。过期不补正的，视为未申请。

作为申请人在受理阶段还享有一定的申诉权，即对边防检查复议机关不予受理的裁决不服的，可依法向人民法院提起诉讼。

边防检查复议机关的上一级边检机关，在边防检查复议机关无正当理由拒绝受理复议申请或对复议申请不予答复的情况下，有责令其受理或答复的权力。

3. 边防检查复议案件的审理

审理是边防检查复议机关对复议案件的事实、证据、争议焦点及理由等进行查明的活动过程。它是整个边防检查复议程序中最关键、最复杂的阶段。边防检查复议机关依法有下列要求和步骤：

(1) 复议审理期限

边防检查复议机关应在受理之日起 7 日内将复议申请书副本发送被申请人，被申请人在收到复议申请书副本后 10 日内，向边防检查复议机关提交作出边防检查具体行政行为的有关材料和证据，并提出答辩书。逾期不答辩的，不影响审理。

(2) 审理期间的有关制度

边防检查复议案件在审理过程中，实行如下制度：书面审理为主，其他方式为辅；复议期间不停止执行原边防检查具体行政行为为原则；申请人要求撤回复议申请的，须在复议决定作出前，经边防检查复议机关同意才由申请人撤回复议申请。

4. 作出边防检查复议决定

作出复议决定是边防检查行政复议程序的最后阶段，是边防检查复议机关审理复议案件的最后法律结论，也是边防检查复议机关结束复议案件的形式。它以复议决定的形式表现出来。复议决定是边防检查复议机关审理复议案件,并对争议的具体边防检查行政行为作出的具有法律效力的处理,是具有结论性的法律文书。依照《行政复议法》的规定,边防检查复议机关审理复议案件后,依法可分别作出四种复议决定:

(1)维持原具体边防检查行政行为的决定。原具体边防检查行政行为经审理被认为适用法律、法规、规章正确,事实清楚,符合法定权限和程序,边防检查复议机关则应作出维持决定。

(2)要求边检机关补正原具体边防检查行政行为程序上不足的决定。边防检查复议机关审理原具体边防检查行政行为后,认为原具体边防检查行政行为事实清楚、适用法律、法规、规章正确,权限合法,但在程序上有所不足且未影响行为内容的正确性或管理相对人合法权益,边防检查复议机关应决定作出具体行政行为的边检机关补足程序上的不足之处。

(3)责令边检机关履行法定职责的决定。这是对作出不作为的具体行政行为的边检机关,在复议审理后要求其在一定期限内履行法定职责的决定。

(4)撤销或变更原具体边防检查行政行为的决定。

二、出入境边防检查行政诉讼

(一)出入境边防检查行政诉讼的概述

边防检查行政诉讼是指公民、法人或其他组织认为边检机关及其工作人员的具体行政行为侵犯其合法权益,有权依照法律、法规向人民法院提起诉讼,由人民法院进行审理并作出裁决的诉讼活动,以及在这些活动中所产生的诉讼关系。构成边防检查行政诉讼的要件有:

1. 出入境边防检查行政诉讼的原告是边防检查行政管理相对人。只有在边防检查行政管理活动中处于被管理地位的公民、法人或其他组织,才能成为边防检查行政诉讼的原告。这也是边防检查行政诉讼的基本特征。

2. 出入境边防检查行政诉讼的被告须是作出具体行政行为的出入境边检机关。出入境边检机关的存在,是发生边防检查行政行为的前提。在边防检查活动中,几乎所有的行政行为都是由检查员实施的,然而边防检查行政诉讼不能以检查员为被告,检查员只是检查权、管理权的具体操作者,因此具体出入边防检查行为应由边检机关承担。

3. 出入境边防检查行政诉讼的客体是具体行政行为。边防检查行政相对人只能就边防检查的具体行政行为提起行政诉讼。抽象的边防检查行政行为不能成为行政诉讼的客体。

4. 原告提起行政诉讼的理由，是边检机关的具体行政行为侵犯了其合法权益。

5. 出入境边防检查行政诉讼的主管机关是人民法院。

（二）出入境边防检查行政诉讼的基本原则

出入境边防检查行政诉讼的基本原则，是由宪法和法律规定的，反映我国行政诉讼的客观规律，对行政诉讼具有普遍指导意义，在解决和处理边防检查行政争议案件时必须遵循的基本行为准则。根据边防检查行政诉讼的特点，其基本原则主要有：

1. 当事人双方法律地位平等的原则

边防检查行政诉讼的一个最大特点是，诉讼中的被告是边检机关，而原告多为公民、法人或其他组织。因为在行政实体法律关系中，边检机关与相对人一方，其行政法主体的地位是不平等的。在这种不平等的基础上发生的行政裁判活动，边检机关一方始终是以被告的身份出现的。我国《行政诉讼法》第8条规定："当事人在行政诉讼中的法律地位平等。"

2. 具体行政行为合法性审查原则

我国《行政诉讼法》第5条规定："人民法院审理行政案件，对具体行政行为是否合法进行审查。"对于边检机关在法定范围内实施的行政行为的适当性，原则上不予审查。合法性审查的原则直接体现在边防检查行政诉讼活动的特点上。

首先，它体现出人民法院审查的对象是具体行政行为。对于抽象的边防检查行政行为，人民法院没有管辖权，根据宪法的规定，抽象边防检查行政行为的合法性审查由各级人民代表大会及其常委会以及作出抽象行政行为的上级边检机关行使。

其次，人民法院审查的内容是具体边防检查行为的合法性，而不是合理性。这是因为行政权、审判权是由人民法院和边检机关各自依法行使的不同职权。行政权是指国家管理边防检查事务的权力。为使边检机关能对大量错综复杂的具体边防检查事务作出适当处理，法律、法规赋予边检机关在法定范围内享有自由裁量权。另外，边防检查行政诉讼的目的也说明这一问题，一是保护相对人的合法权益；二是维护和监督边检机关依法行政。两者都与具体边防检查行政行为的合法性密切相关。人民法院审查具体边防检查行政行为是否合法，并作出相应的判决，才能达到边防检查行政诉讼的目的。

3. 诉讼期间行政行为不停止执行原则

我国的边检机关在实施边防检查活动中，要求效率性和连续性。如果边防检查具体的行政行为一经当事人起诉即予停止执行，势必使边防检查秩序处于无序状态。所以按照我国《行政诉讼法》规定，一般情况下在行政诉讼期间不停止执行边防检查具体行政行为。只有在以下三种情况下除外：作为被告的边检机关认为需要停止执行的；人民法院根据原告的申请或依据职权，裁定停止执行的；有关法律、法规规定可以停止执行的。

4. 不适用调解和反诉原则

调解是以当事人双方权益让步为前提的。而边防检查行政诉讼的被告是边检机关，案件直接涉及边检机关的行政管理权、检查权问题，这种边防检查权、管理权既是一项权利，也是一项义务，边检机关只能依法检查和管理，不能随意处分，所以边防检查行政诉讼不适用调解。

反诉，是被告对原告就同一法律关系提出诉求。确立不反诉原则上是基于出入境边检机关在出入境行政法律关系中的特殊地位。由于出入境边检机关作为被告不享有起诉权，同样也不能就原告的诉讼请求提出反诉。出入境边检机关在行使行政管理权时可对相对人依法作出处理，但行政诉讼开始后，不得要求人民法院加重处罚，即不能提起反诉。

（三）出入境边防检查行政诉讼范围

1. 出入境边防检查行政诉讼范围

我国《行政诉讼法》规定诉讼范围的法律意义在于只有列入受案范围的行政争议，才能提起行政诉讼，人民法院才有权受理。由此可见，边防检查行政诉讼范围既是人民法院与有权处理边防检查行政争议案件机关之间处理边防检查行政争议案件的权限分工，又是对司法审查权的界定，同时也是对相对人诉讼的界定。

对于出入境边防检查行政诉讼，《行政诉讼法》第 12 条、《出入境边防检查条例》第 42 条等法律、法规作了明确规定。根据上述规定，边防检查行政诉讼的范围同边防检查行政复议的受案范围一致。其中法律规定的 12 项受案范围涉及出入境边防检查行政诉讼的有以下内容：

(1)对行政拘留、暂扣或者吊销许可证、没收违法所得、没收非法财物、罚款、警告等行政处罚不服的;

(2)对限制人身自由或者对财产的查封、扣押、冻结等行政强制措施和行政强制执行不服的;

(3)申请行政许可,行政机关拒绝或者在法定期限内不予答复,或者对行政机关作出的有关行政许可的其他决定不服的;

(4)认为行政机关侵犯其他人身权、财产权等合法权益的。

2. 不能提起行政诉讼的边防检查行政行为

我国《行政诉讼法》第 13 条明确规定,人民法院不受理四类行政行为引起的行政争议:一是国防、外交等国家行为;二是抽象行政行为,即行政法规、规章;三是内部行政行为,即行政机关对机关工作人员的奖惩、任命等决定;四是法律规定由行政机关最终裁决的具体行政行为。不属边防检查行政诉讼范围的同样有上述四类。

(四)出入境边防检查行政诉讼应诉

1. 边防检查行政诉讼应诉的概念

边防检查行政诉讼中的应诉,是特指被告的边检机关针对原告对其提起的诉讼作出答辩或在法庭上针对原告提出的诉讼请求、相应的事实根据及理由等进行辩驳的活动。应诉一般从被告方接到原告起诉状副本时开始,至人民法院依法作出确定的判决而结束。被告方应诉后,即为行政诉讼的一方当事人,享有法律规定的诉讼权利,承担法律规定的义务。

2. 庭审前的准备

(1)全面了解案情

边检机关在收到人民法院应诉通知和起诉状副本后,应尽快选择确定诉讼代理人,并出具被告授权委托书。该委托书是边检机关诉讼代理人有权代表边检机关应诉的法律凭证。边检机关可以委托一至二名本单位工作人员或律师作为诉讼代理人,最好委托本机关经过法律训练又具有边防检查专业知识的人员为诉讼代理人。

(2)认真查找证据及规范性文件

《行政诉讼法》第 34 条第 1 款规定:“被告对作出的具体行政行为负有举证责任,应当提供作出该具体行政行为的证据和所依据的规范性文件。”

法律赋予了边检机关在诉讼中的举证责任,由于具体的边防检查行政行为是边检机关作出的，边检机关对自己行为所依据的事实、法律规范、专业知识等比相对人更清楚，由其负举证责任，更易说明具体的边防检查行政行为是否合法，运用法律是否恰当，是否侵犯了相对人的合法权益等。

边检机关要围绕具体行政行为举证。举证的范围包括：作出具体边防检查行政行为的事实根据的证据；作出具体边防检查行政行为所适用的法律、法规和其他规范性文件；证明具体边防检查行政行为符合合法程序的证据；证明具体边防检查行政行为没有超越职权的证据，即证明具体边防检查行政行为属于该机关职权范围的证据；证明具体边防检查行政行为没有滥用职权的证据，即提出具体边防检查行政行为的实施符合立法目的，且公正合理的证据。

边检机关应提供以下具体证据和规范性文件：证明相对人具体违反出入境管理法律规范行为的证据材料，包括证人证言、书证、物证、视听资料、鉴定结论和现场笔录等；被诉具体边防检查行政行为所依据的规范性文件，包括对违法行为定性、量罚、处理等的法律、法规、规章及其上级部门等制定的有关具有普遍约束力的规范性文件。

(3)递交具有针对性的答辩状

边防检查行政诉讼答辩状是作为被告的边检机关，针对原告起诉状所提出的书面答复和反驳。被告边检机关应按时向受诉法院递交答辩状，以便于人民法院全面、及时查明被告的主张及作出具体边防检查行政行为的基本事实和法律根据。

(4)拟定庭审答辩词

答辩词可以从正面叙述相对人违法的事实，进而阐述边检机关是怎样依法查处并作出被诉具体行政行为的，及作出该边防检查具体行政行为的充分理由和规范性文件依据，同时反驳原告的诉讼请求，最后作简单归纳。也可以直接对原告的诉讼请求逐条逐项进行反驳，进而从反面论证被诉具体边防检查行政行为的合法性，以请求法院维持判决。

三、出入境边防检查行政赔偿

(一)出入境边防检查行政赔偿的概述

所谓边防检查行政赔偿，是指边检机关及其工作人员因执行职务对当事人造成侵权损害时，依法由国家承担赔偿责任的一项法律制度。赔偿方式以货币赔偿为主，同时包括返还原物、恢复原状、消除影响、恢复名誉和赔礼道歉等。边防检查行政赔偿是国家赔偿制度之一，该行政赔偿责任制度是国家用来保证边防检查相对人的人身权和财产权不受侵犯，并使受害的相对人从财产上和精神上得到补救的一种重要的法律制度。其特征主要有：

1. 边防检查行政赔偿是国家赔偿的一个有机组成部分

国家赔偿是指一切国家机关和国家机关工作人员执行职务履行国家职能时，因违法、失职侵害了公民、法人和其他组织的合法权益并造成损害的，由国家承担赔偿责任的制度。主要包括行政赔偿、刑事赔偿和司法赔偿，而行政赔偿属于国家赔偿的一种，就边防检查工作来讲，应由边检机关执行。可见，边防检查行政赔偿是国家对行政侵权行为所承担的赔偿责任。

2. 边防检查行政赔偿发生在国家行政管理活动中

边防检查行政赔偿是边检机关在执行国家法律、采取行政措施、对相对人实施检查、管理和处罚的活动中因侵犯了相对人的合法权益而进行的赔偿。边防检查行政赔偿发生的领域具有其特殊性，不同于其他赔偿。

3. 边防检查行政赔偿的原因是边检机关及其工作人员的侵权行为

边防检查行政赔偿的起因是由于边检机关及其工作人员的行政行为超出了法律规定的违法行为或未超出法定范围的不当行为使相对人的合法权益遭受了损失。

4. 边防检查行政赔偿的前提是对相对人的合法权益造成实际损害

边防检查行政赔偿必须以造成相对人的实际损害为前提条件，这里的损害必须是已经发生的并现实存在的，且受法律保护的利益的损害。如是假想的或非现实的损害不能请求赔偿；如是非法利益则不引起边防检查行政赔偿。

5. 边防检查行政赔偿的义务人是边检机关

边防检查行政赔偿的直接责任者是边检机关，行政赔偿是边检机关向行政相对人的赔偿，至于引起赔偿的行政侵权行为是由边检机关直接作出的，还是由边防检查人员在代表边检机关执行职务时作出的，均不改变边检机关作为赔偿责任主体对赔偿责任的承担。

（二）出入境边检机关应予赔偿的范围

正确合理地确定边防检查行政赔偿的范围，是及时、合法地解决赔偿纠纷，保护相对人合法权益的基本环节。根据我国《国家赔偿法》的规定，边检

机关所实施具体行政行为对相对人人身权、财产权造成损失的,应予赔偿。具体范围如下:

1. 违法拘留或者违法采取限制相对人人身自由的行政强制措施的。例如,边检机关扣留非偷渡嫌疑人或扣留偷渡嫌疑人超过法定期限的;边防检查工作人员为泄私愤、打击报复而滥用职权扣留相对人的;边检机关对不具有行政拘留执行权而拘留相对人的;等等。

2. 以殴打等暴力行为或者唆使他人以殴打等暴力行为造成相对人身体伤害或者死亡的。例如,边防检查工作人员殴打或者侮辱被扣留的偷渡嫌疑人的;检查异性偷渡嫌疑人身体的;等等。

3. 违法使用武器、警械造成相对人身体伤害或者死亡的。例如,边检机关在对出入境交通运输工具实施检查、监护和管理时,为制止严重违法犯罪活动的需要,使用武器和警械时伤害了无关人员等。

4. 边检机关违法或不当地实施具体行政行为,对相对人财产权造成损失的。例如,违法实施罚款、扣留护照证件、没收财物等行政处罚的;违法阻止交通运输工具入出境等行政强制措施的;违法或不当检查行李物品,扣留行李物品、货物的行为;边检机关侵犯相对人财产权的其他行为,也都应予赔偿。

(三)边检机关不予赔偿的范围

根据《国家赔偿法》和有关法律规范的规定,有下列情形之一的,国家不承担赔偿责任,边检机关不予赔偿:

(1)抽象边防检查行政行为。因为抽象边防检查行政行为的对象不具有特定性,不会造成特定相对人合法权益受侵害,也就不导致行政赔偿的发生。

(2)边防检查工作人员与行使职权无关的个人行为。边防检查工作人员不在行使职务时的个人行为,侵犯他人合法权益造成损失的,应由其个人承担民事赔偿责任,边检机关不承担赔偿义务。

(3)因相对人自己的过错而造成的损失。因相对人自己的过错而使具体边防检查行政行为损害相对人合法权益的,边检机关不承担赔偿义务。例如,偷渡嫌疑人在口岸限制活动范围期间,逃跑致伤的,边检机关不负赔偿义务。

(4)法律规定的其他情形。边检机关在执行外事对等原则时,不予赔偿;在对出入境的货物、物品实施检查时,由于不可抗力的自然原因而给相对人造成损害的,边检机关也不予赔偿。

(四)边防检查行政赔偿的程序

边检机关法律法规规定属于赔偿情形的,应当给予赔偿。赔偿请求人要求赔偿,应当先向边检机关提出,也可以在申请行政复议或者提起行政诉讼时一并提出。赔偿请求人根据受到的不同损害,可以同时提出数项赔偿要求。

要求赔偿应当递交申请书,申请书应当载明下列事项:受害人的姓名、性别、年龄、工作单位和住所,法人或者其他组织的名称、住所和法定代表人或者主要负责人的姓名、职务;具体的要求、事实根据和理由;申请的年、月、日。赔偿请求人书写申请书确有困难的,可以委托他人代书;也可以口头申请,由边检机关记入笔录。赔偿请求人不是受害人本人的,应当说明与受害人的关系,并提供相应证明。

赔偿请求人当面递交申请书的,边检机关应当当场出具加盖边检机关专用印章并注明收讫日期的书面凭证。申请材料不齐全的,边检机关应当当场或者在 5 日内一次性告知赔偿请求人需要补正的全部内容。

边检机关应当自收到申请之日起 2 个月内,作出是否赔偿的决定。边检机关作出赔偿决定,应当充分听取赔偿请求人的意见,并可以与赔偿请求人就赔偿方式、赔偿项目和赔偿数额依照《国家赔偿法》第四章的规定进行协商。边检机关决定赔偿的,应当制作赔偿决定书,并自作出决定之日起 10 日内送达赔偿请求人。边检机关决定不予赔偿的,应当自作出决定之日起10 日内书面通知赔偿请求人,并说明不予赔偿的理由。边检机关在规定期限内未作出是否赔偿的决定,赔偿请求人可以自期限届满之日起 3 个月内,向人民法院提起诉讼。

赔偿请求人对赔偿的方式、项目、数额有异议的,或者边检机关作出不予赔偿决定的,赔偿请求人可以自赔偿义务机关作出赔偿或者不予赔偿决定之日起3 个月内,向人民法院提起诉讼。人民法院审理行政赔偿案件,赔偿请求人和边检机关对自己提出的主张,应当提供证据。

边检机关采取行政拘留或者限制人身自由的强制措施期间,被限制人身自由的人死亡或者丧失行为能力的,边检机关的行为与被限制人身自由的人的死亡或者丧失行为能力是否存在因果关系,边检机关应当提供证据。

边检机关赔偿损失后,应当责令有故意或者重大过失的工作人员或者受委托的组织或者个人承担部分或者全部赔偿费用。对有故意或者重大过失的责任人员,有关机关应当依法给予处分;构成犯罪的,应当依法追究刑事责任。

第八章　出入境边防检查信息化应用

第一节　出入境边防检查信息化应用概述

出入境边防检查的信息化应用经历了从无到有、由简入繁、由边缘到主体的过程，经过了几代边检人员的不断探索和钻研，出入境边防检查工作的科技含量以及信息化、现代化水平有了显著的提高，尤其是计算机查验系统及各种检查技术装备的应用，已成为开展出入境边防检查工作的基本条件和发展动力，成为支撑“大进大出”口岸格局的关键支柱，成为出入境边防检查管控与服务工作的重要保证。2014 年公安部孟宏伟副部长在全国边检工作会议上指出：要以专业化、法治化、信息化为“三大支柱”，提升边检队伍的专业素质、执法能力和科技信息化应用水平，增强队伍的整体战斗力。同年，公安部党委对全国公安机关提出了要加强基础信息化、警务实战化、执法规范化、队伍正规化等“四项建设”的要求。信息化建设已经成为当前边防检查工作改革发展的动力源泉，全国边检机关都在不断提高边检工作的科技含量和信息化应用水平，引入数字化、智能化的技术装备，为边检机关的勤务管理模式改革、教育培训体系的建立和智能管控能力的提升等提供有力保障。

一、信息化技术在边防检查工作中的应用

边检机关长期以来一直以人工为主检查出入境人员和交通运输工具，在20世纪80年代以前，技术装备的作用主要体现在内部通信、取证和现场警戒方面，而作为面向出入境人员和交通运输工具的检查工具非常少，使用范围也很窄，功能单一，有些地方还处于空白。80年代以后，随着计算机与网络技术的发展，面向出入境人员和交通运输工具的检查平台与信息系统逐渐出现并得到了一定程度的普及。

（一）信息化技术在出入境检查工具方面的应用

出入境检查工具是指用于出入境人员及交通运输工具检查流程的技术装备。早期较先进的设备是X光机，主要用于检查出入境的行李物品或邮件。1980年开始在后台装备计算机对出入境人员实施查控，之后计算机查验系统虽然进行多次的升级换代，使用位置也从后台推向前台，但在应用方面始终以数据录入后的查控和统计及存储记录为主，直至1999年"出入境车辆自动检查系统"（以下简称"快捷通"）面世，检查方式有了新的突破，作为检查工具代替检查员直接面向出入境人员。2005年旅客自助查验系统应用，将该检查模式的应用推向新的高峰。

（二）信息化技术在业务执勤辅助管理方面的应用

20世纪80年代以前，出入境边防检查技术装备主要以辅助工具的形式出现，在检查或监护警戒工作中得以具体应用。如放大镜、紫光灯主要用于出入境的证件真伪鉴别，电话、电台、对讲机主要用于内部指挥调度，照相机主要用于取证、宣传，枪支、警棍和报警联动装置主要用于监护和现场警戒等场所。80年代以后，随着科技的发展和边检工作的客观要求，新的科学技术及装备已开始出现并应用于口岸。1982年11月5日深圳罗湖边检站在口岸现场安装了闭路电视监控系统，共有27部监控显示器和71部摄像头对出入境旅客和主要环节进行监控与指挥。各地随后增加了许多防爆、防疫的器材装备，大的如防爆桶、防弹衣，小的如网枪；使用计算机后就增加了很多执勤和办公的管理软件，如查控对象管理档案软件、检查员自动派位软件、旅客满意度评价系统、出入境卡片管理软件、文件收发管理软件、财务管理软件、人事档案管理软件等。同时，一些先进的硬件设备也不断引入到边检工作中，主要包含各种类型的服务器、存储器、台式或手提式电脑、交换机、电机、指纹

仪、远近距离读写器、OCR 阅读器、文检仪、UPS 不间断电源、DLP 大型显示屏、音视频矩阵、磁盘阵列、磁带库等。

(三)信息化技术在当前边防检查工作中的新应用

1. 紧跟科技发展潮流,打造特色服务平台

随着互联网技术和新媒体的发展与普及,各地边检机关充分利用网络资源,把人民群众熟悉使用的互联网产品引入边检工作中,展现了边检形象。例如,广东边防总队开设了“微博边检”和“南粤边检”微信平台,满足群众日益增长的个性化服务需求。珠海边检总站则推出“智能交通 · 珠海好行”边检通关资讯手机 APP(智能手机第三方应用程序),向广大出入境旅客提供丰富的边检通关资讯,拉近了服务对象与边检机关的距离。

2. 智能查验装备推广应用,提升通关效率和管控能力

目前,全国所有口岸的边检站都基本实现了计算机查验,并不断开发应用智能查验装备,强化旅客通行口岸智能验证台、自助查验通道等设施建设,提升通关效率和管控能力。例如,山东边防总队研发“联合查验平台”,通过验证台和勤务督导台之间文本、语音、视频实时对接,实现同步识别、联合查验,让通关服务更加智能。为便利内地居民往来港澳地区,公安部正式启用了 2014 版电子往来港澳通行证,提高证件签发及口岸查验效率,增强往来港澳通行证的防伪性能。

3. 集中式管理、网络化应用,搭建综合信息系统平台

经过前期的信息化建设,全国边检机关已经具备了一定的信息化基础。整合信息资源,集中管理应用成为边检信息化建设的发展方向。例如,内蒙古二连边检站构建数字化无缝管理网络,开发了“陆港边检勤务综合指挥系统”,提高信息综合分析和扁平化指挥能力。陆港边检勤务综合指挥系统是运行在公安网环境下,以进一步提高陆港口岸边检勤务信息化水平,有效缓解工编矛盾,释放边检执勤警力,提升用警效能,适应大通关需求为目的,通过整合边检站现有口岸管控系统资源,接入公安网各类数据库,引入大数据分析手段等方式,在信息化条件下对口岸限定区域实施有效管控,并形成口岸运行情况综合统计和趋势分析结果,用以弥补出入境边防检查信息系统功能不足,指导一线边检勤务组织管理,辅助边检站规范执勤执法工作的勤务辅助管理软件。例如,江苏边防总队以一体化平台为依托,整合出入境边防检查信息系统、海港信息综合查询、网上报检等系统资源,对接公安数据平

台，研发运行海港边检勤务综合指挥系统。海港边检勤务综合指挥系统是公安部边防管理局为了更好地贯彻落实公安部领导关于边检队伍要“提升科技信息化应用水平”的指示精神，以“集成融合、深度应用、高度共享、全面支撑、引领发展”为目标，成功研发并试点应用的一套海港边检勤务管理信息化系统，将海港边检勤务全部纳入了信息化、规范化、刚性化的管理轨道。这一系统的投入运用，进一步创新了信息化条件下的边检工作，有力推动了勤务信息化改革、队伍素质提升、思想观念变革和海港边检服务管控工作质的飞跃。为了深入贯彻落实公安边防部队边检长效机制建设工作会议精神，空港边检勤务综合指挥系统实现了与航空口岸边检关联信息的联动，边检验放旅客信息研判和勤务信息综合管控的功能，从而为边检勤务综合指挥管控提供信息化支撑。空港勤务综合指挥系统以软件一体化平台为依托，以边检勤务工作为支撑，促进空港勤务模式改革，辅助边检人员出入境验放，提高边检服务水平。

4. 以出入境边防检查信息系统为载体，引入大数据共享理念

出入境边防检查信息系统是出入境边防检查工作的核心软件，是业务开展的基础平台，是机关指挥的有力武器。系统推广以来经过了多次升级和完善，以满足业务发展需要，各地边检机关围绕系统功能，自主设计开发相关的辅助应用软件，扩大系统的应用范围。辽宁边防总队通过出入境边防检查信息系统、网上报检系统与电子口岸平台的融合对接，强化对出入境人员的筛查甄别，提高预警和防范能力。例如，江苏南通边检站设计多功能 IC 卡管理系统和出入境边防检查信息系统相连，查验精度和速度实现了双向提升。出入境边防检查信息系统的电子数据是业务工作的生命线，包含了出入境人员和交通运输工具信息、查控人员资料、行政执法信息、边检机关内部机构与人员信息等多种业务信息，数据的整合管理和信息共享可以使检查工作产生巨大效益。边检机关利用大数据技术对出入境边防检查信息系统业务数据之间的关系进行分析，从而作出科学决策，改变了过去依靠经验和直觉作决策的方式，并通过分析海量数据来预测口岸出入境趋势与警情研判。

二、信息化技术在边防检查工作中的地位作用

随着信息化技术的发展和信息化技术应用的深入，检查业务与信息化手段的结合更加紧密，出入境边防检查信息系统已成为信息化知识与业务工作

结合的重要成果,信息化应用的地位将更加突出。

(一)业务工作的发展需要信息化技术成果的支撑

在业务工作发展过程中,形势的变化使传统的工作方法逐渐失效,旧的工作方式越来越不适应新形势下的业务标准。在走出困境的过程中,重新整合人力资源、重新优化工作流程、重新调整工作标准,都不是彻底改变被动局面的有效措施,只有主动从科技成果中寻找解决问题的新方法、新工具和新思路,才能实现跨越式的变革。

(二)技术装备的发展是业务工作发展"瓶颈"的突破口

信息化应用的强大效能在业务工作的方方面面得到体现,整合业务流程能够优化业务模式,对大信息量的高效率处理能够简化检查环节,从人脑记忆查控到计算机查控,从手工检查到自动化检查,从简单的文档处理到数据挖掘。这些充分说明信息化技术的发展促进了业务工作的变革。所以,个别环节的技术改良就能够打破传统的工作格局,关键技术的成功应用就能够颠覆传统的检查方法。

(三)信息化应用能够有效处理各类矛盾和提高边防检查效率

信息化成果的应用,有效地整合资源,提高了工作效率,节省了检查人手,有效地处理了边防检查工作中防与放的矛盾、服务与管理的矛盾、效率与安全的矛盾。业务系统强大的存储和搜索能力使查控工作不仅摆脱了人工模式,而且还使查控工作在效率与质量上得到跨越式发展;同时在反偷渡工作、业务资料档案管理、口岸通关、节省警力等方面也表现出巨大的社会效果和经济效益。

三、出入境边防检查信息化应用发展趋势

信息化技术的普遍应用不仅改变了出入境边检机关落后的管理方式和工作手段,提高了工作效率和质量,而且为出入境边防检查事业注入了强大的发展动力。当前,信息化技术发展日新月异,新技术、新产品层出不穷。面对科技的高速发展与在边防检查领域中应用相对滞后的矛盾,我们必须在今后的工作中建立与科技发展相适应的工作目标,拓展传统应用的深度和广度,发展和培养高水平科技人才队伍,提高科技创新能力,探索和建立稳定长效的科技管理维护体系,以科学决策、规范管理促进科技建设,更好地适应出入境边防检查业务工作的发展。

（一）提高口岸通关效率和节省警力仍然是今后技术应用的努力方向

应充分借鉴旅客与车辆“自助查验系统”和预检预录系统的设计理念，进一步开发出一系列自动化程度高、适用范围广、便捷高效的查验系统和设备，同时加大现有自助式、预录预检式系统的应用广度和深度的研究，进一步提高通关效率，努力构建和谐的口岸通关环境。

（二）扩大信息收集范围，整合各类信息

出入境信息是指出入境旅客或出入境交通运输工具及服务员工在通过口岸检查时，由出入境边检机关保存的相关信息。包括正常出入境与非正常出入境的信息。目前在查验系统中收集和保存的出入境信息，由于受到历史条件和资料采集手段的制约，存在内容贫乏、唯一性不强、分散割裂、互不关联等问题，造成出入境信息的大量效益未能充分发挥。所以，扩大信息收集范围，整合各类信息，是有效提高出入境边防检查工作质量的重要措施。

（三）进一步发挥出入境边防检查信息系统的平台作用

出入境边防检查信息系统应用于全国各口岸，应用功能覆盖执勤现场，业务工作技术平台的作用逐步显露。随着形势的发展，业务工作对信息系统将提出更高的要求。应进一步发挥其工作平台的作用，既要从技术上整合更多、更先进的外挂系统，吸纳更多更新的先进技术，增加新的功能，特别是结合无线网络的应用，充分扩大系统在出入境边防检查工作上的效益。还要从应用上扩大使用范围，让更多有需要的部门进入使用，如督察部门可以察看勤务开展状况和网上督察案件审理情况，政工部门可以了解执勤人员工作量化情况和开展绩效管理等。

（四）挖掘技术潜力，扩大自助查验系统的效益

自助查验系统在节省人力和场地资源、提高检查标准、快速验放旅客、营造和谐口岸氛围等方面的突出优点，显示其将在今后相当长的阶段，逐步代替人工检查模式，充当口岸边防检查主要工作方式之一的角色。当前在旅客和车辆检查业务上应用的自助查验系统，实现对部分群体的验放。在此基础上，应进一步扩大自助查验系统的人员使用范围，深入研究与开发无须备案验放的可行性与实用性，深入研究与开发其他生物特征技术在自助查验系统的应用，进一步扩大自助查验系统的功能作用，提高出入境边防检查能力。

（五）充分利用各类信息平台，发挥预报预检模式的作用

预报预检方式由于其方便、快捷的检查特点及能够提前查控预警的作用,越来越受到广大出入境人员和检查人员的欢迎,预报预检工作模式的地位也随着出入境边防检查信息系统的使用而日益提高,预检预录系统的应用在实践中日趋成熟,预检对象已逐步增多,预检范围逐渐扩大,从海港、陆港扩展至空港,从旅游团体扩展至公务团体、商务团体,从专车、专机扩展至邮轮。为口岸各联检单位及相关代理机构服务的网络技术平台,如"大通关平台"等,也随着各地经济蓬勃发展而如雨后春笋般涌现。

接下来,应充分发挥预报预检快速、便捷的功能和优势,继续发挥预报预检模式的作用。一方面,结合口岸实际,继续挖掘适用于预报预检模式的团体类型,扩大预检对象,拓展实行预报预检的旅客范围,开设专用通道,对于公务与商务团体等有条件的团体旅客实行预报预检,以便缩短候检时间,提高通关速度。另一方面,充分借助各类网络平台,搭建边检预报网站,为团体信息的预报代理机构提供方便,加大对代理机构人员的业务培训,推动预报预检工作的开展,进一步提高口岸验放效率,减轻现场检查压力。

第二节 出入境边防检查信息系统的应用

一、出入境边防检查信息系统概述

(一)出入境边防检查信息系统的演变过程及阶段特点

1. 出入境边防检查信息系统的雏形

1978 年 6 月由深圳边检站根据发达国家情报检索系统上建立的文件系统和检索原理,提出拟采用电子计算机建立文件系统进行检索,代替繁重的人工翻本的查控工作。经专题报请国务院批准立项该工程由公安部负责技术指导和设备引进,工程项目由广东省公安厅边防处组织建设。该项目定位为远程查控系统,主要功能是以文件检索的方式对回乡证号码进行查控。从深圳罗湖口岸通过调制解调器远程连接广州的机房,由于系统终端与主机的连接是租用电信部门的电话线,相距 100 多公里,传输线路无法保障,最后试用不到半年时间就结束试用。系统虽未对边防检查工作有很大改变,但是它以证件号码为计算机查控突破口,首次将计算机引入边防检查工作,标志着公安信息化建设迈出了可贵的一步。

2. 第一代出入境边防检查信息系统——"先放后查"式的后台查控系统

1983 年在总结了第一次计算机系统的建设经验和教训后,深圳边检站与中山大学计算机系合作,派出20名干部到中山大学进行专业培训,开发了边防检查后台常控名单查控系统,实现了边检查控资料的录入、修改、删除、查询、统计、打印、备份和用户管理等多种功能。查控方法又分为单纯回乡证号码检索和“四种人”中英文名字检索,系统投入使用后非常稳定可靠,并正式代替了人工翻本的室内查控方式。前台临控名单仍由检查员背诵熟记。系统采用终端/服务器方式,后台由两台小型机组成,两台主机互为热备份,终端机与主机直接相连。

此套系统比较实用,建设周期短,系统稳定可靠,计算机与边防检查工作结合得也很紧密。但该系统容量小、速度慢,无法开发复杂的业务功能,没有提供网络功能,系统提供的中文输入法要经专业培训才能使用,难以普及。

3. 第二代出入境边防检查信息系统——“先查后放”式的前台证件号码查控系统

1988年10月深圳边检站率先在罗湖口岸现场启用我国第一套边防检查涉外计算机查验系统。该系统的建设目标是将计算机终端直接安装在验证台上,面对旅客实时录入旅客的证件资料,计算机实时查控。发证机关在港澳居民的“港澳同胞回乡证”上加贴条形码,为检查员在前台快速录入提供条件。检查员使用计算机通过条码阅读器直接读取条纹码信息,系统自动与查控名单资料进行比对。1992年年底又在原有基础上开发了“四种人”查验功能,弥补了不能查控姓名和不能存储其他相关出入境信息的缺陷。

随着“四种人”证件查验系统的开发和使用,深圳、珠海等地口岸取消了后台人工翻本查控的查验方式,标志着边防检查计算机旅客证件查验系统迈上了一个新的台阶。可以说,此套系统是一个独立、稳定、可靠和完整的证件查验系统。1990年公安部专家组评定该系统为公安部科技进步一等奖及广东省公安厅科技进步一等奖。

由于系统硬件和软件环境的限制,该系统没有开发网络功能和业务管理功能,而且查控算法采用的是最简单的“全值比对”模式,未考虑到空格、标点符号等字符对计算机查控的影响。

4. 第三代出入境边防检查信息系统——“边查边放”式的前后台集中查控系统

1994年经公安部批准并拨出专用经费,由广东省公安厅组织深圳现代计算机公司对罗湖口岸系统进行更新,开发了一套查控严谨、业务规范、形成一定的技术标准、逻辑清晰、功能较多的“罗湖涉外计算机信息处理系统”（称为“超大型口岸系统”），1995 年 1 月开始在罗湖口岸使用。业务上，系统根据业务流程的要求，把用户进行角色分类授权，并分别设置了前台验证、后台查控管理、后台边控管理、后台监控管理、后台信息管理、综合统计查询和系统维护与管理七大模块，业务功能日渐完整。

1995 年由广东省公安厅边防局负责组织开发了边防检查信息系统（称为“中小口岸系统”），完全由我边检机关的技术人员自行研发。该系统在罗湖系统的基础上，提高了业务标准，优化了技术结构，功能应用范围扩大到船舶、飞机、汽车等交通运输工具及其员工的检查业务。1996 年至 1997 年公安部出入境管理局对系统进行升级，并在全国中小口岸各边检站全面推广使用该系统。

1997 年 5 月由公安部组织北京西克姆计算机公司开发了“皇岗口岸计算机查验系统”（称为“大型口岸系统”，分别在珠海拱北口岸，上海虹桥、浦东机场，北京机场使用）。

上述三套系统均属于第三代业务系统，它们在前台录入信息、业务代码、查控算法方面实现了全国的统一，部分业务代码还形成公安部颁发标准，同时还使用一些国家标准代码。其业务覆盖面已很广，除出入境旅客外，还能够采集和处理交通运输工具信息，综合了较多的辅助管理功能。根据“公业报表”的统计需要和办案单位查询出入境日志的需要，有意识地设计、规范、统一了业务代码并在前台采集相关数据；查控算法开始“讲究”（即分析处理“姓名与证号”的复杂性，对空格、标点符号进行了合理的容错处理，对英文姓名进行分组比对等），开始使用非控人员管理功能；增加了现场的监控功能，增加了查控事件的处理与自动统计，增加了违法违规人员的登记与统计功能，能够完整地储存出入境人员信息并进行综合统计。随着系统推广使用，各地基本取消了人脑记忆查控和手工翻本查控手段，全国的业务工作模式得以统一，工作质量与管理水平得到了大幅度提升。可以说，在边防检查信息化发展过程中，该系统是一个重要的里程碑。

5. 第四代出入境边防检查信息系统

随着改革开放的深入以及中国加入世贸组织，国家对外交流与合作活动不断增多，出入境政策的调整，新的形势向边检机关提出了新的任务和新的挑战，出入境边防检查任务更加繁重。作为边防检查工作的重要检查装备，出入境边防检查系统的作用已无可替代,但旧的检查系统日益制约业务的发展,上一代的三套边防检查系统最早是从1995年启用,经历了多次的升级改造。由于系统使用时间较长,平台陈旧,设备老化,无法适应业务需求增长快、执勤模式变化较大的升级改造要求。而且由于不同口岸使用不同的系统,在全国范围内造成维护升级困难,带来业务实施标准不统一、管理模式不统一等一系列管理问题。系统的差异不利于技术维护管理工作的开展,客观上也造成了业务规范不统一的局面。

根据公安部金盾工程的总体部署,作为一类应用项目的新一代出入境边防检查信息系统的推广工作应于2005年年底前完成。2001年深圳总站受出入境管理局委托组织开发了"出入境边防检查综合管理系统",并在深圳总站范围内进行推广。2003年11月公安部出入境管理局与边防管理局经论证评估后,确定了修改、完善该系统后向全国推广的工作方向。2004年2月出入境管理局直接组织开展新系统的研发工作,2005年7月于广州番禺检查站投入试运行并向全国推广,2006年6月新系统在全国全面使用。

第四代出入境边防检查信息系统在保持与优化前几代出入境边防检查信息系统主体功能的基础上,完成后台数据库及前台操作系统的升级,突破了制约业务发展的技术"瓶颈"。以规范业务、统一标准为原则,以深圳总站研发的"边防检查综合信息管理系统"为蓝本,优化系统结构、拆分应用模式,增强系统的兼容性,完成系统的产品化工作,通过技术手段提升业务标准,实现"加快验放速度,提高控制能力,强化内部管理"的建设目标。

业务功能上,突出了业务标准统一、口岸执勤信息化、数据信息共享程度高等特点,并增加了全国范围内网络统一布控、非控名单区域共享、勤务管理电子化等大幅度提高工作质量和效率的功能。

应急处理方面,新系统采用了双服务器备份、移动服务器应急、单机版独立验放等一系列应急方案,提高了技术风险防范的能力。

第四代出入境边防检查信息系统在设计上突破了旧系统以前台录入信息进行查控为主要功能的局限,将计算机技术应用于广泛的业务管理和现场执勤工作方面,检查业务包括出入境旅客、交通运输工具及其员工、口岸管理区域通行人员等。开放性上,系统提供了连接车辆"快捷通"系统、旅客自助通道系统、闭路电视监控系统、旅客满意度评价系统、各类预检预录系统的接口,重点突出了队伍管理、勤务调整、情况监控、事件监督、请示报告批复、下发命令指示、传阅通知通报等功能，是集检查、指挥、管理一体化的计算机自动化系统，可以说，是一个先进的执勤指挥系统。

上述四代边防检查信息系统均建立在边检机关多年来科技应用和信息管理实践的基础上，第三、四代系统的业务目标、功能作用等业务需求更是提炼了前几套系统的先进思想，经过全国范围的征求意见、召开多次研讨会反复论证，得到了全国边检系统从机关到基层的认定。特别是第四代出入境边防检查信息系统，在深圳总站推广应用的基础上，总结并继承了前几代查验系统在设计与应用方面的先进经验，凝聚了数代边防检查科技工作人员的心血，是边检机关几十年来的智慧结晶。

（二）出入境边防检查信息系统的地位和作用

出入境边防检查信息系统，是指国家设在对外开放口岸的边检机关，使用特制研发的软件系统，通过计算机对出入境人员及交通运输工具进行出入境边防检查、监控、管理及围绕边检中心工作处理相关业务、行政事务的计算机信息系统。

1. 出入境边防检查信息系统是边检业务开展的核心软件

出入境边防检查信息系统依据有关出入境边防检查的法律、法规及相关的业务规定、规范进行设计，符合国家政策对边防检查工作的要求。它根据边检机关的职责和任务，将当前边防检查工作中的各项业务内容（诸如上下勤、信息采集、查控、查验、业务问题处理、业务行政事务等）均纳入计算机管理，使信息系统成为边防检查工作的载体，成为边检业务开展的核心软件。

2. 出入境边防检查信息系统是实现边防检查工作目标的"工具"，是检查人员手中的"武器"

随着公安边防部队科技强警的力度不断加大，检查业务与科技手段的结合将更加紧密。出入境边防检查信息系统具备出入境检查、执勤事件处理、勤务监控管理、查控资料管理、海港业务管理、业务信息统计六大功能。出入境边防检查信息系统为实现边防检查工作目标和检查人员合格履职提供了必备的手段、方法，成为现场数据采集、查验、查控、查缉的武器，成为上级对下级、机关对执勤现场指挥、监督、管理的有效工具。

3. 出入境边防检查信息系统是边防检查业务工作开展的基础平台

出入境边防检查信息系统区别于以往的局域网系统，依托公安网，联接各边检站查验系统，在部局—省级（总站、总队）—边检站三级分别建有业务功能模块的全国性业务应用系统。新系统功能完备、升级潜力大，适应边检工作发展需要，满足集中式管理、网络化应用的要求，已成为边检机关开展业务工作的基础平台。

（三）边检业务对出入境边防检查信息系统的要求

1. 出入境边防检查信息系统必须适应出入境边防检查业务相关法规和政策的要求

出入境边防检查信息系统服务于业务工作，是业务工作手段的体现；边防检查业务政策与规定随国家外交、经济等政策与国内外形势的变化而发展，应用系统必须适应业务政策的发展，推动检查手段的进步，不能影响业务政策的实施，更不能阻碍边防检查工作的发展。

2. 出入境边防检查信息系统的安全与稳定是有效开展出入境边防检查业务工作的关键

作为业务工作的平台与载体，出入境边防检查信息系统的安全与稳定直接关系到业务工作的开展，直接影响工作目标管理的实现。所以，系统的维护管理、备份措施、应急机制等内容必须成为各级领导和执勤人员关注的重点，必须纳入风险管理范畴。在长期依靠系统应用实现业务目标的工作状态下，以为随时能够回退至人工方式替代系统运作的想法都是不切合实际的，缺乏风险意识的后果是灾难性的。所以在每个边检站都有出入境边防检查信息系统应急保障机制，基本内容包括当出现系统崩溃、停电、数据紊乱等突发事件或故障时，如何实施应急保障，第一时间使出入境边防检查信息系统启动并应用。

3. 边检业务的开展必须严格遵守根据业务需求设计的系统应用规则

出入境边防检查信息系统设计以业务需要为基础，之前经过了广泛的需求调研和周密的论证阶段。一套成功的系统不仅符合应用实际与业务目的，也必定在操作方式、工作流程、应用模式等多方面体现先进的应用方法和管理理念。所以，严格依照应用规则操作、规范使用和管理系统是业务工作的基本要求之一。

4. 出入境边防检查信息系统建设与业务工作的相互发展形成良性的互动

技术建设以业务需要为内驱力，建设项目的完成将推动业务的发展，但技术建设水平取决于决策水平和需求设计水平。只有科学地分析业务需求变化，实事求是地评估当前应用系统的适应性，周密地制定新建设项目的设计方案，正确把握新项目的启动时机，才能真正做到"以业务应用促进技术水平的发展，以技术项目建设促进业务工作的可持续发展"。

5.数据是业务工作的生命线

电子数据是业务信息的转化，出入境边防检查信息系统采集、生成、处理、汇总、加工、保存、管理的电子数据包含出入境人员和交通运输工具信息、查控资料、行政执法信息、边检机关内部机构与人员信息等多种业务信息，以文字和图片等多种形式体现。

二、出入境边防检查信息系统的结构和内容

（一）出入境边防检查信息系统的总体架构

出入境边防检查信息系统不再是局限于在口岸运行的查验系统，在部级、省级（总站及边防总队）、检查站分别建立业务处理模块，通过公安信息网络将各级和全国的口岸查验系统相互联接，建立全国性的应用系统。

出入境边防检查信息系统主要由业务系统（部局、省级边检机关、边检站）、交换系统及综合查询系统三部分构成。业务系统支持对各类边检业务的处理，实现对边检业务信息数据的采集与管理；交换系统实现部局及全国各总站/总队、检查站、口岸之间的数据传递，为边检业务信息的共享与利用提供支撑；综合查询系统实现对全国边检业务信息的综合查询，为边检业务信息的充分利用提供手段。

（二）出入境边防检查信息系统的软件内容

1.功能组成

出入境边防检查信息系统的业务功能主要包括在部、省级应用系统及口岸应用系统两大子系统中，其中部、省级应用系统的主要业务功能包括案（事）件的流转、在控资料的管理与网络发布、出入境记录及统计数据的汇总与统计、业务资料的管理与下发、与出入境数据相关的各类数据的综合查询等，该系统对基层的工作起到指导、支撑、监督的作用；口岸应用系统主要完成出入境人员及交通运输工具的数据采集、查控工作、案（事）件的处理及执勤管理等功能。

部、省级应用系统可以看作是口岸级应用系统后台子系统的延伸，将旧系统中口岸后台资料管理与数据挖掘的功能提升到部、省级机关完成，以充

分发挥系统的整体效益。

2. 功能简介

(1)出入境检查子系统

其主要完成出入境旅客、交通运输工具及其员工、口岸限定区域通行人员的查验,具体包括普通旅客验放、港澳旅客验放、团体旅客验放、各类交通运输工具及员工验放。其中团体旅客验放包括资料预录入和批量验放,交通运输工具及员工验放包括批量验放以及针对汽车的"快捷通"方式验放、备案方式验放、普通方式验放。

(2)执勤管理子系统

其主要完成口岸现场执勤人员的上下勤管理、勤务交接、勤务考评、现场监控、值班日记与登录记录查询等功能。其中上下勤管理包括值班登记、签到签退管理、排班换班管理,勤务交接包括交接班处理、值班变更及值班情况查询,现场监控包括检查员工作状态监控、工作站使用状态监控、部门勤务监控、验放情况监控、执勤现场电子地图监控、通道消息发送,值班日记的内容包括出入境数据、执勤事件数据、查验各类证件情况统计、执勤情况实时统计。

(3)业务问题处理子系统

其主要完成对各类人员、交通工具查控报警事件处理,违法违规人员、违法违规交通工具事件处理,对遣返遣送人员进行登记处理,下发通知通报,对现场执勤中发生的其他各类业务问题进行流转处理,生成各种法律文书、案卷及在事件处理过程中生成所需各类公文及打印存档。

(4)查控管理子系统

其主要完成对在控人员、在控交通运输工具、失效证件、网上追逃人员等各类控制对象名单的管理,在控人员及在控交通运输工具的非控名单管理,查控值班日志查询,出入境人员重新查控,查获对象处理情况查询等功能。

(5)海港业务管理子系统

其主要完成船舶档案资料管理、船舶出入境(港)检查与监护、电子边封接收与发送、海港证件管理、执勤动态监控与资料查询等功能。其中对海港证件的管理包括小型船舶证明书及查验簿、登陆证、住宿证、登轮许可证、随船工作证、搭靠外轮许可证的发放与回收以及禁登轮人员登记等功能。

(6)业务资料管理子系统

其主要完成出入境证件签发资料管理、公司资料管理、团体旅客资料管理、交通运输工具及员工资料管理、航班预报资料管理、人员备案资料管理、前台重要提示信息管理、出入境记录管理、口岸限定区域资料管理、各类公用代码维护等功能。

(7)系统资料管理子系统

其主要完成系统有关参数的配置,具体包括业务功能参数设置、查控报警最终处理部门设置、前台录入规则设置、外部程序调用设置、机读证件设置、服务器配置与数据库连接信息登记、权限管理、场地与工作站管理、部门与用户管理、电子地图与通道显示屏设置、动态数据查询设置等。

(8)综合查询统计子系统

其主要完成公业综合统计报表的生成、录入与修改、上报、汇总、查询、输出与打印,常用业务统计报表的生成、查询、输出与打印,各种业务资料的查询、统计、输出与打印。

(9)数据备份、恢复与清理子系统

其主要完成单机版系统与网络版系统之间数据交换(下载与汇总)、敏感数据的备份与清除、团体资料及经常出入境库等临时档案资料的清理等功能。

(三)出入境边防检查信息系统的适用范围和功能特点

1. 出入境边防检查信息系统使用范围

(1)部、省级单位:业务、技术、督察部门、业务值班室、查控值班室、总队的遣返审查所等。

(2)检查站:站勤务值班室、站查控值班室、站情报调研科、站技术保障科等。

(3)口岸现场:前台检查通道、口岸监护通道、科队办公室(指挥台、处理室)、警戒监护队等。

2. 出入境边防检查信息系统综合特点

(1)将边防检查工作中的各类事件、资料均纳入系统的管理范畴,统一了业务标准,提高了业务工作质量。

(2)突出了通道验放、情况处理、队伍管理、勤务调整、现场监控、事件监督、请示报告批复、下发命令指示、传阅通知通报等业务指挥与勤务管理功能,加强了对执勤查验与事件处理的监控力度,将现场检查、业务指挥、勤务管理融合成一个整体。

(3)强化了后台资料管理与数据挖掘的功能,充分发挥后台采集整理的资料对前台验放的支撑作用,扩大了数据共享范围,提高了数据的综合利用率。

(4)建立部、省级业务应用系统。在公安部出入境管理局和边防管理局、各边检总站、边防总队机关建立业务应用系统,开展网络布控、辅助资料整理与下发、出入境数据及查获资料的汇总、执勤监控等工作,为上级机关实行精确管理提供有效的手段。

3. 出入境边防检查信息系统重要业务功能特点

(1)出入境查验功能特点

①对出入境人员信息采集项目按照业务规则进行设置,以适应不同地区对出入境人员信息采集的要求。

②完善机读证件采集功能,可对各类证件实现机读采集数据,提高查验速度。

③建立批量查验交通运输工具员工及团体旅客功能,方便相关人员出入境。

④完善前台重点提示的功能。在验放时既可针对某一类人员,也可针对某一特定人员进行提示。对于检查中需要重点进行控制但又不是在控对象的人员可使用重点提示功能进行管理。

⑤在前台检查时查询出入境证件及签证签发资料。对于有条件的口岸,系统可提供前台验放时直接查询或在后台协助查询发证信息资料的功能,提高前台识别伪假证件的能力。

⑥电子边封功能。即将电子边封(内含船舶资料、船员名单、旅客名单、外国籍船舶检查情况登记表、总申报单)通过网络发布至部局和下一港口;下一港口的边检站如未收到电子边封的数据,可到部局查询。

(2)业务处理、勤务管理功能特点

①将执勤现场发生发现的各类事件均纳入系统的管理范畴,系统登记后,通过“流转”功能建立从检查员到队领导、业务队到值班室、口岸到总站或总队的请示报告渠道,实现现场业务处理网络化,文档记录电子化,建立现场执勤事件的多级在线处理、指挥模式,提高现场事件处理的效率,减轻现场值班、管理人员的文档管理压力,确保事件处理的真实性。

②提供在案(事)件处理中的各类法律文书的打印与管理功能。

③建立电子交接班制度,可将未处理完的事件在交接班的部门之间进行移交,确保业务工作开展的连续性。

④建立通知通报信息的网上发布机制。

⑤实行上岗考勤制度及执勤考评制度。新系统通过检查员上班签到、下班签退的操作,准确采集检查员在月、年等时间段的休息、事假、休假、出差、学习、迟到、早退等信息;系统还可对检查员的执勤情况实施质量管理,作为年终考核的重要依据。

(3)其他功能业务特点

①业务统计报表按日自动统计、上报、汇总。

②建立二级(子)代码,方便各地自定义类别进行查询统计。

③强化了数据交换的功能,系统可自动完成出入境记录及各类查获处理数据、控制对象资料、发证资料、统计数据等的下传、下达。

(四)出入境边防检查信息系统业务功能的应用基础

出入境边防检查信息系统业务功能的基础要素内容与应用设计,范围包含以人为主体的用户、部门、单位;以物或空间为主体的口岸、场地、通道或工作站;以及以两者为载体的功能、权限等。

1. 用户的作用与管理

(1)用户是系统的应用主体,必须隶属于某一个部门。一个用户可以拥有若干个角色,一个角色可对应多个用户。

(2)用户的设置一般是一人建一个用户,用户代码一般采用警号或单位自行设置。

(3)用户权限的配置原则上应通过行政领导审批。

(4)实行一户一档,从而对执勤人员进行管理,包括上岗考勤管理、工作量统计、执勤成绩(查获在控对象和交通运输工具、查获吊销证件、发现违法违规人员和交通运输工具等)、事故差错等。

(5)用户第一次进入系统口令为"123456",标志为"初始化"。首次登录时,系统强制修改口令,修改时口令不能与用户账号相同,新口令不能与旧口令相同,新口令要两次校验一致。用户忘记口令时,系统后台提供"初始化用户"功能,初始化后用户登录系统,仍被强制修改口令。

(6)通过用户管理,通过查询用户历史库便可以查询到任何曾经在系统中使用的过用户及其角色,进而防止用户进行违规操作。

2. 部门的作用与管理

部门是指业务角色或职能相近的用户集合,建立在总站、站等单位之内。

部门是业务事件处理的基础,查控报警和异常提交的消息转发,事件流转和处理都是基于部门的。

(1)部门可按照行政建制的单位划分,如各执勤科;也可将同一单位的不同职能或业务角色的人员划为不同的部门,如将值班室划分为业务值班室和查控值班室。

(2)部门的设置在系统中十分重要,一般在系统安装之初,各口岸应按照使用业务信息系统的行政建制单位一次性初始化部门,之后各口岸再根据业务单位的变化增加或修改部门。

(3)本系统必须存在几个特定部门,缺少这些部门,各类事件在系统中就无法流转、处理,造成业务流程的阻滞。

(4)部门权限的特殊处理。部门的业务级别和行政级别分为部局级、边检总站(总队)级、站级、科队级。一般情况下,部门的行政级别与业务级别是一致的,特殊情况下,同一个部门的业务级别和行政级别可以不同,如边检站的调研科队。

3. 口岸代码

口岸代码是表示用户和工作站的属地信息,即属于哪个单位,可显示口岸是否开通,是否为联合执勤模式下的口岸、口岸交通方式等。同时,还表述了业务数据的属地信息,如发现地、查获地等。

4. 场地

根据执勤现场的区域划分有:入境旅检场地、出境货检场地、查控值班室等。引入场地的概念,使得工作站有了归属,可以实现基于场地的业务功能,例如对某个场地的工作站自动分配通道号,通过场地监控现场执勤情况等。

5. 功能包

前台查验包、后台查验包、车辆查验包、海港管理包、查控管理包、后台处理包、现场报警包七类。

(五)出入境边防检查信息系统的业务应用模式

根据各总站(总队)与所属边检站业务职能的划分及其网络建设的现状,出入境边防检查信息系统在全国的应用可分为五种应用模式。五种应用模式的业务标准统一,功能上各有侧重。

1. 联合执勤模式

联合执勤模式,是系统设计的标准模式,也是效益最高、成本投入最少的模式。联合执勤模式是指以总站(总队)单位作为大后台,总站(总队)单位与检查站运行的系统可以看作一个整体,一个站采集的数据在整个联合体内共享。此时,口岸服务器仅负责前台出入境人员和交通运输工具的查验及事件确认处理;总站(总队)服务器作为口岸系统的后台,集中完成出入境数据的查询、统计、分析及边控资料的管理,各类档案信息的管理等功能。

2. 独立执勤模式

独立执勤模式是指总站(总队)单位的系统与口岸系统相互独立运行,两者之间的数据不存在同步传输,工作站各自连接所属的服务器,应用系统只访问本地的服务器。

3. 单机验放模式

单机验放模式主要用于完成出入境人员及交通运输工具的资料采集、查控及简单的事件处理等功能。单机验放系统可独立运行,但必须依赖网络版系统完成数据的汇总与交换功能。验放结束后,单机验放系统应与网络版系统交换采集的出入境资料及各类边控资料等。

4. 远程工作站模式

远程工作站模式是网络版系统验放的特殊形式,该模式仅采集旅客、员工及交通运输工具资料,不在现场进行查控。资料采集后通过电话线或专线网络批量向后台提交,等待后台查控人员的反馈结果。

5. 无线验放模式

无线查验系统依托联通 CDMA 公共网络资源,使用移动终端(笔记本或 PDA)安全地接入公安信息网及业务网,只要在中国联通网络覆盖的范围内,均可开展旅客验放、数据查询等工作。无线查验系统是出入境边防检查信息系统的扩展应用模块,使用界面及使用方法与现行的出入境边防检查信息系统相同;在移动终端上没有查控数据等敏感资料,移动终端通过 CDMA 网络直接访问出入境边防检查信息系统的服务器完成验放工作。无线验放系统将作为一种新的应用模式,随时随地、不受时间和地点的限制访问出入境边防检查信息系统和公安信息网的信息资源,使边防检查工作突破了时间和空间的限制,具有较为广阔的应用前景。

(六)出入境边防检查信息系统应急保障措施

1. 服务器自动切换

服务器自动切换是指某验放服务器故障后,原本连接该服务器的前台工作站，在退出验放界面重新登录连接服务器时，能够自动避开该故障服务器，连接到其他正常服务器。如果发生故障的是处理服务器，仍采用出入境边防检查信息系统原有的处理服务器切换操作。

2. 场地服务器

场地服务器是指使用新的数据安全机制、安装在查验场地设备间的出入境边防检查信息系统服务器。当遇到光纤网络或主服务器故障时，本场地出入境边防检查信息系统前、后台工作站直接选择连接场地服务器进行验放。

3. 单机版常态化方法

单机版常态化是指使用新的数据安全机制、数据更新机制，确保出入境边防检查信息系统有关数据能够实时更新及数据安全的出入境边防检查信息系统前台单机版。当需要应急启用时，随时可用。

4. 3G 无线网络应急

3G 无线应急是五级应急体系中移动 U 盘技术的深化，是利用无线 3G 网络从上级单位的 3G 应急专用 FTP 服务器中下载最新边控数据并导入出入境边防检查信息系统，及时更新出入境边防检查信息系统在控名单。该方法与通过传真传输、业务人员手工录入名单的应急方法相比，具有操作简单、应急快捷、名单资料准确等明显优势。

适用于当总站与部局、口岸与总站、单个场地与口岸等因网络中断、服务器无法正常接收在控名单的情况下，发生故障单位及时通过出入境边防检查信息系统 3G 无线网络，使用专用账号从上级单位的 3G 应急专用 FTP 服务器指定地点下载边控名单数据，再导入本单位出入境边防检查信息系统服务器。

三、出入境边防检查信息系统的主要功能特点

（一）出入境人员检查

检查出入境人员及交通运输工具是边防检查工作的主要任务，边防检查人员以检验出入境证件及审核相关单证手续为检查的主要表现形式，以录入证件资料及交通运输工具的相关信息为核心操作内容。在现场采集的出入境信息是边检机关查获在控人员的主要条件，是生成边防检查各类报表统计、实现出入境人员及有关事件综合信息查询的基础。

随着国家对外开放政策的不断深化，国际间交流的日益广泛，出入我国

国境的人员和交通运输工具大幅增加，需在口岸进行出入境控制的人员也呈现迅速增长的趋势，加快验放速度、提高查验质量、保证查控安全的要求已越来越突出。针对以往查验系统存在的问题，在当前新的技术环境支持下，本系统着重解决了字符集、机读、采集项目规则校验、验放界面分类、问题提交方式等方面的问题，较大程度上实现了简化工作程序、减少重复劳动、减轻工作压力、提高查验效率、保证查验质量的目标。

1. 目的与任务

出入境检查子系统就是以围绕出入境人员的证件及交通运输工具等信息的采集为核心功能与工作主线，实现查控，完成统计与信息存储，为后续的信息查询、业务分析、执勤管理及事件处理提供基础数据与手段。

出入境检查子系统的工作对象是出入境人员及出入境交通运输工具，同时也包含通行于口岸限定区域的非出入境人员。其中出入境人员分为旅客和员工两大类；出入境交通运输工具分为汽车、火车、飞机、船舶四大类。

出入境检查子系统的基本目标是保证操作人员在规定的时间内正确采集出入境信息、保证准确查获在控人员，提高验放速度。

出入境检查子系统的任务是提供快捷、方便、准确地采集出入境信息的工具和手段，提供业务事件电子交接和前后台呼应功能，提供辅助功能帮助检查人员及时作出检查结果的处理决定，满足操作人员减轻劳动强度和提高工作效率的要求。

2. 功能设计

①认真总结以往的设计与应用上的经验教训，对旧查验系统中检查功能涉及的合理、先进的部分进行继承，对良好的操作习惯继续保持，同时改变不合理或不尽人意之处，更加体现操作的人性化和使用的方便性。

②在人员、交通运输工具信息采集时，通过技术措施尽可能减少检查员的数据录入量和录入出错率，尽可能校验录入数据项的合理性、合法性，尽可能根据逻辑推演手段自动代检查员填写部分项目，尽可能利用备案资料、预报信息、签发资料、机读信息辅助完成出入境信息的采集，以达到减少检查员手工操作的目的。

③针对查验工作复杂多变的情况，提供录入项目设置、通道的出入类型、交通方式设置等，以适应不同地区、不同口岸对人员、交通运输工具检查任务的需要；针对全国各口岸检查对象的不同，设计出飞机检查、火车检查、汽车

检查、船舶简单查验、远程工作点查验、单机运行多种查验模块,适应各类检查工作的要求。

④合理切分验放功能,设计专用的港澳旅客、团体旅客验放功能,对特定人群进行查验;设计批量验放功能,对出入境飞机、火车、船舶员工及团体旅客进行批量验放;除有备案资料的人员外,其他各类人员的验放均提供辅助设备读取证件信息的功能,从而达到提高验放速度的目标。

⑤能够提供多种机读设备的接口功能和多样信息的自动采集功能。保持当前所有系统使用的机读设备接口,预留今后为电子证件签证及自助通关操作的信息接口,作好人体特征信息采集的技术准备。

⑥所有验放功能均有相关的人员或交通工具资料库为基础,以自动和手工为资料保存备案方式,自动的是从出入境记录中转入并能覆盖旧的,手工方式是在后台从专门的备案录入界面输入,一般情况下前台采集的不能覆盖资料库的。不同的检查模块在验放时调用不同的资料库,最佳效果可以实现出入境人员出入资格的审核,如"车辆和司机资料库";最低可以达到方便录入减少录入项目的效果,如"经常出入境人员库";个别的能够起到提示验放的作用,如"备案验放提示"。

(二)查控管理

查控是边检机关在对出入境人员及交通运输工具实施正常的检查监护时,通过公开手段控制查缉敌对分子、不法分子等特定人员的工作措施,它是出入境边防检查工作的核心业务。

查控工作业务有四类,即在控人员、失效证件、在控交通运输工具、在逃人员等。查控工作主要分为两部分,一是检查现场查控工作的开展,包括控制手段的实施,可疑对象的甄别,查获对象的处理等。二是查控信息的管理,包括查控业务的受理、资料的发布与管理、报警处理信息的后续管理等内容。

随着计算机在口岸的应用,查控工作几十年来的工作模式和控制手段被彻底改变,当前飞速发展的形势也在不断提高查控工作的标准和要求,边检机关一直在有限的条件中追赶形势的步伐。既要保证准确查获需要控制的对象,又要不因此而影响正常旅客的出入境;既要及时完成繁重的接布控任务和复杂的档案管理工作,又要在缺编的情况下保证一线的执勤人手。如何在查控与验放之间找到平衡点,如何减少接布控工作多环节的重复劳动,如何减轻检查人员手工管理档案的繁重压力,一直是困扰查控工作的难题,也一直是边检机关领导时刻关心的问题。

查控管理子系统在查控业务的设计上,将所有查控业务信息处理及业务管理过程均纳入系统内容,从受理到发布到档案管理,从报警到甄别到查获处理,从人员控制到证件控制到交通工具控制,直到非控业务管理,对查控业务进行全方位的管理。

强大的查控业务管理功能有助于边检机关查控工作效率与质量的提高。本系统在以下方面强化了工作手段,优化了工作程序,实现了减少出入境人员查控报警率和减轻执勤人员工作压力的目标:一是通过建立远程布撤控机制,将部局、总站(边防总队)、检查站、分站、检查队、检查员或计算机等多环节层层下发的接布撤控工作一次直接完成。二是采用新的查控算法,能够在不提高甚至降低误报率的前提下,达到在不完全掌握对象资料的情况下或前台检查员录入资料出现合理偏差的情况下也能准确查获控制对象。三是建立健全非控人员使用管理机制。通过非控资料的积累实现报警率总体下降的目的;通过建立非控与在控的直接关联,消除非控库对在控库的威胁;通过系统自动处理代替执勤人员建立非控库的繁重劳动。四是建立健全查控资料计算机档案管理机制,以简洁的内容、简单的操作实现丰富的、严谨、准确标准的档案资料库的建立,由系统自动加工处理各种档案管理业务,将查控管理人员从繁重的手工整理资料工作中解脱出来。五是实现查控报警事件的多级监控、分级处理和快速甄别。

所以,高效的网络布撤控机制、科学的查控算法、严谨的档案管理模式、明快的报警事件处理、简便的非控业务管理是本系统查控管理的重要特点。

(三)执勤管理功能

执勤管理是为实现出入境边防检查工作目标,而在现场检查执勤工作过程中实施组织、监督与控制的工作方式,是边防检查工作的一个重要组成部分,是实现出入境边防检查规范化管理、制度化建设的必要选择。它是提高出入境边防检查工作的质量和水平的重要保证,也是依法行政和从严治警相结合的产物,是建设一支高素质的出入境边防检查队伍的强有力的保证。

执勤管理功能是针对当前业务执勤管理工作的重点内容、管理目的和方式方法,结合勤务工作开展,以查验系统为平台,挖掘汇总业务信息,为业务管理人员提供辅助管理手段和客观执勤数据的管理工具。将执勤管理工作纳入计算机系统,能够方便管理人员有序地开展勤务工作,能够减少评价依据中的人为主观因素,能够客观地反映执勤人员的工作基本情况,促进执勤人员的工作积极性和主动性,提高整个出入境边防检查工作的效率。

根据现行边防检查执勤管理工作所涉及的内容,本系统设计了上下勤管理、勤务交接管理、执勤情况考评、勤务监控、执勤日志等功能,从不同角度为执勤管理工作提供手段和依据。

(四)业务处理功能

边防检查业务问题处理指边检机关对在执勤工作中发生的各类查控报警、违法违规或在口岸发生的其他业务情况,依照国家有关法律、法规对相关当事人(或单位)作出相应处理的过程。它是对出入境旅客、交通工具及其员工实施边防检查的延伸,是边防检查工作的重要组成部分。业务问题处理具有时限性与机密性强、程序规范、要求严、标准高等特点,在出入境边防检查业务高速发展的形势下,手工处理模式的局限性已严重影响现场业务问题处理的效率与质量。

边防检查业务处理子系统是出入境边检机关为提高执勤工作效率、实现事件处理法制化、规范化的目标,围绕口岸执勤现场开展边防检查业务问题处理的平台;是各总站、总队机关、边检站机关、边检站执勤科队等管理部门为解决当前处理现场执勤事件工作上存在的效率低、随意性强、责任不清等问题,在边防检查工作中进行指挥、沟通、交流的工具。

业务处理子系统针对在边防检查工作中发现的在控嫌疑人员或交通工具、违法违规人员或交通工具等问题,将事件信息采集、审批处理、文书打印、数据上报与统计等要求均纳入系统管理,便于各级管理部门之间联合、互动处理执勤现场发生发现的业务情况。事件从发生、发现、上报到上级批复、移交、处罚的整个过程均通过计算机流转处理,处理过的事件均留有操作记录,各部门对同一事件的每次操作都自动生成规范格式的记录文档,归档的事件不能够再修改或删除,提高了事件处理的透明度与可信度,保证文档的规范性与真实性,减少业务执勤人员的操作量,提高情况处理效率与质量。作为指挥平台,业务处理系统还具备了发布通知通报、生成传阅夹、一般性业务事务管理、行管事务管理、遣返遣送人员登记、退出退回交通工具登记、涉外事务登记等功能,扩大了业务应用范围,增强了系统的业务处理能力。

第九章　出入境边防检查应用人文地理

第一节　出入境边防检查应用人文地理的内涵

一、出入境边防检查应用人文地理的含义

出入境边防检查工作是集公安边防、涉外、军事于一体的综合性任务，因此要求担负这项任务的边防检查工作人员不仅要具有熟练的专业知识，而且要具有广博的基础文化知识。特别是与边防管理工作密切相关的人文地理知识，更是边防检查人员所应当具备的。

出入境边防检查人文地理是“人文地理学”在出入境边防检查工作中的应用，是与边防检查工作相关的世界人文地理知识。如果需要识别非法出入境人员的真实身份及非法出入境活动的规律，世界风俗、名胜景观、民族文化、生活习俗等都是有力的鉴别武器。

出入境边防检查工作具有明显的涉外性。它是代表国家，立足口岸，面向世界的一项出入境行政管理工作。出入境边防检查工作所面临的现实是：每天有数以万计（甚至是几十万计）的中外籍旅客和数以千计的各类交通运输工具从我们脚下走向世界各地，又有同样数字的中外籍旅客和各类交通运输工具从

世界各地向我们迎面走来,所涉及的国家和地区非常广泛。出入境中外籍旅客和交通运输工具涉及世界各地广袤的地域,这些地域文化孕育出不同的民族、繁杂的语言以及形形色色的文化习俗,这都需要我们出入境边防检查人员了解掌握。可见出入境边防检查工作与人文地理知识有着密不可分的关系,也可以说边防检查工作无时无处不涉及人文地理知识,人文地理知识在出入境边防检查工作中有着明显的应用价值。

出入境边防检查工作具有一定的涉外性,主要体现在两个方面:一是出入境人员的身份是多层次的,上至国家元首,下至普通公民,男女老幼、三教九流,无所不包;二是从世界范围来看,出入境人员的国籍遍布世界各个角落,无所不及。出入境边防检查工作的具体涉外性决定了边防检查工作人员必须具备较高的综合外事素质,即鲜明的政治态度、坚定的原则、灵活的方法、无私的奉献精神、果敢善断的智慧、不卑不亢的交际风度、落落大方的仪表举止、文雅含蓄的谈吐、周到适宜的礼节等。通过出入境边防检查人文地理的学习,为广大边检民警提高政治觉悟、业务技能,提升警察作风和文化修养提供了一个新的园地。

二、与出入境边防检查应用人文地理相关的地理学

(一)人种地理学

人种地理学是一门研究人类各人种的形成、地域分布、迁移及其与地理环境关系的学科,是人文地理学的一个分支。其从人种的观点研究全球各地区人口的构成与分布及其与地区地理环境的关系,并确定人种的分布界线。

法国贝尼埃和瑞典林奈早在1684年和1758年就对世界人类进行了人种划分,但是第一个用科学方法对人种进行研究的是德国格丁根大学教授布卢门巴赫。他在1775年发表《人种的自然起源》,依据肤色、发型、身高等体质特征和原始分布区域,把人类划分为五个人种,即高加索人种(俗称白种)、蒙古利亚人种(俗称黄种)、埃塞俄比亚人种(俗称黑种)、亚美利加人种(俗称红种)、马来亚人种(俗称棕种),这个划分其实是人种的地理分类。

由于社会经济的不断发展,不同人种之间的交流和相互作用日益深化,逐渐形成了各种混合人种。为了把握人种分布的内在特征,有必要对已经发生各种混合作用的人群进行更加细致的划分,把根据地理条件而形成的人类体质、血型系统、免疫系统和遗传基因上都具有一定共性的人群划分为各种

地理人种,在地理人种之下再划分出不同的地域人种,在地域人种之下又划分为不同的小人种。

(二)民族地理学

在民族地理学的发展过程中,无论是地理学家还是民族学家,都分别从自己学科的角度,对民族地理学这一新鲜事物给予极大的关注和一定的投入,注重强调民族地域分布的特点、民族与地理环境的关系,强调民族地区区域性、综合性的特点,对民族地理学的研究对象作出某一方面的回答。民族是一个社会历史的范畴,在其产生、发展和演变的动态发展过程中所形成的诸多属性、特征、形态,都不同程度地受制于各种自然的或人文的地理环境。所以,民族地理学不仅要考察民族的形成、分布、演变与环境的关系,还要注重分析与民族的地域分布规律及空间差异的形成至为紧密的各种地貌、气候、水文、土壤、生物等自然环境要素和政治、经济、社会、历史、文化等人文环境要素。因此,我们可以把民族地理学的研究对象明确表述为:民族地理学是从地理学的角度,运用民族生态的观点,研究民族的形成、构成、移动、分布特征及其与自然地理、人文地理的相互关系,揭示民族地区各种历史、经济、人口、聚落、文化等要素的地理背景和发展变化规律的科学。

(三)语言地理学

语言地理学是人文地理学的分支学科,其以方言的地域分布和地理形式为基础,研究一般性语言问题,如语言母体与谱系继承性、历史比较语言、语汇词汇多样性、语形变化的地理特征等。20世纪初出现了不少专门论述语言地理的专著和图集。例如,法国语言学者吉列伦(J. Gillieron)1904年完成的法国语言地图集,多扎特(A. Dau-zat)1922年出版的《语言地理学》等,较为系统地阐述了各民族的母体方言、词汇、语法的变体,并进行俚语的地理比较研究。1928年,世界比较语言学权威蒙特林(M. Montolin)建议在首届国际语言学者会议中设置语言地理调查委员会,并在1933年年会上根据各国语言地理研究现状,出版了《语言地理文集》。各种语言的起源和分布均具历史承袭性,可依其发展历史上的亲缘远近,划分出13大主要语系,它们是:汉藏语系、印欧语系、阿尔泰语系、闪含语系、南岛语系、南亚语系、达罗毗荼语系、乌拉尔语系、高加索语系、古亚细亚语系、尼罗—撒哈拉语系、尼日尔—刚果语系和科伊桑语系。各种同源的语系在音韵、语根、词汇等方面具有共同的语言特征,同时同种语言内部由于语音、语法、语汇的多种变化,又可形成各种地方的民族方言。

(四)宗教地理学

宗教地理学是人文地理学的分支学科,主要研究宗教的起源、分布规律及其与地理环境的关系。宗教地理学以探讨地理环境对宗教信仰的影响为研究开端,如孟德斯鸠(Montesquieu)认为地理条件决定一个民族的神权思想,他在《论法的精神》中第一次将东方各国的宗教起源归因于气候影响人的生理特点导致的"惰性"精神。19世纪末,美国地理学者辛普尔(E. C. Semple)认为地理环境对人类的精神气质的影响直接反映在人们宗教活动的差异之中。20世纪50年代后,在西方一些国家,侧重宗教地理学的文化精神因素分析,并将传统的宗教地理学、无神论地理学和通俗地理学纳入意识形态地理学作专题研究。国际地理联合会(International Geographical Union, IGU)1980年在纽约设立了由联邦德国地理学家布塔纳(M. Bttner)任组长的国际宗教地理组,着重于宗教传播的地理背景、宗教信仰的转变和宗教活动的环境效应等课题的研究。

(五)民俗地理学

民俗地理学是研究一定空间范围内民俗的起源、形成、传播和融汇过程中的地理因素、区域特征、发展前景及其对文化、经济环境作用的学科,它是介于民俗学和地理学之间的领域,属文化地理学范畴。民俗是民间所创造,又为民间所通行和传习,为人们共同传承的民间风俗,包括各种物质生产、服饰、饮食、居住、迁徙、岁时、婚丧礼仪以及工艺、农业、贸易、行业、游艺等习俗。民俗是社会文化的表现手段之一,同其他社会文化有密切关系。各历史时期的民俗现象常常与广泛的历史现象相互交织在一起,并成为民族文化传统的组成部分。各种社会群体民俗的形成,都起源于不断重复的行为。最初是在不自觉的情况下显现,以后因为它有意义而保持下来。随着时间的推移,传统习惯、教育文化、宗教等体系会使各种民俗得到发展,并在一定时空领域内从个别群体成员的习俗转变为群体一致的行为,形成固定的模式,甚至形成典范。民俗地理的研究,有助于对民俗这一文化现象的了解,并有助于民族学、历史学、语言学的研究。

出入境边防检查应用人文地理属于人文地理学范畴,自然与人种地理学、民族地理学、语言地理学、宗教地理学和民俗地理学有着千丝万缕的关系,互有交集相互渗透。学问无界限,学科无栅栏,只有相互融通才能得到给养与升华。作为边防一线工作人员特别是边防检查工作人员每天都在与出入境人员的社会组成部分打交道,他们的种族、民族、语言、宗教信仰、禁忌等特质每时每刻都在闪耀文化之光,这对出入境检查工作是一个有趣且严肃的考验。掌握好这门课程对边检工作适应21世纪新阶段的客观需要,提高服务水平和工作质量具有非凡的意义。

三、学习出入境边防检查应用人文地理的意义

(一)拓宽知识面,增强文化修养

俄罗斯哲学家、文学批评家尼古拉·车尔尼雪夫斯基曾说过,要使人真正成为有教养的人,必须具备渊博的知识,知识不多就是愚昧。做一个有教养的人尚且如此,代表国家窗口形象的边防检查工作人员更需要具备广博的知识和优雅的风度。随着中国对外开放程度的进一步深入,国际交往的接触面越来越广,世界各个国家、各个阶层、各类人物无所不及;对外交往涉及的领域也越来越宽,政治、经济、文化、军事、科技等,行行俱全。但无论是哪个国家、哪类人物,也不管哪个领域、哪个行业,只要是与我国来往,都要出入我国国境,就都成为出入境边防检查工作的对象。这就要求边防检查工作人员不仅要懂得本专业知识和技能,还要努力学习世界知识和社会人文知识。这是边防检查工作的实际需要,也是边防检查工作人员作为外事工作人员提高自身素质的需要。

(二)树立开放意识,提高思想政治水平

所谓开放意识,是指对于“对外开放”所反映出的正确的思想认识和积极的承受心态。它与“封闭意识”相对立。所谓正确的思想认识,就是与国家确立的“对外开放”基本国策保持一致,从思想上真正认识到一个国家、一个民族只有实行对外开放,吸收国外先进的科学技术、现代化科学管理经验,不断地改进和完善自己,才能使国家昌盛,民族进步。然而,开放不等于崇洋(崇拜洋人、洋物),它是建立在民族自信和自尊的基础之上,同外国人进行平等互利的交往的。通过学习世界人文地理知识,为大家打开了一个了解世界的窗口,使广大边防检查工作人员从地域上和思想观念上与世界沟通,从中发现和学习世界各国、各民族的长处,不断充实并完善自己;同时在与外来文化的对比中,也会更清楚地认识到我们中华民族的自身价值。这样一来,就能使边防检查工作人员的开放意识、民族自信心和综合外事素质得到不断地增

强,就会更好地在对外交往中执行党和国家的对外政策,出色地完成出入境边防检查工作。

(三)充实专业内容,提高业务技能

"出入境边防检查应用人文地理"既有知识性强的特点,又紧密结合边防检查工作的内容,有些内容本身就具有很强的专业性。它是连接边检专业知识与基础知识的有力环节。专业知识与基础知识的结合,既可以为专业奠定理论知识根基,又能充实专业内容,拓宽专业口径,为专业注入更大活力,更好地发挥专业效能,促进业务水平提高。比如,民族、语言、国俗等知识在护照证件查验中的应用;地域、风俗知识在破获非法出入境案件中的作用等,都可以体现人文地理知识在专业中的应用价值。

第二节　社会文化地理

一、世界种族

(一)种族的概念

种族是指具有共同起源,并在体质形态上具有某些稳定的遗传特征的人群。种族起源于、发源于同一个地域,最初阶段,各种族的外貌差异很小,但是在某一个历史阶段,由于获取食物的需要或者由于战争等因素,一些人群就会迁移到世界其他地区,需要适应新的地理环境,在适应的过程中,他们的身体结构、面貌特征逐渐地发生细微的改变,具体表现在皮肤的颜色、头发的颜色、鼻子的形状、身材的高矮等,久而久之,形成稳定的遗传特征,我们把这样的人类群体称为种族(亦称人种)。

(二)种族的划分与分布

关于种族的划分,世界各国学者提出了种种不同分类法。现代人类学家大多倾向于将人种分得笼统些,按照国际上比较统一的看法,将人类分为四大人种,即黄色人种(蒙古利亚人种)、白色人种(欧罗巴人种)、黑色人种(尼格罗人格)和棕色人种。

(三)种族知识在出入境边防检查工作中的应用

非法出入境的违法犯罪分子多持伪假证件从口岸混出混入。打击非法出入境活动,严格证件查验是最主要的手段,而完善护照证件内容、规范护照证件项目则为检验证件提供了可靠的依据。主要是把证件上与持证人的体貌特征相吻合的项目设置齐全。例如,现在许多国家公民的护照(或其他身份证件)内的栏目中设有持证人的身高、眼形、眼色、发型、发色等项目。日本法务省颁发的《难民旅行证明书》上就有身高(height)、头发(hair)、眼色(colour of eyes)、鼻(nose)、脸形(shape of face)、肤色(complexion)等项目;阿拉伯国家阿曼、阿拉伯联合酋长国的普通护照,非洲、拉丁美洲的许多国家的外交护照,欧洲大部分国家的普通护照上都有类似的项目。这些项目越严密,持证人身份的真实性越可靠,如果持证人的体貌特征在证件上得不到反映,就容易使不法分子有机可乘。这种为了增强识别真伪证件效能而在护照证件上详细反映持证人的体貌特征的方式就是种族知识在出入境边防检查工作中的有效应用。

二、世界民族

(一)民族的概念

按照马克思主义的观点,民族是在历史上形成的一个有共同语言、共同地域、共同经济生活以及表现于共同文化上的共同心理素质的稳定的人群共同体,是一种文化现象。

1. 共同语言

人们在社会生产、生活中需要进行思想沟通、情感交流,这样就形成了交往联系时所使用的共同语言。共同语言对于民族的形成起到了重要的纽带作用。如果没有共同语言,人们就不能结成一个民族。但是,在有些情况下,不同的民族可以使用相同的语言,也存在一个民族使用两三种不同语言的情况。

2. 共同地域

共同的地域指一个民族居住和生活的地域,在地理上联成一片,没有被巨大的自然界线(如海洋、高山等)所分隔,在政治上基本统一。

3. 共同经济生活

共同经济生活是指民族内部的经济联系。人们在共同地域内经过长期的生产、交换活动,形成了自己的经济特点和经济关系,这种经济上的联系把人们牢固地联结为一个共同体。

4. 共同心理素质

共同的生活环境和历史进程,使各民族在兴趣爱好、风俗习惯、心理情感等方面具有共同的认知。在形成这种认知过程中,人们逐渐意识到他们属于一个民族,这种认知深深扎根于各民族之中,是形成并保持民族共同体的重要纽带。可以说,共同心理素质有极大的稳定性,是区别民族的最显著特点。

(二)世界的主要民族

目前世界上大大小小的民族共有2000个左右。其中,既有人口数量在1亿以上的民族,也有不足千人的民族。据统计,目前世界上人口在1亿以上的民族有7个:汉族、印度斯坦族、美利坚人、孟加拉人、俄罗斯族、大和民族、巴西人。

(三)世界各国的民族构成

目前世界上独立的国家,就民族构成来看,大致可分为三类:

1. 单一民族国家

单一民族国家是指国内人数最多的一个民族占全国人口的95%以上的国家。比如朝鲜、韩国、日本、挪威、爱尔兰等国。

单一民族国家具有一定的优势。这样的国家在文化、信仰、生活习惯等方面不易发生民族冲突,社会更加稳定,有利于国家发展。同时,单一民族国家也有其劣势,因为占绝对人口优势的民族很容易产生大民族主义,轻视与忽视占人口总数5%以下的少数民族,使其在政治、经济、文化方面得不到应有的地位,使其产生一种分离或独立的倾向。

2. 两个民族并立的国家

两个民族并立的国家为数不多,主要有比利时、塞浦路斯和加拿大等国。两个民族并立的国家优点是各民族地位相当,国家政策的制定会充分考虑到两个民族的共同利益,政治生活比较活跃,民主程度高。存在的缺点是两个民族因语言、信仰等方面存在差异,容易产生摩擦。

3. 多民族国家

主体民族占全国人口95%以下的国家都称为多民族国家。这一类型的国家在世界上为数最多。例如中国、俄罗斯、印度、英国、法国等。

多民族国家由于各民族生产力水平以及各民族拥有的自然资源、生产技术、文化习俗的不同,从而形成了多种多样的经济活动类型和生产方式。在多民族国家,经济结构很容易形成互补,这既有利于整个国家的经济发展和综合国力的提高,也有利于各民族取长补短,共同发展。不过也有一些多民族国家由于缺乏占优势的主体民族,加上彼此差异较大,共同基础薄弱,往往分歧较多，国家重大决策难以形成一致，影响国家的发展。

（四）民族知识在出入境边防检查工作中的应用

世界上有2000多个民族，我国有56个民族。任何一个人除了有自己的特性外，程度不同地普遍反映出本民族的性格特征。比如，日本人机敏而讲礼仪，英国人正统而注重风度，美国人崇尚新奇，法国人浪漫而自信，俄罗斯人热情而豪爽等。作为出入境边防检查工作人员，在同世界各个民族的成员打交道时，要掌握一定的世界民族知识，才能对一些情况作出适当的判断，如了解我们的工作对象是哪个国家的人，属于哪个民族，遇到有关手续不符的问题时，才能恰如其分地解决好问题。首先，了解对方的国籍、民族，尊重对方的风俗礼仪，顺乎其性格特点，沟通感情，增进友谊；其次，了解对方的民族语言，以便选择相应的其他的语言与之交流；最后，从对方的民族成分来区别对方的宗教信仰，以便于在交往中尊重对方的宗教信仰，不触动、违反某些宗教禁忌。

三、世界语言

（一）语言概况

世界上的语言纷繁复杂，据有关资料记载，人类的语言至少有几万种之多，然而在历史的演进中不少语言早已消失或处于濒危之中，同时也有新的语言诞生。关于现存语言的数量说法不一，但普遍认为在2000～7000种。现存的语言中，有些语言使用人数众多，分布地域广泛，如汉语、英语、印地语、西班牙语、阿拉伯语、俄语、孟加拉语、葡萄牙语、德语（标准语）、法语、日语等语言的使用人数都超过了1亿人。其中，汉语是世界上使用人数最多的语言，使用人数约占世界总人数的20%，英语、西班牙语、印地语和俄语的使用人数共计约占世界总人数的25%，阿拉伯语、日语、孟加拉语、德语、意大利语和法语的使用人数共计约占世界总人数的15%，如果再加上10余种使用人数比较多的语言，这个数字可以累计到95%。在这些使用人数排名靠前的语言中，有6种是联合国指定的工作语言，它们分别是：汉语、英语、俄语、法语、西班牙语和阿拉伯语。

（二）世界主要语言

从语言使用人数以及应用地域范围的角度考虑，世界排名前10位的语言分别是汉语、英语、俄语、法语、西班牙语、阿拉伯语、葡萄牙语、日语、德语、印地语。

(三)中国方言

汉语是中国的官方语言,我国境内90%以上的人是以汉语为母语的。由于汉语的使用人口多,分布地域广,发展历史久,汉语内部的分歧很大而且非常复杂,形成众多的地域变体,即方言。根据方言的特点,主要是语音特点,大致可以将汉语分为官话方言、吴方言、湘方言、赣方言、客家方言、闽方言和粤方言七大方言。

(四)语言知识在出入境边防检查工作中的应用

出入境边防检查工作接触的外籍旅客来自世界各地的不同国度,他们使用的语言种类繁多,错综复杂。有一个国家的人使用几种语言的,有几个国家的人使用一种语言的。如出入我国国境比较多的加拿大旅客有的讲英语,有的讲法语,还有少数人讲德语;世界上几十个国家都在使用英语;西班牙、葡萄牙语流通拉美诸国;英语、法语却在亚、非许多国家使用。作为出入境边防检查工作人员,掌握多些语种语言知识,就能更好地与入出境旅客交流,恰如其分地处理好各种问题。

四、世界宗教

社会科学认为宗教是人类社会发展到一定历史阶段出现的一种文化现象,属于社会意识形态。主要特点为,相信现实世界之外存在超自然的神秘力量或实体,该神秘力量统摄万物而拥有绝对权威,主宰自然进化、决定人世命运,从而使人对该神秘力量产生敬畏及崇拜心理,从而引申出信仰认知及仪式活动。基督教、伊斯兰教与佛教并称为世界三大宗教。

宗教是民族结合的重要因素之一,对民族的影响极大。诸如民族的道德、思想、观念和节日、礼节、风俗的形成,都与宗教有着千丝万缕的联系。东方人信佛教,阿拉伯人信伊斯兰教,东欧人信东正教,拉丁语族人信天主教,美国人和英国人信仰新教。阿拉伯民族对真主安拉的崇奉,西方民族对上帝的信仰,东方民族对佛祖释迦牟尼的崇拜,都是非常虔诚的。因此,在出入境边防检查工作中了解世界不同民族的宗教信仰、风俗与礼节,就可以根据旅客所在的国家和地区及其民族判断出入出境旅客的宗教信仰、宗教礼俗和禁忌,就可以在交往中尊重对方的宗教信仰,不去触动、违反某些宗教禁忌。

五、世界风俗

风俗是一定地域内的社会历史发展阶段的产物,并具有很深的社会根源、历史根源和地理根源。在人类社会发展史中,风俗经历了一个从无到有,由简到繁的发展过程。在人类之初,茹毛饮血、巢居穴处是当时原始人类的共同生活方式。随着生产的发展,社会的进步,各具特色的物质生活和与物质生活密切相关的人类社会生活的组织形式以及婚、丧、礼俗等也日益形成,久而久之,就逐渐形成为今天的风俗习惯,即风俗。

(一)生活民俗

生活民俗包括服饰民俗、饮食民俗、居住民俗。它最先是以满足基本的生存需要为目的的,生活在不同地域的人们采取不同的方式来适应本地区的自然环境和社会环境,于是便衍生出千差万别的民俗特色。

(二)节日风俗

世界各个国家都有属于自己的节日,其中每一个节日都以其丰富的内容、灵活的形式、浓厚的文化气息影响着本国一代又一代的人民。节日之所以成为节日,是因为有其特定群体公认的纪念主题。

(三)宗教习俗

宗教信仰者为对其崇拜对象表示崇拜与恭敬,通常会定期举行各种仪式、活动,并规定相关的宗教禁忌,由此产生宗教习俗。

(四)称谓与姓名

在与人交往的过程中,如果能够正确的称呼对方,会让人感觉亲切友好。相反,如果称呼不恰当,肯定会引起对方不悦,甚至引起误会。另外,各国姓名的书写规则也各不相同,这种差异也成为边检站检查员识别伪假证件的一个突破口。

1. 称谓

按照国际惯例,西方人一般都习惯于对男子称先生,对已婚女士称夫人、女士,对未婚女子称小姐。对不了解婚姻情况的女子也可称小姐,对戴结婚戒指的年纪稍大的可称夫人。这些称呼前面也可以同时冠以姓名、职衔称等。对地位高的官方人士,一般为部长以上的高级官员,按国家情况称“阁下”职衔或先生,对有高级官衔的妇女,也可称“阁下”。军人的称谓稍显复杂,如果能一眼从其佩戴徽章认出他(她)的军衔,一般可以直接称军衔,或军衔加先生,知道姓名的可冠以姓与名。如“上校”“上校先生”“哈里森少校”。有的国家对将军、元帅等高级军官亦以阁下相称。

2. 姓名书写

外国人与我国汉族人在姓名组成、排列顺序上大不相同,有的还带有冠词、缀词等。

①英美人姓名。英美人的姓名是以名・名・姓为序排列组成的。第一名又称教名,是受法律承认的正式名字;第二名是中间名,由钟爱孩子的父母或其亲戚所取;姓氏是由家族世代相传的。书写时常把名字缩写为一个字头,但姓不能缩写,如 D. C. Sullivan、M. H. Thatcher 等。英美妇女在婚前都有自己的姓名,但是在婚后一般是自己的名加丈夫的姓。例如,玛丽・怀特(Marie White)女士与约翰・戴维斯(John Davis)先生结婚,婚后女方姓名为玛丽・戴维斯(Marie Davis)。

②法国人姓名。法国人姓名也是名在前姓在后,一般由二节或三节组成,前一、二节为个人名,最后一节为姓。有时姓名可达四五节,多是教名和由长辈起的名字。法国妇女婚后从夫姓,如姓名叫雅克琳・布尔热瓦(Jacqueline Bourgeois)的小姐与名为弗朗索瓦・马丹(Francois Martin)的男子结为夫妇,婚后该女士称马丹夫人,姓名为雅克琳・马丹(Jacqueline Martin)。

③西班牙人和葡萄牙人姓名。西班牙人姓名常有三四节,前一、二节为本人名字,倒数第二节为父姓,最后一节为母姓。一般以父姓为自己的姓,但少数人也有用母姓为本人的姓。例如,Diego Rodri-gueez de Silva y Velasquez 译为迭戈・罗德里格斯・德席尔瓦—贝拉斯克斯,Diego 和 Rodri-gueez 是本人名字,de 是介词,Silva 是父姓,y 是连接词“和”,Velasquez 是母姓。已婚妇女常把母姓去掉而加上丈夫的姓。口头称呼时常称父姓,或第一节名字加父姓。

④俄罗斯人姓名。俄罗斯人的姓名一般由三节组成,第一节是个人名,第二节是父名,第三节为姓。例如,伊万・伊万诺维奇・伊万诺夫,伊万为本人名字,伊万诺维奇为父名,伊万诺夫为姓。除了上述排列顺序外,俄罗斯人姓名也可以把姓放在最前面,特别是在正式文件中,即上述姓名也可写成伊万诺夫・伊万・伊万诺维奇。

⑤日本人姓名。日本人姓和名的排列顺序同我国汉族人的姓名相同,都

是姓在前,名在后。但是,由于日本人姓名字数的不固定,给分辨姓和名带来不少麻烦。例如,中国人一般都知道吉田正一的吉田是姓,正一是名,然而像“八木下弘”这样的姓名就不易辨出“八木下”是姓,“弘”是名了,因为在日文中“八木”也是姓。为了方便起见,日本人在正式署名的场合,常常把姓和名分开书写,如“二阶堂进”“藤田茂”等。这样,哪个是姓、哪个是名便一目了然。

⑥缅甸人姓名。缅甸人有名而无姓。我们常见缅甸人名前的“吴”不是姓,而是一种尊称,意为“先生”。常用的尊称还有:“杜”是对女子的尊称,意为“女士”;“貌”意为“弟弟”;“玛”意为“姐妹”;“哥”意为“兄长”;“波”意为“军官”;“塞耶”意为“老师”;“道达”意为“博士”;“德钦”意为“主人”;“耶博”意为“同志”等。例如,一男子名“刚”,长辈称他为“貌刚”,同辈称他为“哥刚”,如果该男子有一定社会地位则被称为“吴刚”,如果是军官则被称为“波刚”。如一女子名“刚”,是有社会地位的女士则称为“杜刚”,是女青年则称为“玛刚”。

⑦泰国人姓名。泰国人的姓名是名在前姓在后,如巴颂·乍仑蓬中,巴颂是名,乍仑蓬是姓。未婚妇女用父姓,已婚妇女用夫姓。口头称呼对方时,一般只叫名字不叫姓,并在名字前加一冠称“坤”(意为您)。如称呼巴颂·乍仑蓬,口头称“坤巴颂”即可。

(五)风俗知识在出入境边防检查工作中的应用

我国以礼仪之邦称著于世,讲究文明礼貌是我们中华民族的优良传统。因此,在同外国人交往时,如不了解对方的风俗习惯,就会觉得无所适从,轻则闹出笑话,重则产生误会,甚至伤害对方感情,影响对外交往。学习世界风俗,掌握各民族的生活方式、信念、爱好、宗教信仰及审美观等人情习俗,可以帮助我们树立尊重各民族感情和世界各地风俗的良好风尚。民族的风俗习惯属于各个民族社会的上层建筑,具有相对的稳固性,但也会伴随着一个民族社会历史的发展变化而变化。

第三节　主要客源国(地区)与目的地国(地区)

本节内容按照地理分区对中国主要客源国与目的地国的政治经济、风土人情作简要介绍。据统计,2015 年度内地居民出入境人数 2.55 亿人次,内地居民出境前往国家、地区居前20位的分别是：中国香港特区、中国澳门特区、泰国、韩国、日本、中国台湾地区、越南、美国、新加坡、俄罗斯、印度尼西亚、马来西亚、澳大利亚、法国、意大利、加拿大、英国、柬埔寨、缅甸、德国。2015年度外国人入出境共5191.59万人次，外国人入境人数居前20位的国家分别是：韩国、日本、越南、美国、俄罗斯、马来西亚、新加坡、蒙古、加拿大、澳大利亚、德国、印度、英国、泰国、法国、印度尼西亚、菲律宾、意大利、哈萨克斯坦、荷兰。

一、亚洲主要客源国与目的地国

（一）韩国

1. 地理位置

韩国位于东北亚朝鲜半岛南部，三面环海。西临黄海，与胶东半岛隔海相望，东南是朝鲜海峡，东边是日本海，北面隔着三八线非军事区与朝鲜相邻，领土面积占朝鲜半岛总面积的4/9。

2. 首都

目前韩国的行政首都是世宗，总统府和国会仍在首尔，韩国成为拥有两个首都的国家。

3. 人口宗教

韩国总人口5008.7万(2010年1月底)，主要民族为韩民族(朝鲜称朝鲜民族)，占全国总人口的96.25%。官方语言是韩语。韩国人信仰的宗教种类很多，主要有基督教、佛教、萨满教等。

4. 风俗禁忌

(1)韩国人忌数字“4”(韩语与死同音)。

(2)面对分手时行鞠躬礼，男子也行握手礼，但女性一般不与男子握手。

(3)韩国受儒教影响较深，重男轻女，出门上车时妇女让男子先行。

(4)与韩国人交流，应回避韩国国内政治与韩朝关系。

（二）日本

1. 地理位置

日本位于亚欧大陆东部、太平洋西北部，领土由北海道、本州、四国、九州4个大岛和其他7200多个小岛屿组成，因此也被称为“千岛之国”。日本东部和南部为一望无际的太平洋，西临日本海、东海，北接鄂霍次克海，隔海分别和朝鲜、韩国、中国、俄罗斯、菲律宾等国相望。

2. 首都

日本首都东京位于日本本州岛东部,是世界经济富裕及商业活动发达的城市之一。

3. 人口宗教

截至2013年3月底日本人口总数为1.26亿人。日本列岛上除了人们熟知的"大和人"以外,还生存和繁衍着别具民族特征的阿依努人和琉球人。日本通用语言为日语,主要宗教为神道教和佛教,信仰人口分别占宗教人口的52.3%和42.2%。

4. 风俗禁忌

(1)日本人对守时的要求很严格,人们都认为不该因为迟到而浪费别人的时间。

(2)日本人之间打招呼基本上是以鞠躬来表示的。

(3)日本人不喜欢紫色,认为紫色是悲伤的色调;最忌讳绿色,认为绿色是不祥之色。

(4)日本人忌讳3人一起"合影",他们认为中间被左右2人夹着,这是不幸的预兆。

(5)日本人忌讳荷花,认为荷花是丧花;在探望病人时忌用山茶花及淡黄色、白色的花;不愿接受有菊花或菊花图案的东西或礼物,因为它是皇室家族的标志。

(三)越南

1. 地理位置

越南位于中南半岛东部,北与中国接壤,西与老挝、柬埔寨交界,东面和南面临南海。

2. 首都

越南首都河内是越南北部最大城市和全国第二大城市。河内历史悠久,曾为越南封建王朝的京城,被誉为"千年文物之地"。

3. 人口宗教

2013年越南人口约为9000万。越南是个多民族国家,有54个民族,京族占总人口的87%,少数民族有岱依族、泰族、芒族、高棉族等。越南语为通用语言,华语与英语也被广泛使用。居民多信奉佛教,有的信奉天主教和基督教。

4. 风俗禁忌

(1)越南人供奉祖先,普遍迷信城隍、财神。

(2)服饰穿着简单,正式场合男士着西装,女士着民族式“长衫”(类似旗袍)和长裤。

(3)当村寨路口悬挂有绿色树枝时,是禁入的标志,外人不得进入。

(4)南部高棉人忌用左手行礼、进食、送物和接物。

(5)越南各族人民的生活离不开竹子,被人们称为“竹子之邦”。

(四)马来西亚

1. 地理位置

马来西亚位于东南亚,全境被南中国海分成东马来西亚和西马来西亚两部分。西马来西亚为马来亚地区,位于马来半岛南部,北与泰国接壤,西濒马六甲海峡,东临南中国海。东马来西亚为沙捞越地区和沙巴地区的合称,位于加里曼丹岛北部。

2. 首都

马来西亚首都吉隆坡座落在马来半岛西南沿海,人口约300多万,面积达243平方公里。具有观光和通信两大功能的吉隆坡石油双塔高达466米,是亚洲最高塔之一。

3. 人口宗教

马来西亚人口约2833万(2013年2月),其中,马来族占55%,华族占24%,印度人占7.3%。伊斯兰教为国教,其他宗教有佛教、印度教、基督教等。马来语为国语,通用英语,华语使用较广泛。

4. 风俗禁忌

(1)马来人用餐时习惯用手取食,进餐时必须用右手,否则会被视为不礼貌。

(2)伊斯兰教信徒禁酒,招待客人一般不用酒,饮料多为热茶、白开水或椰汁。

(3)马来人有咀嚼槟榔的习惯。

(4)头被认为是神圣的部位,在亲近儿童时,不可触摸其头部,否则会引起不快。

(五)新加坡

1. 地理位置

新加坡位于马来半岛南端、马六甲海峡出入口,北隔柔佛海峡与马来西亚相邻,南隔新加坡海峡与印度尼西亚相望。

2. 首都

新加坡首都是新加坡市,位于新加坡岛的南端。新加坡市是全国政治、经济、文化中心,有“花园城市”之称,是世界上最大港口之一和重要的国际金融中心。

3. 人口宗教

截至2014年6月新加坡常住总人口临时数字为547万。新加坡人主要是由近100多年来从欧亚地区迁移而来的移民及其后裔组成的,其移民社会的特性加上殖民统治的历史和地理位置的影响,使得新加坡呈现出多元文化特色。马来语为国语,官方语言有英语、华语、马来语、泰米尔语。主要宗教为佛教、道教、伊斯兰教、基督教和印度教。

4. 风俗禁忌

(1)严禁对新加坡人民说“恭喜发财”,在新加坡“发财”被认为含有“横财”之意,就是不义之财,这就会被认为是对别人的侮辱和嘲骂。

(2)新加坡人忌黑色、白色、黄色,而且紫色也不受欢迎。

(3)新加坡人认为4、7、13、37都是消极的数字。

(4)禁止在商品包装上使用如来佛的图像,忌讳猪、乌龟的图案。

(六)蒙古

1. 地理位置

蒙古国地处亚洲中部的蒙古高原,东、南、西三面与中国接壤,北面同俄罗斯西伯利亚相邻,边境线总长8219公里,其中中蒙边境线长4676.8公里。

2. 首都

蒙古国首都是乌兰巴托(Ulan Barto),意思是“红色英雄城”,原名库伦,具有300多年的历史。乌兰巴托也曾被称为“毡包之城”,即使在今天,在这座具有浓郁草原风貌的现代城市里,也能在林立的高楼之间见到蒙古包。

3. 人口宗教

蒙古国人口为294万人(2013年),喀尔喀蒙古族约占全国人口的80%,此外还有哈萨克等少数民族。主要语言为喀尔喀蒙古语。喇嘛教在蒙古老百姓的信仰中占有主要位置,此外,蒙古有极少数人信仰伊斯兰教和基督教。

4. 风俗禁忌

(1)与宾客相见时,一般施握手礼。但迎接贵宾时,敬献哈达是一种民间传统礼仪。

(2)蒙古民族是一个游牧民族,善于骑马,因此也被称为"马背民族"。蒙古人爱马,并将其视如珍宝。

(3)蒙古人最厌恶黑色,把黑色视为不祥的色彩。

(4)蒙古人忌讳别人用烟袋或手指点他人的头部,认为这是一种极不礼貌的举止。

(七)泰国

1. 地理位置

泰国位于亚洲中南半岛中南部,与柬埔寨、老挝、缅甸、马来西亚接壤,东南临泰国湾(太平洋),西南濒安达曼海(印度洋),西和西北与缅甸接壤,东北与老挝交界,东南与柬埔寨为邻,疆域沿克拉地峡向南延伸至马来半岛,与马来西亚相接,其狭窄部分居印度洋与太平洋之间。

2. 首都

首都曼谷是泰国最大的城市,是泰国的政治、经济、贸易、交通、文化、科技、教育中心,是传统与现代相交融的大都市。

3. 人口宗教

截至 2014 年 3 月泰国总人口约 6450 万。全国共有 30 多个民族,泰族为主要民族,约占人口总数的 75%,其余为老挝族、华族、马来族、高棉族等。泰语为国语。民众主要信仰佛教,还有少数民众信仰伊斯兰教、基督教、天主教、印度教和锡克教。

4. 风俗禁忌

(1)进入寺庙要脱鞋,服装应整齐、端庄,最好不要穿短裤。

(2)遇见僧侣要礼让,女性避免碰触僧侣,奉献财物时可以请男士代劳或直接放在桌上。

(3)打招呼时要双手合掌,不可以用脚指人或物。

(4)头部为身体较神圣部分,不要随便摸泰国人的头。

(八)柬埔寨

1. 地理位置

柬埔寨位于东南亚中南半岛南部,东部和东南部同越南接壤,北部与老挝交界,西部和西北部与泰国毗邻,西南濒临暹罗湾。

2. 首都

首都金边是柬埔寨最大的城市,人口约110万,是柬埔寨政治、经济、文化和宗教中心。

3. 人口宗教

柬埔寨总人口约1480万(2012年6月),有20多个民族,高棉族占总人口的80%,还有占族、普农族、老族、泰族和斯丁族等少数民族。官方语言为高棉语、英语、法语。佛教为柬埔寨的国教,93%以上的居民信奉佛教。

4. 风俗禁忌

(1)柬埔寨人与客人相见时,一般多行合十礼。

(2)由于柬埔寨人大多信奉佛教,因而礼俗也多受佛教影响。养成了“过午不食、尊重鸟兽”的习俗。

(3)忌讳用左手传递东西或食物,认为左手不洁净。

(4)忌讳白色,认为白色象征死亡。

(5)认为头是神圣部位,忌讳别人触碰他们的头部。

(九)印度尼西亚

1. 地理位置

印度尼西亚位于亚洲东南部,地跨赤道,与巴布亚新几内亚、东帝汶、马来西亚接壤,与泰国、新加坡、菲律宾、澳大利亚等国隔海相望,是亚洲与大洋洲、太平洋与印度洋之间的十字路口。

2. 首都

印度尼西亚首都雅加达是东南亚第一大城市,位于爪哇岛西北部沿海,是太平洋与印度洋之间的交通咽喉,也是亚洲通往大洋洲的重要桥梁。

3. 人口宗教

根据印度尼西亚2010年人口普查结果显示,2010年印度尼西亚总人口达2.38亿人。印度尼西亚有100多个民族,其中爪哇族47%,巽他族14%,马都拉族7%,华人5%。民族语言有200多种,通用印尼语。印度尼西亚约87%的人口信奉伊斯兰教,是世界上穆斯林人口最多的国家。6.1%的人口信奉基督教新教,3.6%信奉天主教,其余信奉印度教、佛教和原始拜物教。

4. 风俗禁忌

(1)印度尼西亚人忌讳夜间吹口哨,认为它会招来游荡的幽灵和挨打。

(2)印度尼西亚人大多数信奉伊斯兰教,所以不可以用左手拿东西给他们。

(3)忌讳吃猪肉食品,忌饮烈性酒,不爱吃海参,也不吃带骨带汁的菜和鱼肚等。

(十)菲律宾

1. 地理位置

菲律宾位于亚洲东南部,东临太平洋,西濒南中国海,北隔巴士海峡与中国台湾地区遥遥相对。南和西南隔苏拉威西海、巴拉巴克海峡与印度尼西亚、马来西亚相望。

2. 首都

菲律宾首都马尼拉位于菲律宾最大岛屿吕宋岛西岸,濒马尼拉湾,是全国政治、经济、文化中心,也是全国最大的交通枢纽和贸易港口。

3. 人口宗教

菲律宾人口数量约 9914 万人(2014 年)。菲律宾主要民族有米沙鄢人、他加禄人、伊洛戈人、邦班牙人、维萨亚人和比科尔人等;外来居民有华人、阿拉伯人、印度人、西班牙人和美国人;还有为数不多的原住民。菲律宾有 70 多种语言,国语是以他加禄语为基础的菲律宾语,英语为官方语言。国民约 84% 信奉天主教,4.9% 信奉伊斯兰教,少数人信奉独立教和基督教新教,华人多信奉佛教,原住民多信奉原始宗教。

4. 风俗禁忌

(1)忌讳数字“13”,认为“13”是“凶神”,是厄运和灾难的象征。

(2)忌讳左手传递东西或食物,认为左手是肮脏、下贱之手。

(3)不愿谈论政治、宗教及本国状况和腐化问题。

(4)不爱吃生姜,也不喜欢吃兽类内脏和腥味大的东西,对整条鱼也不感兴趣。

(十一)缅甸

1. 地理位置

缅甸位于亚洲东南部、中南半岛西部,其北部和东北部同中国西藏自治区和云南省接界,东部与老挝和泰国毗邻,西部与印度、孟加拉相连,西南濒孟加拉湾和安达曼海。

2. 首都

缅甸首都是内比都(曾用名彬马那)。

3. 人口宗教

缅甸人口约6038万，有缅族、克伦族、掸族等135个民族，其中缅族约占总人口的65%。缅甸语为官方语言，各少数民族均有自已的语言，也有为数不少的人懂英语和汉语。全国80%以上人口信奉佛教，约8%的人口信奉伊斯兰教。

4. 风俗禁忌

(1)缅甸人对佛极度虔诚，进入佛塔或寺庙时，任何人都要脱鞋，就是国家元首也不能例外。

(2)缅甸人对牛无限崇拜，敬若神明。

(3)缅甸人有“右为贵，左为贱”，“右为大，左为小”的观念。

(十二)印度

1. 地理位置

印度是南亚次大陆最大的国家。东北部同中国、尼泊尔、不丹接壤，孟加拉国夹在东北部国土之间，东部与缅甸为邻，东南部与斯里兰卡隔海相望，西北部与巴基斯坦交界。

2. 首都

印度首都新德里，位于该国西北部。

3. 人口与宗教

印度的人口为12.15亿(2012年普查数据)，是世界上仅次于中国的第二人口大国。印度是多民族国家，主要民族有印度斯坦族、泰卢固族、孟加拉族、马拉地族等。目前印度的官方语言是印地语。印度约有83%的人口信仰印度教，13.4%的人口信仰伊斯兰教。

4. 风俗禁忌

(1)印度教盛行“万物有灵”的自然崇拜。

(2)印度居民，尤其是女人皆不喝含酒精的饮料。

(3)在印度有授受关系时皆须用右手。

(4)对印度的女人不可行握手礼，打招呼时只能以合掌额首的方式。

(十三)哈萨克斯坦

1. 地理位置

哈萨克斯坦位于亚洲中部，是中亚地区幅员最辽阔的国家。北邻俄罗斯，南与乌兹别克斯坦、土库曼斯坦、吉尔吉斯斯坦接壤，西濒里海，东接中国。

2. 首都

哈萨克斯坦首都阿斯塔纳位于哈萨克斯坦中心偏北位置,是哈萨克斯坦工农业的主要生产基地和全国铁路交通枢纽。

3. 人口宗教

哈萨克斯坦总人口1700万(2013年),由哈萨克、俄罗斯、乌克兰、乌兹别克、日耳曼和鞑靼等131个民族组成,其中哈萨克族超过总人口的50%。哈萨克语为国语,俄语是国家机关和地方自治机关使用的官方语言。多数居民信奉伊斯兰教,此外还有东正教、基督教和佛教等。

4. 风俗禁忌

(1)哈萨克人有"以右为上"的民族传统观念,出门进门皆要先迈右腿。

(2)在社交场合会面时,多行握手礼。面见尊长和宾客,则右手按胸,躬身施礼。

(3)由于主要信仰伊斯兰教,因此伊斯兰教的禁忌必须遵守。

二、欧洲主要客源国与目的地国

(一)俄罗斯

1. 地理位置

俄罗斯位于欧洲东部和亚洲北部,横跨欧亚大陆,东濒太平洋,西接波罗的海芬兰湾。陆地邻国西北面有挪威、芬兰,西面有爱沙尼亚、拉脱维亚、立陶宛、波兰、白俄罗斯,西南面是乌克兰,南面有格鲁吉亚、阿塞拜疆、哈萨克斯坦,东南面有中国、蒙古和朝鲜。东面与日本和美国隔海相望。

2. 首都

俄罗斯首都莫斯科既是全国的政治、经济、文化中心,也是全国最大的综合性交通枢纽,还是机械工业和纺织工业中心。

3. 人口宗教

俄罗斯全国人口1.431亿人(截至2012年4月),全国有193个民族,俄语是俄罗斯全境内的官方语言。主要宗教为东正教,其次为伊斯兰教。

4. 风俗禁忌

(1)俄罗斯人习惯和初次会面的人行握手礼,但遇好友和较熟悉的人或者是在久别重逢时,则通常与对方热情拥抱。

(2)俄罗斯人将双数看作是不吉利的,通常只有在祭祀亡人时才会送双数的花。

（二）法国

1. 地理位置

法国位于欧洲西部，东与比利时、卢森堡、德国、瑞士、意大利接壤，南与西班牙、安道尔、摩纳哥接壤。本土地势东南高西北低，大致呈六边形，三面临水，南临地中海，西濒大西洋，西北隔英吉利海峡与英国相望，科西嘉岛是法国最大岛屿。

2. 首都

法国的首都是巴黎，是欧洲大陆上最大的城市，也是世界上最繁华的都市之一，为法国最大的工商业城市。巴黎是法国文化、教育事业的中心，也是世界文化名城。

3. 人口宗教

法国全国总人口 6600 万（截至 2014 年 1 月 1 日）。法兰西民族是由多个民族混合构成的，除了人数最多的法兰西民族外，边境地区还有阿尔萨斯、布列塔尼、巴斯克、科西嘉、佛兰芒等少数民族，大约占总人口的 7.9%。法国通用语言是法语。居民中 64% 信奉天主教，其他宗教有伊斯兰教、新教、犹太教等。

4. 风俗禁忌

(1)法国人注重个人隐私权，不喜欢提及个人问题。

(2)法国人忌用墨绿色，因为这是“二战”中纳粹军服的颜色。

(3)法国人忌用菊花，因为菊花通常在丧礼中使用。

(4)法国人自尊心强，偏爱“国货”。

（三）英国

1. 地理位置

英国是欧洲西部的岛国，隔北海、多佛尔海峡、英吉利海峡与欧洲大陆相望，它的陆界与爱尔兰共和国接壤。

2. 首都

首都伦敦是英国第一大城市及第一大港。作为欧洲最大和最具国际特色的城市，伦敦是英国的政治文化中心，是不折不扣的国际大都市，也是众多国际组织和企业的总部所在地。

3. 人口与宗教

英国现有人口 6451 万人（2014 年），主要有英格兰人（约占人口总数的

80%以上)、威尔士人、苏格兰和爱尔兰人构成。英国的官方语言是英语。英国居民大多数信奉基督教,有些英国人还信奉罗马天主教、伊斯兰教、佛教、印度教、犹太教等。

4. 风俗禁忌

(1)英国人在初次见面时一般只握手,他们很少行拥抱礼和亲吻礼。

(2)英国人喜欢别人称呼他们的世袭爵位或荣誉头衔,至少也要郑重地称呼"阁下""先生""小姐"或"夫人"。

(3)英国受基督教影响较大,很多和基督教有关的忌讳都应当回避。

(四)德国

1. 地理位置

德国位于欧洲中部,东邻波兰、捷克,南接奥地利、瑞士,西接荷兰、比利时、卢森堡、法国,北接丹麦,濒临北海和波罗的海,是欧洲邻国最多的国家。

2. 首都

德国首都柏林位于欧洲的心脏,是东西方的交汇点。城市面积约883平方公里,其中公园、森林、湖泊和河流约占城市总面积的1/4,整个城市在森林和草地的环抱之中,宛若一个绿色大岛。

3. 人口与宗教

截至2015年,德国总人口8110万,是欧盟人口最多的国家。主要是德国人(德意志人),有少数丹麦人和索布人。德国的通用语言是德语。居民中29.2%(2389.6万人)信奉新教,30.2%(2465.1万人)信奉罗马天主教(2012年年底数据)。

4. 风俗禁忌

(1)德国人非常注重规则和纪律,凡是有明文规定的,德国人都会自觉遵守。

(2)忌讳数字13,视13日、星期五为不祥之日。

(3)不喜欢红色,红黑相间色以及褐色,尤其是墨绿色。

(4)送花时禁止送菊花、玫瑰、蔷薇,花朵数不能是13或者双数。

(五)意大利

1. 地理位置

意大利位于南欧的亚平宁半岛,三面靠海,国土狭长,其南部伸入地中海,北部与奥地利、瑞士、法国接壤。

2. 首都

意大利的首都罗马不仅是意大利政治中心，同时也是意大利的经济中心，其位于意大利中部的台伯河畔，是世界最著名的历史、文化古城。

3. 人口与宗教

意大利人口约6148.2万（截至2013年7月），主要民族是意大利人。多数居民讲意大利语，个别边境地区讲法语和德语。大部分居民信奉天主教。

4. 风俗禁忌

(1)意大利人在社交场合中，给别人送花时不能送黄雏菊，因为黄雏菊表示哀悼。

(2)在相见或相送时，不能4个人同时交叉握手，因为意大利人认为十字架形状是不吉利的。

(3)意大利人赠送礼物时，禁送手帕，认为手帕是亲人逝去时擦眼泪用的不吉利之物。

(六)荷兰

1. 地理位置

荷兰位于欧洲西部，东面与德国为邻，南接比利时，西、北濒临北海，地处莱茵河、马斯河和斯凯尔特河三角洲。

2. 首都

阿姆斯特丹，是荷兰最大城市，位于该国西部省份荷兰省。阿姆斯特丹是荷兰第二大港。

3. 人口宗教

根据2013统计，荷兰总人口1680.3万人，主要分布在大、中型城市及城市周边地区。荷兰的主要民族是荷兰人，官方语言是荷兰语。居民信仰的宗教主要有基督教、天主教。

4. 风俗禁忌

(1)荷兰人时间观念强，讲究准时。

(2)荷兰人忌讳"13""星期五"。他们认为"13"象征着厄运，"星期五"象征着灾难。

(3)在相互交往中，不愿谈论美国以及钱和物价等方面的问题。

三、美洲主要客源国与目的地国

(一)美国

1. 地理位置

美国位于北美洲中部,领土包括北美洲西北部的阿拉斯加和太平洋中部的夏威夷群岛。北接加拿大,南靠墨西哥湾,西临太平洋,东濒大西洋。

2. 首都

首都华盛顿哥伦比亚特区位于美国的东北部,靠近弗吉尼亚州和马里兰州。市区建设规范工整,全市以国会大厦为中心,按南北、东西两条线划分为大小不等的4个区域,街道呈网状,南北向、东西向各有22条街道。

3. 人口宗教

美国人口总数约3.1亿(截至2012年2月),白人占80%(包括拉美裔白人),其余分别为非洲裔、亚裔等。美国的官方语言为英语。约51.3%的居民信奉基督新教,其他居民信奉天主教、犹太教等。

4. 风俗禁忌

(1)忌讳别人冲他伸舌头,认为这种举止是污辱人的动作。

(2)讨厌蝙蝠,认为它是吸血鬼和凶神的象征。

(3)忌讳数字"13""星期五"。

(4)忌讳问个人收入和财产情况,忌讳问妇女婚否、年龄以及服饰价格等私事。

(5)忌讳黑色,认为黑色是肃穆的象征,是丧葬用的色彩。

(二)加拿大

1. 地理位置

加拿大,为北美洲最北的国家,西抵太平洋,东迄大西洋,北至北冰洋,东北部和丹麦领地格陵兰岛相望,东部和法属圣皮埃尔和密克隆群岛相望,南方与美国本土接壤,西北方与美国阿拉斯加州为邻。

2. 首都

加拿大首都渥太华地处安大略省东南部与魁北克省交界处,横跨渥太华河。春季市内一片葱绿,到处可见大块草地上开放着色彩艳丽的郁金香花,因此渥太华又称"郁金香城"。

3. 人口宗教

加拿大总人口3467万人(2011年年末)。加拿大人口主要为英、法等欧洲后裔。英语和法语同为官方语言。居民中信奉天主教的约占45%,信奉基督新教的约占36%。

4. 风俗禁忌

(1)忌讳"13""星期五",认为"13"是厄运的数字,"星期五"是灾难的象征。

(2)忌讳白色的百合花,因为它会给人带来死亡的气氛,人们习惯用它来悼念死人。

(3)忌吃虾酱、鱼露、腐乳和臭豆腐等有怪味、腥味的食物,忌食动物内脏。

四、大洋洲主要客源国与目的地国

(一)澳大利亚

1. 地理位置

澳大利亚位于南太平洋和印度洋之间,由澳大利亚大陆和塔斯马尼亚岛等岛屿和海外领土组成。澳大利亚东濒太平洋的珊瑚海和塔斯曼海,西、北、南三面临印度洋及其边缘海,是世界上唯一一个独占一个大陆的国家。

2. 首都

堪培拉是澳大利亚的首都,是澳大利亚最大的内陆城市。堪培拉50%以上的面积为国家公园或保留地,享有"天然首都"美誉。

3. 人口宗教

截至2013年6月,澳大利亚人口约达2305万,其中英国及爱尔兰后裔占74%,亚裔占5%,土著居民占2.7%。英语为澳大利亚官方语言。约63.9%的居民信仰基督教,5.9%的居民信仰佛教、伊斯兰教、印度教等其他宗教,无宗教信仰或宗教信仰不明人口占30.2%。

4. 风俗禁忌

(1)澳大利亚人很讲究礼貌,在公共场合从来不大声喧哗。

(2)在澳大利亚人眼里,兔子是一种不吉利的动物,认为碰到兔子可能是厄运降临的预兆。

(3)澳大利亚人讨厌议论种族、宗教、工会和个人私生活以及等级、地位等问题。

五、中国港澳台地区

(一)中国香港特区

香港特区地处华南沿岸,在中国广东省珠江口以东,由香港岛、九龙半岛、新界内陆地区以及262个大小岛屿(离岛)组成。香港特区北接广东省深圳市,南面是广东省珠海市万山群岛。香港特区与西边的澳门特区隔海相对,距离为61公里,北距广州130公里、距上海1200公里。香港特区管辖陆地总面积1104.32平方公里,是全球高度繁荣的国际大都会之一。截至2014年年末总人口约726.4万人,人口密度居全球界第三。香港人口以华人为主,占香港人口接近95%,大部分原籍广东的珠江三角洲,主要说粤语和英语,普通话也甚流行。

(二)中国澳门特区

澳门特区北邻广东省珠海市,西与珠海市的湾仔和横琴对望,东与香港特区隔海相望,相距60公里,南临南中国海。澳门人口552,500人(2011年4月澳门特区人口普查数据)。汉族居民占全区总人口的97%,葡萄牙籍及菲律宾籍居民占3%。澳门华人大部分原籍广东珠江三角洲。全区人口中佛教信徒占50%,天主教信徒占15%,无宗教信仰者及其他教信徒占35%。

(三)中国台湾地区

台湾地区(Taiwan)位于中国大陆东南沿海的大陆架上,东临太平洋,东北邻琉球群岛,南界巴士海峡与菲律宾群岛相对,西隔台湾海峡与福建省相望。台湾地区有98%的人口是来自中国大陆的汉族,约2%则是在17世纪汉族移入前即已定居的高山族。高山族属于南岛语系,人种属马来人种。南岛语系是世界上分布面积最广的语系之一,台湾地区是其分布的最北端。

参考文献

1. 冯建安编著:《边防检查业务》,海潮出版社 2011 年版。

2. 李俊杰主编:《出入境边防检查业务培训教材》,群众出版社 2008 年版。

3. 马勇著:《外国人入出境管理工作实务指南》,中国人民公安大学出版社 2013 年版。

4. 张燕著:《证件防伪技术与检测》,中国人民公安大学出版社 2014 年版。

5. 涂丽云著:《文件检验学》,群众出版社 2010 年版。

6. 信春鹰主编:《中华人民共和国出境入境管理法释义》,法律出版社 2012 年版。

7. 李骏编著:《现代交通运输与载运工具》,西南交通大学出版社 2011 年版。

8. 戴小俊、唐静主编:《公安行政案件查处教程》,中国人民公安大学出版社 2015 年版。

9. 唐善桂主编:《边防应用人文地理》,国防科技大学出版社 2014 年版。

10. 支俊琦主编:《职业素质与就业能力训练》,清华大学出版社 2009 年版。

11. 程龙生主编:《服务质量评价理论与方法》,中国标准出版社 2011 年版。

12. 温碧燕著:《服务质量管理》,暨南大学出版社

2010 年版。

13. 郭永革编著:《边防检查服务理论与实务》,国防科技大学出版社 2014 年版。

14. 王国良、李耕耘主编:《出入境边防检查行政案件办理》,内部教材 2012 年版。